The New Insight of Property Insurance

明眼看财险

王长明◎著

图书在版编目（CIP）数据

明眼看财险 / 王长明著.—北京：企业管理出版社，2020.5

ISBN 978-7-5164-2123-9

Ⅰ.①明… Ⅱ.①王… Ⅲ.①财产保险—研究 Ⅳ.①F840.65

中国版本图书馆CIP数据核字（2020）第041202号

书　　名：明眼看财险
作　　者：王长明
责任编辑：张　羿
书　　号：ISBN 978-7-5164-2123-9
出版发行：企业管理出版社
地　　址：北京市海淀区紫竹院南路17号　　邮编：100048
网　　址：http://www.emph.cn
电　　话：总编室（010）68701719　发行部（010）68701816　编辑部（010）68701891
电子信箱：80147@sina.com
印　　刷：河北宝昌佳彩印刷有限公司
经　　销：新华书店
规　　格：170毫米×240毫米　16开本　20.5印张　300千字
版　　次：2020年5月第1版　2020年5月第1次印刷
定　　价：88.00元

推荐序

近年来，我国财产保险业综合实力显著增强、保险改革实现新突破、服务能力不断提升、风险得到有效防范、对外开放取得新进展、监管改革深入推进、发展环境不断优化，在保护消费者利益、服务实体经济、防控风险、深化改革等方面取得了新的进展。但与此同时，财产保险市场也存在不少的问题，如片面追求规模，“规模至上”成为市场主体普遍的发展手段，商业模式雷同，公司经营高度同质化，市场竞争异化，一些市场主体经营持续亏损。同时，市场秩序不规范，车险和农险等领域违规现象严重，消费者利益保护不力。2017 年全国金融工作会议提出，要促进保险业发挥长期稳健风险管理和保障的功能。此后监管部门围绕防风险、治乱象、服务实体经济的主线强化监管，市场运行发生了深刻的变化，市场主体的转型取得了积极的进展。

2018 年，我国财产保险市场继续转型，呈现了一些新的发展特征。一是保费收入增速放缓。2018 年，产险业务原保险保费收入 10770 亿元，同比增加 935 亿元，增长 9.51%，增幅同比下降 3.21 个百分点。主要原因在于，新车销量增速下降，以及商业车险改革导致单均保费下降，造成车险保费收入仅增长 4.16%。二是非车险发展迅速。2018 年，非车险保费收入增长 29.84%，成为市场增量保费的重要来源。三是财产险公司费用率高企推升综合成本，经营利润下降。商业车险改革措施改变了消费者的驾驶习惯和理赔习惯，降低了车险赔付率，2018 年，财产保险综合赔付率 59.39%，同比下降 0.79 个百分点。但随着保险业务竞争加剧，部分财产险公司将赔付端节省的资金投至销售环节，从而导致费用率增加。2018 年财产险公司综合费用率攀升至 40.74%，较上年上升 1.18

个百分点，综合成本率达到100.13%，同比上升0.39个百分点，承保亏损13.59亿元，为2011年以来首次承保亏损。承保亏损叠加投资收益下滑，财产险公司全年税前利润仅为473.2亿元，同比下降26.02%。四是市场集中度有所上升，中小保险公司的业务发展面临压力。2018年，前五大财产险公司保费市场份额为73.53%，较上年上升了0.08个百分点。五是盈利能力分化加剧，中小主体盈利能力较弱。财产险公司按保费收入排名，前十大公司净利润占比超过全行业的100%，亏损公司数量占比为40.9%。大公司盈利水平较高，而中小保险公司的盈利空间较小。

在新的发展阶段，如何推动财产保险业高质量发展，是行业需要探索的重大命题。王长明先生的《明眼看财险》对这个重大命题做了深入的思考和探讨。在我看来，本书具有以下几个鲜明的特点：

一是结构和框架新颖，可读性强。基于规则之下的竞争是市场经济的基本特征，保险市场像体育竞技的赛场一样，需要通过市场主体之间的竞争来优化资源配置。该书将财险市场作为赛场来研究，巧妙地借用比赛的流程，用通俗易懂的语言，全景式地透视和分析了过去两年财险市场发展特点、取得的成绩、存在的问题以及对未来发展的思考，具有很强的趣味性和可读性。

二是对财险市场近90家市场主体的经营情况进行了非常细致的梳理。该书基于大量的第一手资料，对所有财险公司的经营数据、近年来在不同细分市场和领域的探索进行了详细的分析，对于了解我国财产保险市场的运行具有重要的参考价值。

三是对保险企业价值取向做了非常有益的探讨。正如柏克所言，“人们享有公民自由的资格，与他们对自己的禀性施以道德约束的愿望成正比，与他们把热爱正义置于个人贪婪之上成正比”。企业作为法人也是如此，其价值观直接决定了有何种市场行为。该书探讨了保险企业的天道取向、人道取向、商道取向和王道取向等不同的价值主张，对于讨论我国保险企业应该秉持何种价值观具有积极的探索意义。

四是深入思考了保险公司，尤其是中小主体的市场定位问题。通过差异化竞争推动业务发展，是行业的普遍共识。该书分别从资本意愿、企业意志、市场环境和资源禀赋等方面考察保险公司的市场定位，为财险公司差异化发展战略提供了重要的分析框架。

五是对完善财险市场的政策环境提出了不少有见地的建议，包括如何构建多元保险主体、如何重新认识偿付能力指标、如何发展保险中介等。其中有些建议可能不同于一些人的认知，但作者的论证逻辑值得我们进一步思考。

财产保险市场的高质量发展需要自由、开放、竞争的思想市场，相关的政策及其调整将会受益于观念讨论，并给市场带来巨大的变化。思想市场的繁荣需要保险市场的实践者发挥重要的作用。王长明先生拥有 30 多年的保险从业经历，曾先后供职于多家不同类型的保险公司，对财产保险市场有很敏锐的洞察力。我相信，王长明先生公开出版本书，分享其对财产保险市场的观察与研究心得，对促进财产保险市场转型与发展具有积极的意义。因此，我乐于作序，并向关注我国财产保险业高质量发展的读者朋友推荐此书。

朱俊生

（国务院发展研究中心金融研究所保险研究室副主任、教授、博士生导师）

2019 年 11 月于北京

自　序

一本关注财险赛场的书

2018年，有人说它是保险史上最严的监管年，有人说它是保险业经营较差的一年，我觉得都不是很准确，它应该是保险业的转折年，是新旧转换的节点年。2018年之前可以说是保险业的上半场，之后是下半场，因此这一年应该留下一些记忆，留下一些思考。如何记忆这一年？方式、方法、角度、题材很多，我思来想去，决定选取财险市场这一特定领域，把财险市场当成一个赛场，并通过赛场写实和多维度分析，展现财险市场的现实情况、主要进步、存在的问题，以及对未来发展的期许和设想，既客观地展现赛场真实的比赛场景，又做出主观的评价与思考，并把这些想法变成文字，进行梳理，最终就有了你面前的这本书——《明眼看财险》。

本书共分上、中、下三篇，每篇有两个部分。上篇重点介绍队员情况和赛场情况，中篇重点介绍比赛成绩和表彰奖励，下篇重点分析队员和进行赛后思考。

第一部分“竞赛手册”，把竞赛事宜、队员基本信息、上年度业绩、TOP5险种及行业大类险种情况归入其中，为队员2018年赛事提供参考。“竞赛手册”实际是一个虚拟的工具或载体。

第二部分“赛场风云”，以写实的方式，客观地记录了2018年财险赛场发生的故事，其中，“队员鏖战”写了8个场景，“裁判动态”写了7个重点内容，

“关联事件”选取了6个与财险赛场相关的热点事件，这样2018年的财险赛场就比较全面、立体、鲜活地呈现在了你的面前。

第三部分“战绩公布”，把队员2018年的业绩进行了排名，在这一部分作者创造性地提出了价值率这个概念，并赋予其特定的内涵，以期丰富对财险公司评价的尺度和方法。

第四部分“表彰奖励”，共设了十大奖项，有组委会奖、协会奖及社会各界综合奖等，各奖项的颁奖词都体现了奖项设定的目的，具有导向和引领作用。

第五部分“队员分析”，根据不同的划分标准，把队员按类分组，再从多个维度进行分析，从而观察到各组队员一些规律性或普遍性的东西。

第六部分“赛后思考”，通过赛事观察、业绩排名、获奖名单、队员分析等，对财险赛场进行了发散性的思考，有些是行业多年探讨的问题，有些是被行业忽视却很重要的问题。通过思考，进而探索行业发展中深层次的问题和解决问题的办法。

编筐编篓，关键收口。附录部分收录了“财产保险市场回顾与展望”一文，后记则收录了“以保守主义经营理念与监管哲学推动财险业高质量发展”一文，这两篇都是朱俊生老师的文章。朱老师是国务院发展研究中心金融研究所保险研究室副主任、教授、博士生导师，长期关注和研究保险业的改革与发展，对中国保险市场有着全面、透彻的理解，他对保险市场的回顾和展望与本书的相关章节呼应，有助于读者更好地了解我国财产保险市场的发展特征与趋势。他倡导的保守主义经营理念与监管哲学，也有助于反思我国财产保险市场存在的深层次问题。这两篇文章提升和增加了本书的高度和分量。

《明眼看财险》一书，改变了以往保险类书籍教科书式的写作方式，借用体育比赛的流程一步一步地加以展现，用通俗易懂的语言，把枯燥的数字、专业的理论、复杂的实务变成故事、场景、成绩单、颁奖词等，无论业内、业外人士都可能对它有兴趣，并一口气读完。

《明眼看财险》一书，有各财险公司的基本信息，有最近两个年度完整的经营数据，有各公司“八仙过海”的经验做法、有鼓励先进的颁奖词，有对财险公司的多维度分析、点评，有对行业整体的回顾与展望，因此，希望它能成为财险从业者、经营管理者的工具书和参考书，成为社会各界朋友快速了解中国财险公司的导航器和路线图。

《明眼看财险》一书“关于保险企业价值取向的思考”，提出了保险企业的天道取向、人道取向、商道取向和王道取向的价值主张，并进行了深入的分析论述，对部分公司的价值取向进行了研读和归纳，虽未必准确，但在行业内外应该是具有创造性的。

《明眼看财险》一书“关于保险公司定位的思考”，分别从资本意愿、企业意志、市场环境和资源禀赋四个方面进行了思考、研究，这是保险业界、学界和社会各界以前所没有的，希望能为财险公司差异化发展提供新的方法论。

《明眼看财险》一书“关于构建多元保险主体的思考”“关于发展保险中介的思考”以及“以保守主义经营理念与监管哲学推动财险业高质量发展”的建议，提出了大胆、全新的设想和主张，有些是建设性的，有些是颠覆性的，突破了既有的思维定式，不囿于微观的交易行为层面，而是以更高的站位和广阔的视野思考中国财险业发展。

在本书的写作过程中，得到了家人、同事、领导、朋友等的鼓励、支持和帮助，很多人给了很好的建议，尤其是出版社的张羿老师多次指点，在书稿的整体架构上提出重大修改意见，对最后的成稿作用很大；朱俊生老师更是支持有加，不但贡献了两篇力作，还为本书题写了序言，在此对他们表示衷心的感谢！

王长明

2019年11月于北京

目　录
CONTENTS

上篇　开赛

第一部分　竞赛手册

第二部分　赛场风云

中篇 开奖

第三部分 战绩公布

第四部分 表彰奖励

下篇 开悟

第五部分 队员分析

开赛

第一部分　竞赛手册

2017 年财险赛场滚滚硝烟刚刚散尽，2018 年战鼓又隆隆作响，各参赛队伍怀着希望与梦想，摩拳擦掌，将全力以赴投身到新一年的赛场。新的一年将有 85 名正式队员（在中国大陆注册运营的财产险类保险公司 85 家）参加比赛，另有 3 名预备队员（已批准筹建，但在 2017 年 12 月 31 日尚未批准开业的公司）将适时进入赛场。

为了帮助队员之间相互学习借鉴，取长补短，确保竞赛顺利进行，达到预期的效果，竞赛组委会（为作者虚拟）在 2018 年年初编制了《竞赛手册》供参赛队员作为指引，就每一项内容简要介绍如下。

一、竞赛事宜

1. 竞赛方针

保险姓保、注重保障。

2. 竞赛宗旨

（1）以高质量、高效率、转型发展为竞赛主线，以保险业回归本原、发展保障型产品、服务实体经济，承担社会责任为目标。

（2）全面促进参赛队伍在产品开发、风险控制、公司治理、科技应用方面的优化。

3. 竞赛规则

（1）原有可适用规则延续使用，原有不适用规则适时废止。

（2）新立规则的使用及时通知。

（3）市场行为监管、偿付能力监管、公司治理监管三线并重。

注：具体规则以监管部门的官方网站为准，临时性规则会随时通知。

4. 竞赛范围

以队员“营业执照”业务范围和经营区域为准，不可越界、不能超项。

5. 竞赛时间

2018年1月1日—12月31日。

6. 竞赛口号

为了聚焦发展重点，突出竞赛宗旨，引领行业方向，围绕2018年竞赛活动，组委会确定了竞赛口号，口号力争符合时代特色和监管要求。保险公司可以将口号粘贴在职场、嵌入官方网站、印制于各种材料之中。具体的竞赛口号如下：

（1）融合、链接、共享。

（2）竞争、合作、共赢。

（3）领跑当下、智赢未来。

（4）科技赋能、创新发展。

（5）高质量、高效率、转型发展。

（6）服务实体经济、承担社会责任。

（7）线上线下共进、直销中介同行。

（8）规模效益并重、保险投资双赢。

（9）服务一带一路、精准扶贫攻坚。

（10）抓新机遇，用新科技，铸新辉煌。

（11）万物互联大趋势、场景保险有前途。

（12）高价值服务，高技术创新，高质量发展。

（13）保障是永恒的主题，服务是不变的铁律。

（14）不忘初心、回归本原、保险姓保、注重保障。

（15）遵纪守法，服从裁判，公平竞争，诚实守信。

（16）求实去虚，注重保障，开拓进取，自强不息。

（17）价值为先、客户至上，货真价实、童叟无欺。

（18）规范市场行为、提高偿付能力、完善公司治理。

（19）保障是保险的基因密码，金融是保险的区块链条。

（20）优化产品开发、加强风险控制、实现公司治理、科技应用赋能。

7. 竞赛誓词

遵纪守法，服从裁判；公平竞争，诚实守信。

保险姓保，回归本原；服务民生，服务经济。

求实去虚，注重保障；开拓进取，自强不息。

创新发展，科技赋能；价值为先，客户至上。

二、队员信息

队员信息包括公司名称、成立时间、注册资本、注册地等。公司名称有中文全称和简称，全称为法定名称，是由监管部门批准的，不能随意更改；简称是为方便起见的习惯叫法，基本上是全称的缩写，不是十分严格，只要提起来大家都知道说的是哪家公司即可。以下为 88 名队员（含 3 名预备队员）基本信息一览表，按其公司成立时间排序（括号内为重组时间），截至 2017 年 12 月 31 日。

序号	公司名称	成立时间	注册资本（亿元）	注册地
1	中国人民财产保险股份有限公司 简称：人保财险	1949-10-20 （2003-07-07）	222.4277	北京
2	中华联合财产保险股份有限公司 简称：中华财险	1986-07-15 （2006-12-06）	146.4	北京

续表

序号	公司名称	成立时间	注册资本（亿元）	注册地
3	中国平安财产保险股份有限公司 简称：平安财险	1988–05–27 （2002–12–24）	210	广东
4	中国太平洋财产保险股份有限公司 简称：太保财险	1991–05–13 （2001–11–09）	194.7	上海
5	史带财产保险股份有限公司 简称：史带财险	1995–01–25	14.325	上海
6	天安财产保险股份有限公司 简称：天安财险	1995–01–27	177.64	上海
7	华泰财产保险有限公司 简称：华泰财险	1996–08–29 （2011–07–29）	30	上海
8	永安财产保险股份有限公司 简称：永安财险	1996–09–13	30.09	西安
9	华安财产保险股份有限公司 简称：华安财险	1996–12–03	21	深圳
10	安达保险有限公司 简称：安达保险（原丘博保险）	2000–09–28	6.331	上海
11	中国出口信用保险公司 简称：中国信保（出口信用）	2001–12–18	约 300	北京
12	太平财产保险有限公司 简称：太平财险	2001–12–20	50.7	深圳
13	中国大地财产保险股份有限公司 简称：大地财险	2003–10–15	104.2998	上海
14	利宝保险有限公司 简称：利宝保险	2003–11–07	15.6133	重庆
15	安信农业保险股份有限公司 简称：安信农险	2004–09–15	7	上海
16	永诚财产保险股份有限公司 简称：永诚财险	2004–09–27	21.78	上海

续表

序号	公司名称	成立时间	注册资本（亿元）	注册地
17	安邦财产保险股份有限公司 简称：安邦财险	2004-09-30 （2011-12-31）	370	深圳
18	安华农业保险股份有限公司 简称：安华农险	2004-12-30	10.575	长春
19	安盛天平财产保险股份有限公司 简称：安盛天平	2004-12-31	8.4622	上海
20	中银保险有限公司 简称：中银保险	2005-01-05	45.351	北京
21	亚太财产保险有限公司 简称：亚太财险（原民安财险）	2005-01-10	40.014	深圳
22	阳光农业相互保险公司 简称：阳光农险	2005-01-10	10	哈尔滨
23	三星财产保险（中国）有限公司 简称：三星财险（中国）	2005-04-25	3.24	上海
24	日本财产保险（中国）有限公司 简称：日本财险（中国）	2005-05-31	6	大连
25	阳光财产保险股份有限公司 简称：阳光财险	2005-07-28	50.88	北京
26	渤海财产保险股份有限公司 简称：渤海财险	2005-09-28	16.25	天津
27	都邦财产保险股份有限公司 简称：都邦财险	2005-10-19	27	吉林
28	华农财产保险股份有限公司 简称：华农财险	2006-01-24	10	北京
29	中国人寿财产保险股份有限公司 简称：国寿财险	2006-12-30	150	北京
30	安诚财产保险股份有限公司 简称：安诚财险	2006-12-31	40.76	重庆

续表

序号	公司名称	成立时间	注册资本（亿元）	注册地
31	现代财产保险（中国）有限公司 简称：现代财险（中国）	2007-03-02	5.5	北京
32	劳合社保险（中国）有限公司 简称：劳合社（中国）	2007-03-15	10	上海
33	中意财产保险有限公司 简称：中意财险	2007-04-13	13	北京
34	三井住友海上火灾保险（中国）有限公司 简称：三井住友（中国）	2007-09-06	5	上海
35	美亚财产保险有限公司 简称：美亚保险	2007-09-24	9.114	上海
36	长安责任保险股份有限公司 简称：长安责任	2007-11-07	16.215	北京
37	国元农业保险股份有限公司 简称：国元农险	2008-01-18	21.0393	合肥
38	瑞再企商保险有限公司 简称：瑞再企商	2008-03-17	5.	上海
39	鼎和财产保险股份有限公司 简称：鼎和财险	2008-05-22	30.18	深圳
40	东京海上日动火灾保险（中国）有限公司 简称：东京海上（中国）	2008-07-22	4	上海
41	国泰财产保险有限责任公司 简称：国泰产险	2008-08-28	16.327	上海
42	中煤财产保险股份有限公司 简称：中煤财险	2008-10-13	9	太原
43	英大泰和财产保险股份有限公司 简称：英大财险	2008-10-28	31	北京
44	爱和谊日生同和财产保险（中国）有限公司 简称：爱和谊（中国）	2009-01-23	6.25	天津

续表

序号	公司名称	成立时间	注册资本（亿元）	注册地
45	紫金财产保险股份有限公司 简称：紫金财险	2009-05-08	25	南京
46	日本兴亚财产保险（中国）有限公司 简称：日本兴亚（中国）	2009-06-19	3	深圳
47	浙商财产保险股份有限公司 简称：浙商财险	2009-06-23	30	杭州
48	国任财产保险股份有限公司 简称：国任财险（原信达财险）	2009-08-18	30	北京
49	乐爱金财产保险（中国）有限公司 简称：乐爱金（中国）	2009-10-23	2.2	南京
50	安联财产保险（中国）有限公司 简称：安联财险（中国）	2010-03-24	8.05	广州
51	富邦财产保险有限公司 简称：富邦财险	2010-10-08	10	厦门
52	泰山财产保险股份有限公司 简称：泰山财险	2010-12-31	20.3	济南
53	锦泰财产保险股份有限公司 简称：锦泰财险	2011-01-30	11	成都
54	中航安盟财产保险有限公司 简称：中航安盟	2011-02-22	11	成都
55	信利保险（中国）有限公司 简称：信利保险（中国）	2011-03-14	2.	上海
56	众诚汽车保险股份有限公司 简称：众诚车险	2011-06-08	15	广州
57	长江财产保险股份有限公司 简称：长江财险	2011-11-18	12	武汉
58	诚泰财产保险股份有限公司 简称：诚泰财险	2011-12-31	40	昆明

续表

序号	公司名称	成立时间	注册资本（亿元）	注册地
59	富德财产保险股份有限公司 简称：富德财险	2012-05-07	35	深圳
60	鑫安汽车保险股份有限公司 简称：鑫安车险	2012-06-15	10	长春
61	北部湾财产保险股份有限公司 简称：北部湾财险	2013-01-18	15	南宁
62	苏黎世财产保险（中国）有限公司 简称：苏黎世（中国）	2013-07-02	9.22	上海
63	众安在线财产保险股份有限公司 简称：众安在线	2013-10-09	14.6981	上海
64	中石油专属财产保险股份有限公司 简称：中石油专属	2013-12-26	50	克拉玛依
65	华海财产保险股份有限公司 简称：华海财险	2014-12-09	10.2	烟台
66	恒邦财产保险股份有限公司 简称：恒邦财险	2014-12-30	20.6	南昌
67	燕赵财产保险股份有限公司 简称：燕赵财险	2015-02-03	20.25	唐山
68	合众财产保险股份有限公司 简称：合众财险	2015-02-11	4	北京
69	中路财产保险股份有限公司 简称：中路财险	2015-04-03	10	青岛
70	中原农业保险股份有限公司 简称：中原农险	2015-05-13	11	郑州
71	中国铁路财产保险自保有限公司 简称：中铁自保	2015-07-06	20	北京
72	泰康在线财产保险股份有限公司 简称：泰康在线	2015-11-18	10	武汉
73	东海航运保险股份有限公司 简称：东海航运	2015-12-25	10	宁波

续表

序号	公司名称	成立时间	注册资本（亿元）	注册地
74	安心财产保险有限责任公司 简称：安心财险	2015-12-31	10	北京
75	阳光信用保证保险股份有限公司 简称：阳光信保	2016-01-11	30	重庆
76	易安财产保险股份有限公司 简称：易安财险	2016-02-16	10	深圳
77	久隆财产保险有限公司 简称：久隆财险	2016-03-17	10	珠海
78	新疆前海联合财产保险股份有限公司　简称：前海联合	2016-05-19	10	乌鲁木齐
79	珠峰财产保险股份有限公司 简称：珠峰财险	2016-05-22	10	拉萨
80	海峡金桥财产保险股份有限公司 简称：海峡金桥	2016-08-25	15	福州
81	建信财产保险有限公司 简称：建信财险	2016-10-11	10	银川
82	中远海运财产保险自保有限公司 简称：中远自保	2017-02-08	20	上海
83	众惠财产相互保险社 简称：众惠相互	2017-02-14	10	深圳
84	汇友建工财产相互保险社 简称：汇友相互	2017-06-28	6	北京
85	广东粤电财产保险自保有限公司 简称：粤电自保	2017-11-10	3	广州
86	黄河财产保险股份有限公（筹） 简称：黄河财险		25	兰州
87	太平科技保险股份有限公（筹） 简称：太平科技		5	嘉兴
88	融盛财产保险股份有限公（筹） 简称：融盛财险		10	沈阳

三、队员文化

队员文化内容丰富，包括很多方面，《竞赛手册》只简要介绍一下队员标识和队员理念。

1. 队员标识

标识之意最早来自“烙印”，在畜牧业时代，人们用烧红的烙铁在牲畜身上做下永久记号，用来识别自己畜养的牲畜，表明其所有权，因此，标识至今还有“深刻的烙印”之说。现代企业的标识具有丰富的文化内涵，是品牌的核心内容之一，又是公司文化的外化表现，标识（Logo）印制在公司的各种制品上，嵌入到网站上，出现在各种媒介上，在企业内外让人记忆犹新，对企业员工是一种暗示和激励，对大众消费者则是一种特别告示。本书在不影响原有意义的前提下，对队员公司 Logo 及释义做了适当的整理，限于篇幅，只选取了以下几家具有代表性的公司 Logo 及释义、广告语，读者如有兴趣了解更多，可在百度或队员官网进行搜索。

<table>
<tr><th>公司 Logo</th><th colspan="2">Logo 释义及广告语</th></tr>
<tr><td rowspan="2">人保财险</td><td colspan="2">（1）标识以“PICC”为主体，简洁明快，具有视觉冲击力和现代感。
（2）整体浑厚稳重，象征企业经营稳健规范，体现人保财险国际化品牌形象；标识颜色为橘红色，象征热情向上，充满活力，同时也传承了人保财险原标识的颜色。</td></tr>
<tr><td>广告语</td><td>人民保险 服务于民</td></tr>
<tr><td rowspan="2">平安财险</td><td colspan="2">（1）强化平安中文品牌名称，使用“中国平安”作为标识主体，并与英文名称 PING AN 形成了固定的组合关系。
（2）主题色以橙红色为主，深绿色点睛之笔为辅。
（3）由于平安已不是单纯的保险公司，而是涉足证券、信托、银行等综合金融领域，标识体现了这种综合性和发展进程，淡化保险业的固有形象，而建立更专业的金融品牌，为实现全球的品牌识别沟通奠定基础。
（4）字标设计采用了中国传统文化中“外圆内方”的哲学思想，结合明快、简洁的国际品牌设计潮流，既有传统特色，更显现代时尚风范。（5）A 字的等边三角造型，令人联想起中西方的各式小屋，寓意呵护、关爱及家的形象。绿色方块象征着生命、生机、活力。</td></tr>
<tr><td>广告语</td><td>买保险就是买平安
中国平安 平安中国
让每个家庭拥有平安</td></tr>
</table>

续表

<table>
<tr><th>公司 Logo</th><th colspan="2">Logo 释义及广告语</th></tr>
<tr><td rowspan="2">太保财险</td><td colspan="2">（1）CPIC（中国太平洋保险集团公司的英文缩写）的紧凑组合。
（2）整个标识像一面扬起的帆，蓝色代表大海（太平洋），所要表达的是“平时注入一滴水，难时拥有太平洋”的团队精神，即保险的意义：互帮互助。</td></tr>
<tr><td>广告语</td><td>平时注入一滴水 难时拥有太平洋
太平洋保险保太平</td></tr>
<tr><td rowspan="2">国寿财险</td><td colspan="2">（1）C 是中国人寿首个英文字母，C 形圆环代表中国人寿，圆球代表客户，圆环细心呵护、高高托起圆球，表明了中国人寿“以人为本、关爱生命”的崇高境界和“客户至上、一言九鼎”的庄严承诺，体现了“成己为人、成人达己”的文化理念。
（2）圆环向上敞开，圆球象征地球，展现出中国人寿海纳百川的博大胸怀和放眼全球的广阔视野。
（3）银灰色（圆球）是成熟、稳健的象征，草绿色（字母 C）是生机、活力的体现，彰显出中国人寿“诚信为本、稳健经营、值得信赖”的本色风格，预示着中国人寿的事业不断发展、蓬勃向上、充满生命力。</td></tr>
<tr><td>广告语</td><td>相知多年 值得托付
要投就投中国人寿</td></tr>
<tr><td rowspan="2">中华财险</td><td colspan="2">（1）标识中的“CIC”，是公司英文名称核心单词缩写的组合。
（2）标识含义：一是华表造型的模拟；二是“中”字的变形。</td></tr>
<tr><td>广告语</td><td>中华保险 情系中华
家有中华 中华是家</td></tr>
</table>

2. 队员理念

一切经济活动及其结果都是文化的延伸和外化。队员理念主要是公司文化的内容，包括公司使命、经营理念、服务理念、价值观、服务宗旨、公司愿景等。词语简洁凝练，高度概括，各具特色，充分反映了不同公司的价值取向、宗旨使命和目标追求，同时彰显了中国文化的博大精深和外来文化的丰富多彩。作者梳理并选取了不同类型公司的部分队员理念中比较主要的内容，同时将中资公司和外资公司分别列示，让读者朋友可以体会到保险企业理念的相似性及其不同队员理念的差异性。

（1）中资队员理念摘选。

公司性质	公司简称	文化理念	
政策性公司	中国信保	核心价值观	责任、诚信、专业、创新
		企业使命	履行政策性职能，服务开放型经济
		服务理念	专业创造价值，服务成就客户
		企业精神	放眼世界，追求卓越
		经营理念	以政策为依据，以市场为导向，以客户为中心
		集团愿景	建设国内领先、国际一流综合金融保险集团
综合性商业保险公司	人保财险	核心价值观	风雨同行 至爱至诚
		企业使命	人民保险 造福于民
		企业追求	保障人民高品质生活
		企业精神	求实、诚信、拼搏、创新
		经营理念	以人为本、诚信服务、价值至上、永续经营
		目标愿景	做人民满意的保险公司
	平安财险	核心价值观	价值最大化是检验平安一切工作的标准
		价值理念	专业创造价值
		企业使命	对客户负责，对股东负责，对员工负责，对社会负责
		企业训导	专业领先，诚信服务，创造价值，回馈社会
		文化特征	危机意识、包容、简单
		品牌口号	专业，让生活更简单
		目标愿景	国际领先的科技型个人金融生活服务集团
相互保险	汇友相互	企业使命	为会员打造一个高效的互助平台
		企业宗旨	一切以会员为中心
		品牌口号	会员自己的保险企业 一路风雨兼程，彼此是最坚强的支撑
		目标愿景	成为最值得会员信赖的相互保险企业

续表

公司性质	公司简称	文化理念	
农险公司	安信农险	核心价值观	安为上、信为本
		企业使命	成为中国农业保险的先行者、开拓者和探索者
		经营理念	以人为本，笃守诚信，服务“三农”，创造价值
		员工精神	特别能吃苦、特别能战斗、特别能攻关、特别能奉献
		企业精神	超越、忠诚 、关怀、合作
		目标愿景	打造中国现代农业保险第一品牌
车险公司	鑫安车险	核心价值观	诚信、稳健、高效、创新
		企业使命	鑫安相伴 幸福相随
		经营理念	效益为先 科学发展
		服务理念	贴心、省心、安心
		目标愿景	成为中国汽车保险业的领军者
信保公司	阳光信保	企业使命	让信用产生价值
		企业定位	科技驱动的信用风险管理及信用资产交易平台
		企业理念	一切为了客户
		企业愿景	您身边的专业信用服务伙伴
互联网保险	众安在线	核心价值观	简单、快速、突破、共赢
		企业使命	让金融生活更温暖
		企业精神	秉持“破与立”的精神。不断突破服务的边界，个人不断突破能力的边界
自保公司	中铁自保	企业使命	以服务铁路发展为切入点，努力打造一个体系现代化、服务专业化、管理规范化的自保品牌
		经营宗旨	稳健经营、专业服务、创新发展
		目标愿景	成为国内保险行业中最具企业责任和社会责任的现代保险企业，为我国大型企业探索和发展保险自保业务积累经验。

（2）外资队员理念摘选。

公司国别	公司简称	文化理念	
美国	利宝保险	经营理念	诚信便捷
		服务理念	为客户提供优质优价的保险服务
		目标愿景	长期稳健地开展在中国的业务
英国	劳合社	企业使命	长期为中国保险市场提供承保能力
		目标愿景	成为中国客户首选的专业保险和再保险提供商
法国	安盛天平	企业使命	为客户提供及时、便捷、值得信赖的保险服务 为客户提供全方位的个人保险解决方案
		战略定位	好司机省更多
		商业模式	基于非核心业务外包的低成本经营
		目标愿景	成为国内领先的、以客户为中心的数字化直销保险品牌，成为细分市场的优质服务提供者
意大利	中意财险	核心价值观	学习、和谐、专业、进取、稳健
		企业使命	为客户、股东、员工及社会创造价值
		经营理念	诚信为本、客户为尊、专业为基、创新为魂
		行为准则	自律、进取、学习
		目标愿景	将中意人寿打造成为国内一流保险公司
日本	三井住友	经营理念	以注重人才教育为先，以国际化的角度来培养具备判断力、专业知识和创新精神的员工
		企业目标	合规诚信，为客户提供最佳的风险解决方案和保险服务。稳定经营，持续发展，回报股东
韩国	三星财险	价值体系	人才第一、最高指向、引领变革、正道经营、追求共赢
		经营理念	以人才和技术为基础，创造最优的产品和服务，为人类社会做出贡献
		目标愿景	把三星财产保险建设成为国际化的超一流企业

四、业务成绩

业务成绩主要是指队员 2017 年的工作业绩，包括保费收入、经营利润、赔款支出三大指标。成绩数据是根据保险监管机构、保险行业组织以及队员公司的公开信息整理所得，如有出入，以各队员官网为准。

1. 保费收入成绩

保费是保险公司最主要的资金流入渠道，同时也是保险人履行保险责任最主要的资金来源。2017 年全国财险公司原保险保费收入 10541.38 亿元，同比增长 13.76%。各公司保费成绩排名详见下表：

2017 年保费收入 1000 亿元以上公司 3 家

公司排名		保费收入（亿元）	市场份额（%）	公司排名		保费收入（亿元）	市场份额（%）
1	人保财险	3492.90	33.135	2	平安财险	2159.84	20.489
3	太保财险	1039.94	9.865				

注：TOP3 保费占比 63.49%

2017 年保费收入 100 亿—1000 亿元公司 8 家

公司排名		保费收入（亿元）	市场份额（%）	公司排名		保费收入（亿元）	市场份额（%）
4	国寿财险	662.15	6.281	5	中华财险	388.29	3.683
6	大地财险	371.23	3.522	7	阳光财险	334.59	3.174
8	太平财险	220.69	2.094	9	出口信用	184.89	1.754
10	天安财险	141.72	1.344	11	华安财险	112.72	1.069

注：4—11 名保费占比 22.92%

2017 年保费收入 50 亿—100 亿元公司 9 家

公司排名		保费收入（亿元）	市场份额（%）	公司排名		保费收入（亿元）	市场份额（%）
12	永安财险	84.45	0.801	13	英大财险	83.04	0.788
14	华泰财险	79.64	0.755	15	安盛天平	79.46	0.754
16	安邦财险	67.85	0.644	17	永诚财险	63.97	0.607
18	众安在线	59.57	0.565	19	中银保险	55.59	0.527
20	紫金财险	50.86	0.482				

注：12—20 名保费占比 5.92%

2017 年保费收入 10 亿—50 亿元公司 27 家

公司排名		保费收入（亿元）	市场份额（%）	公司排名		保费收入（亿元）	市场份额（%）
21	安华农险	48.61	0.461	22	国元农险	47.19	0.448
23	都邦财险	41.82	0.397	24	安诚财险	41.03	0.389
25	鼎和财险	40.02	0.380	26	渤海财险	38.64	0.367
27	浙商财险	37.36	0.354	28	阳光农险	32.64	0.310
29	国任财险	32.57	0.309	30	亚太财险	31.26	0.297
31	长安责任	29.65	0.281	32	中航安盟	20.98	0.199
33	富德财险	20.91	0.198	34	北部湾财险	20.48	0.194
35	泰康在线	16.56	0.157	36	锦泰财险	16.38	0.155
37	华海财险	15.54	0.147	38	利宝保险	15.29	0.145
39	泰山财险	15.23	0.144	40	华农财险	14.52	0.138
41	美亚保险	14.20	0.135	42	中煤财险	13.59	0.129
43	国泰产险	13.01	0.123	44	众诚车险	12.69	0.120
45	安信农险	11.05	0.104	46	中原农险	11.05	0.105
47	诚泰财险	10.06	0.095				

注：21—47 名保费占比 6.29%

2017 年保费收入 5 亿—10 亿元公司 15 家

公司排名		保费收入（亿元）	市场份额（%）	公司排名		保费收入（亿元）	市场份额（%）
48	富邦财险	9.26	0.088	49	安联财险（中国）	9.13	0.087
50	三星财险（中国）	8.55	0.087	51	燕赵财险	8.49	0.081
52	易安财险	8.39	0.080	53	安心财险	7.94	0.075
54	长江财险	7.38	0.070	55	中铁自保	6.23	0.059
56	前海联合	6.03	0.057	57	中意财险	5.63	0.053
58	东京海上（中国）	5.42	0.051	59	恒邦财险	5.18	0.049
60	苏黎世（中国）	5.14	0.049	61	安达保险	5.14	0.049
62	鑫安车险	5.05	0.048				

注：48—62 名保费占比 0.98%

2017 年保费收入 0 亿—5 亿元公司 23 家

公司排名		保费收入（亿元）	市场份额（%）	公司排名		保费收入（亿元）	市场份额（%）
63	中油专属	4.98	0.047	64	三井住友（中国）	4.54	0.043
65	珠峰财险	4.12	0.043	66	中路财险	3.74	0.035
67	海峡金桥	3.74	0.035	68	日本财险（中国）	3.73	0.035
69	建信财险	2.45	0.023	70	中远自保	1.93	0.018
71	史带财险	1.84	0.017	72	东海航运	1.72	0.016
73	久隆财险	1.70	0.016	74	瑞再企商	1.38	0.013
75	阳光信保	1.22	0.012	76	合众财险	1.10	0.010
77	乐爱金（中国）	1.07	0.010	78	现代财险（中国）	1.05	0.010

79	众惠相互	0.67	0.006	80	日本兴亚（中国）	0.59	0.006
81	爱和谊（中国）	0.53	0.005	82	信利保险（中国）	0.35	0.003
83	劳合社（中国）	0.10	0.001	84	粤电自保	0.10	0.001
85	汇友相互	0.05	0.000				

注：63—85 名保费占比 0.40%

2. 经营利润成绩

利润是企业经营的主要目标之一，保险公司获取经营利润可以增强企业的实力和公司价值，同时将会给股东带来更好的回报。2017 年，83 家财险公司（不包括中国信保和安邦财险）共实现利润 415.39 亿元。各公司净利润成绩详见下表：

2017 年净利润 100 亿元以上公司 2 家		
排名 公司 净利润（亿元）	1 人保财险 197.12	2 平安财险 133.72

2017 年净利润 10 亿—100 亿元公司 4 家				
排名 公司 净利润（亿元）	3 太保财险 37.43	4 阳光财险 14.12	5 中华财险 12.93	6 大地财险 11.79

2017 年净利润 1 亿—10 亿元公司 13 家					
排名 公司 净利润（亿元）	7 国寿财险 8.08	8 华泰财险 3.95	9 英大财险 3.65	10 中石油专属 3.64	11 太平财险 3.17
排名 公司 净利润（亿元）	12 阳光农险 3.12	13 永安财险 3.01	14 国元农险 2.80	15 鼎和财险 2.41	16 中银保险 1.88
排名 公司 净利润（亿元）	17 安信农险 1.36	18 中铁自保 1.35	19 美亚保险 1.33		

2017年净利润0亿—1亿元公司30家					
排名 公司 净利润（亿元）	20 诚泰财险 0.87	21 天安财险 0.84	22 北部湾财险 0.81	23 紫金财险 0.77	24 三井住友 （中国）0.66
排名 公司 净利润（亿元）	25 劳合社 （中国） 0.60	26 史带财险 0.60	27 鑫安车险 0.56	28 中航安盟 0.47	29 中远自保 0.47
排名 公司 净利润（亿元）	30 华安财险 0.42	31 安诚财险 0.31	32 爱和谊 （中国） 0.30	33 安联财险 （中国）0.27	34 中原农险 0.26
排名 公司 净利润（亿元）	35 泰山财险 0.26	36 日本财险 （中国） 0.20	37 三星财险 （中国）0.15	38 亚太财险 0.14	39 都邦财险 0.11
排名 公司 净利润（亿元）	40 华农财险 0.10	41 现代财险 （中国） 0.08	42 锦泰财险 0.08	43 阳光信保 0.08	44 易安财险 0.07
排名 公司 净利润（亿元）	45 恒邦财险 0.07	46 安华农险 0.04	47 乐爱金 （中国） 0.03	48 东京海上 （中国）0.02	49 富德财险 0.02

2017年亏损0亿—1亿元公司17家					
排名 公司 净利润（亿元）	50 粤电自保 —0.03	51 永诚财险 —0.16	52 瑞再企商 —0.19	53 安盛天平 —0.21	54 安达保险 —0.23
排名 公司 净利润（亿元）	55 日本兴亚（中国） —0.30	56 华海财险 —0.31	57 汇友相互 —0.31	58 东海航运 —0.34	59 苏黎世 （中国） —0.39
排名 公司 净利润	60 信利保险（中国） —0.39	61 众诚车险 —0.43	62 合众财险 —0.45	63 众惠相互 —0.61	64 国泰产险 —0.91
排名 公司 净利润（亿元）	65 中路财险 —0.97	66 利宝保险 —0.98			

2017 年亏损 1 亿—10 亿元公司 17 家					
排名 公司 净利润（亿元）	67 中意财险 —1.01	68 富邦财险 —1.09	69 长江财险 —1.10	70 海峡金桥 —1.16	71 前海联合 —1.33
排名 公司 净利润（亿元）	72 久隆财险 —1.38	73 中煤财险 —1.42	74 泰康在线 —1.93	75 珠峰财险 —1.94	76 渤海财险 —1.94
排名 公司 净利润（亿元）	77 长安责任 —1.95	78 建信财险 —2.28	79 燕赵财险 —2.64	80 国任财险 —2.70	81 安心财险 —2.99
排名 公司 净利润（亿元）	82 浙商财险 —9.03	83 众安在线 —9.96			

3. 赔款支出成绩

赔款支出是指因自然灾害或意外事故造成被保险人财产损失或人身伤害，而由保险公司支付给被保险人或受益人的赔偿金。2017 年全国 83 家财险公司（不包括中国信保和安邦财险）总赔款为 5495.80 亿元。各公司赔款支出成绩排名详见下表：

2017 年赔款 100 亿元以上公司 7 家				
排名 公司 赔款（亿元）	1 人保财险 1997.53	2 平安财险 922.81	3 太保财险 583.11	4 国寿财险 357.56
排名 公司 赔款（亿元）	5 中华财险 237.28	6 大地财险 183.97	7 阳光财险 148.47	

2017 年赔款 50 亿—100 亿元公司 5 家					
排名 公司 赔款（亿元）	8 太平财险 97.28	9 天安财险 78.50	10 华安财险 54.15	11 永安财险 54.33	12 安盛天平 51.67

2017年赔款10亿—50亿元公司18家					
排名 公司 赔款（亿元）	13 英大财险 43.51	14 安华农险 42.79	15 华泰财险 39.86	16 永诚财险 34.40	17 国元农险 33.94
排名 公司 赔款（亿元）	18 中银保险 30.05	19 紫金财险 28.83	20 安诚财险 24.94	21 浙商财险 23.96	22 众安在线 23.44
排名 公司 赔款（亿元）	23 都邦财险 22.98	24 阳光农险 22.01	25 国任财险 19.00	26 渤海财险 17.68	27 鼎和财险 17.32
排名 公司 赔款（亿元）	28 长安责任 17.07	29 亚太财险 15.86	30 中航安盟 12.06		

2017年赔款5亿—10亿元公司17家					
排名 公司 赔款（亿元）	31 富德财险 9.65	32 利宝保险 9.14	33 国泰产险 8.72	34 北部湾财险 8.70	35 泰山财险 8.13
排名 公司 赔款（亿元）	36 三井住友 （中国） 8.08	37 华海财险 7.87	38 三星财险 （中国） 7.81	39 锦泰财险 7.68	40 众诚车险 7.23
排名 公司 赔款（亿元）	41 劳合社（中国） 6.84	42 中煤财险 6.69	43 中原农险 6.33	44 华农财险 6.21	45 富邦财险 5.70
排名 公司 赔款（亿元）	46 美亚保险 5.55	47 安信农险 5.54			

2017 年赔款 1 亿—5 亿元公司 19 家					
排名 公司 赔款（亿元）	48 长江财险 4.55	49 东京海上（中国） 4.44	50 安联财险（中国） 4.38	51 诚泰财险 4.34	52 日本财险（中国） 4.17
排名 公司 赔款（亿元）	53 泰康在线 3.99	54 爱和谊（中国） 3.84	55 燕赵财险 3.63	56 恒邦财险 2.55	57 鑫安车险 2.45
排名 公司 赔款（亿元）	58 中意财险 2.21	59 苏黎世（中国） 2.11	60 易安财险 1.87	61 史带财险 1.82	62 中石油专属 1.39
排名 公司 赔款（亿元）	63 乐爱金（中国） 1.34	64 中远自保 1.33	65 安心财险 1.30	66 中铁自保 1.17	

2017 年赔款 0.5 亿—1 亿元公司 13 家					
排名 公司 赔款（亿元）	67 中路财险 0.95	68 前海联合 0.84	69 珠峰财险 0.72	70 海峡金桥 0.71	71 东海航运 0.64
排名 公司 赔款（亿元）	72 久隆财险 0.53	73 现代财险（中国） 0.53	74 瑞再企商 0.42	75 合众财险 0.37	76 日本兴亚（中国） 0.37
排名 公司 赔款（亿元）	77 建信财险 0.32	78 安达保险 0.13	79 阳光信保 0.11		

2017 年赔款 0.5 亿元以下公司 4 家				
排名 公司 赔款（百万元）	80 信利保险（中国） 3.55	81 众惠相互 0.84	82 汇友相互 0.02	83 粤电自保 0.00

五、队员 TOP5

队员 TOP5 是指各公司商业险（不含农业险、交强险等非商业保险）按原保费收入排名前五的险种，通过 TOP5 可以了解各公司的业务结构。由于个别公司保费收入含分入业务，个别公司健康险和意外险合在一起统计，个别公司将农险、交强险单独体现在商业性前五险种报表中，多数公司车险含交强险等，因此，各公司商业保险前五大险种的数据并不是很准确，如有出入，请予谅解。详见以下表格（不包含中国信保和安邦财险）。

1. TOP5 险种均盈利的公司

TOP5 险种均盈利的公司只有平安 1 家。

序号	公司简称	排名	TOP5 险种大类	原保费收入（亿元）	承保利润（百万元）
1	平安财险	1	机动车辆险	1705.08	4032
		2	保证险	198.80	1379
		3	责任险	62.89	425
		4	意外伤害险	56.33	1059
		5	企业财产险	52.36	459
		TOP5 小计		2075.46	7354

2. TOP5 有盈利有亏损但合计盈利的公司

TOP5 险种既有盈利又有亏损，但合计盈利的有 12 家（按盈利从多到少排序）。

序号	公司简称	排名	TOP5 险种大类	原保费收入（亿元）	承保利润（百万元）
1	人保财险	1	机动车辆险	2492.32	8747.53
		2	健康险	248.59	—1283.19
		3	责任险	169.71	584.96
		4	企业财产险	120.31	—205.32
		5	意外险	57.84	15.08
		TOP5 小计		3088.77	7859.06
2	太保财险	1	机动车辆险	818.08	1013.69
		2	企业财产险	49.12	—249.84
		3	责任险	42.30	307.53
		4	意外伤害险	25.15	184.67
		5	其他保险	88.08	—203.27
		TOP5 小计		1022.73	1052.99
3	阳光财险	1	机动车辆险	232.62	910.34
		2	保证险	59.99	—318.76
		3	意外健康险	15.18	121.85
		4	责任险	11.17	—96.87
		5	企业财产险	7.14	—138.15
		TOP5 小计		326.10	478.41
4	太平财险	1	机动车辆险	176.29	267.37
		2	意外伤害险	14.13	—35.04
		3	企业财产险	7.76	22.81
		4	保证险	7.02	2.09
		5	责任险	6.43	—57.27
		TOP5 小计		211.63	199.96

续表

序号	公司简称	排名	TOP5 险种大类	原保费收入（亿元）	承保利润（百万元）
5	大地财险	1	机动车辆险	273.01	247.02
		2	保证险	27.68	68.91
		3	意外伤害险	17.28	—126.97
		4	短期健康险	14.41	—31.42
		5	责任险	13.26	—15.07
		TOP5 小计		345.64	142.47
6	鼎和财险	1	机动车辆险	21.69	—95.73
		2	企业财产险	9.49	288.68
		3	工程险	4.58	98.52
		4	意外伤害险	2.24	—4.15
		5	责任险	0.97	—151.94
		TOP5 小计		38.97	135.38
7	美亚保险	1	责任险	5.89	82.50
		2	意外伤害险	4.42	—13.70
		3	货运险	2.02	—6.91
		4	企业财产险	1.73	8.95
		5	信用保险	0.92	27.21
		TOP5 小计		14.98	98.05
8	中铁自保	1	工程险	3.28	—75.58
		2	意外伤害险	2.59	86.23
		3	机动车辆险	0.12	70.64
		4	责任险	0.12	1.77
		5	企业财产险	0.02	0.10
		TOP5 小计		6.13	83.16

续表

<table>
<tr><th>序号</th><th>公司简称</th><th>排名</th><th>TOP5 险种大类</th><th>原保费收入（亿元）</th><th>承保利润（百万元）</th></tr>
<tr><td rowspan="6">9</td><td rowspan="6">安信农险</td><td>1</td><td>农业险</td><td>——</td><td>——</td></tr>
<tr><td>2</td><td>意外伤害险</td><td>0.92</td><td>—19.80</td></tr>
<tr><td>3</td><td>工程险</td><td>0.91</td><td>31.49</td></tr>
<tr><td>4</td><td>责任险</td><td>0.77</td><td>18.93</td></tr>
<tr><td>5</td><td>企业财产险</td><td>0.72</td><td>11.32</td></tr>
<tr><td colspan="2">TOP5 小计</td><td>3.32</td><td>41.94</td></tr>
<tr><td rowspan="6">10</td><td rowspan="6">三井住友（中国）</td><td>1</td><td>企业财产险</td><td>1.95</td><td>—24.41</td></tr>
<tr><td>2</td><td>货物运输险</td><td>1.36</td><td>36.81</td></tr>
<tr><td>3</td><td>责任险</td><td>0.84</td><td>23.81</td></tr>
<tr><td>4</td><td>信用保险</td><td>0.18</td><td>—3.14</td></tr>
<tr><td>5</td><td>意外伤害险</td><td>0.10</td><td>—2.19</td></tr>
<tr><td colspan="2">TOP5 小计</td><td>4.43</td><td>30.88</td></tr>
<tr><td rowspan="6">11</td><td rowspan="6">阳光农险</td><td>1</td><td>商业车险</td><td>2.08</td><td>—6.76</td></tr>
<tr><td>2</td><td>企业财产险</td><td>0.51</td><td>11.89</td></tr>
<tr><td>3</td><td>意外伤害险</td><td>0.45</td><td>10.56</td></tr>
<tr><td>4</td><td>保证险</td><td>0.17</td><td>—0.63</td></tr>
<tr><td>5</td><td>责任险</td><td>0.10</td><td>1.82</td></tr>
<tr><td colspan="2">TOP5 小计</td><td>3.31</td><td>16.88</td></tr>
<tr><td rowspan="5">12</td><td rowspan="5">劳合社（中国）</td><td>1</td><td>责任险</td><td>0.09</td><td>—1.14</td></tr>
<tr><td>2</td><td>企业财产险</td><td>0.01</td><td>2.20</td></tr>
<tr><td>3</td><td>货运险</td><td>0.001</td><td>4.75</td></tr>
<tr><td colspan="4">4、5 项报表无体现</td></tr>
<tr><td colspan="2">TOP5 小计</td><td>0.11</td><td>5.81</td></tr>
</table>

3. TOP5 险种既有盈利又有亏损但合计亏损的公司

TOP5 险种既有盈利又有亏损但合计亏损的 42 家，本书不再一一列出（从略）。

4.TOP5 险种均亏损的公司

TOP5 险种均亏损的公司共有 28 家，本书不再一一列出（从略）。

六、项目看板

项目是指财险赛场各保险公司所经营的大类业务险种。财险公司经营的业务归纳为 14 个大类，包括机动车辆保险、农业保险、责任保险、健康险、企业财产保险、保证保险、意外伤害保险、信用保险、工程保险、货物运输保险、家庭财产保险、特殊风险保险、船舶保险和其他险。2017 年，财险行业主要大类险种的基本情况看板如下表，主要是看保费收入、业务结构及赔付情况，依据看板，保险公司可以有针对性地确定业务重点和方向，以确保实现经营目标。看板数据根据《2017 年统计年鉴》整理。

序号	险种	保费收入（亿元）	业务占比	赔款支出（亿元）	简单赔付
1	机动车辆保险	7521.1	71.35%	3938.1	52.36%
2	农业保险	479.1	4.54%	334.5	69.62%
3	责任保险	451.3	4.28%	201.5	44.57%
4	健康险	394.1	3.74%	309.1	78.41%
5	企业财产保险	392.1	3.72%	225.5	57.53%
6	保证保险	379.2	3.60%	77.9	20.52%
7	意外伤害保险	312.7	2.97%	100.8	32.20%
8	信用保险	214.4	2.03%	94.7	44.17%
9	工程保险	110.2	1.05%	47.3	42.92%

续表

序号	险种	保费收入（亿元）	业务占比	赔款支出（亿元）	简单赔付
10	货物运输保险	100.2	0.95%	62.2	62.08%
11	家庭财产保险	62.9	0.60%	25.4	40.38%
12	特殊风险保险	50.4	0.48%	29.0	57.54%
13	船舶保险	48.0	0.46%	34.8	72.50%
14	其他险	25.8	0.24%	16.6	65.12%
合计		10541.4	100%	5497.3	52.14%

第二部分　赛场风云

2018年财险赛场，对于参赛队员是一个熟悉的战场，机遇与挑战并存；又是一个未知的战场，谁也不知道明天将会发生什么。阳光依然无私普照，风云时常不期而至。但凡称为赛事，总不会轻而易举。

一、队员鏖战

1. 队员备赛

不打无准备之仗，有准备才有未来。每年的赛事都需精心策划，认真准备，分步推进。队员备赛很重要的一环是在年初召开各种会议，如启动会、预算会、表彰会、动员会、庆功会等，总公司、分支机构主要领导悉数出席，会议的形式虽然多种多样，但基本上是遵循一定的程序，那就是回顾过去—畅想未来—公布预算—分解任务—签责任状—下发考核方案。

保险公司的预算本应是科学合理的，但不同保险公司、不同年份、不同指导思想下会大相径庭，保守的、适当的、激进的，必保的、超越的、争取的，各有千秋。下达任务是保险公司年会的重头戏，是不可或缺的环节，当然，任务下达得合不合理、顺不顺利，一定程度上会对全年目标达成产生重大影响。签订责任状是非常庄重的，总、分领导大笔一挥，完成了全年任务的一大半，一个省的担子妥妥地落在了分支机构的肩上。签了责任状并非万事大吉，考核方案才是“兴奋剂”和“紧箍咒”，有奖有罚、秋后算账那可是动真格的，达标奖、超产奖、利润贡献奖，名目繁多。好的机构可能全面“开挂”，差的机构则如泰山压顶，保费指标、利润指标、合规指标如三座难以逾越的高山，如果不振作精神、全力以赴，诱人的奖金可能就跟你“拜拜”了！总公司为了配合新的考核方案，促进各项指标达成，对上一年考核方案要兑现奖励，这是很好的示范，鼓劲打气，物质刺激和精神鼓励，反正不做到让你兴奋绝不罢休，发钱、授旗，奖杯、证书，琳琅满目、目不暇接。有的机构多次上台领奖，成果满满，有的机构与奖励无缘，两手空空。大家都希望指标低一点、受奖面大一点，然而，指标就好像是树上的苹果，只踮脚不起跳是很难够得着的。

总公司的年会之后，各分管总、各业务条线、各分公司立即行动，紧锣密鼓，纷纷开会或培训，贯彻落实，围绕总公司的会议精神，抢前抓早，确保迈好步、开好局。全司上下迅速进入新一年的竞赛状态。

除了召开会议，造势也很重要。造势的方式多种多样，各具特色，保险公司点子多、创意多，造势对保险公司来说习以为常、司空见惯。列举常见的几种方式如下：

第一，升旗仪式。有的公司会升国旗，奏国歌，让大家记住，祖国有今天很不容易，不能忘本；有的公司会升司旗，奏司歌，提醒大家公司一路艰辛很不容易，又是一个新的开始，让大家拿出干劲。升旗这种仪式感超强的活动，对参加仪式的全体人员来说无疑是信念上的一种鼓舞。

第二，特别晨会。一元复始，万象更新，新年第一天的早晨，公司最高领导一般都要发表新年问候和元旦致辞，对工作伙伴表示感谢，把过去取得的成绩归功于将士们的努力，号召并希望大家齐心协力，百尺竿头再进一步，同时，祝大家新年快乐，幸福安康！

第三，新春团拜。企业是一个大家庭，每个部门都很重要，公司领导带领一众人马，到各个部门送温暖、送祝福，感谢可爱的伙伴们为公司的付出，为客户提供的优质服务。

第四，派发“利是”。“利是”又称“利事”或“利市”，预示大吉大利、好运连连。领导向下属派发开工“利是”，虽然金额一般不大，只是图个吉利，却代表着公司的一份关心，能够营造大家庭的感觉，增加员工对公司的归属感，使员工与公司之间的关系更紧密。

第五，综合宣传。在保险赛场竞争如此激烈的今天，利用公司官网、公众号、App等自有媒介以及平面媒体、户外广告、广播、电视、微信朋友圈等综合宣传必不可少，宣传公司品牌、公司产品、公司服务、重要合作、重大项目以及公益活动等，以扩大公司知名度，树立品牌形象，为营销引流，为销售助力。

第六，晒口号，各保险公司根据组委会提供的或自创的口号，粘贴或悬挂在合适的地方，印刷在一切可以利用的载体上，烘托竞赛氛围，提振将士士气。

2. 补充给养

手中缺粮，心里发慌。补充给养是指保险公司增加注册资本金，为自己输血。增加资本各有打算，有为了加速发展、转型发展储存财力未雨绸缪的；有偿付能力告急，监管亮牌，迫于无奈，缓解现金流压力而临渴掘井的；亦有为未来的发展带来后劲，改善公司治理而优化股权结构的。

2018 年财险公司的增资事宜从年初贯穿至年尾，根据相关公开信息统计梳理，全年共有 15 家财险公司涉及增资，增资总额为 219.91 亿元。具体增资（单位：亿元）情况详见以下统计表：

序号	公司简称	2017 年末	增资额	2018 年末
1	人保财险	148.2851	74.1426	222.4277
2	大地财险	104.2998	46.8594	151.1592
3	国寿财险	150	38	188
4	诚泰财险	40	19.7	59.7
5	国泰产险	16.3	10	26.3
6	泰康在线	10	10	20
7	安联财险（中国）	8.05	8.05	16.1
8	安心财险	10	2.85	12.85
9	众安在线	12.4063	2.2918	14.6981
10	粤电自保	3	2	5
11	华海财险	10.2	1.8	12
12	利宝保险	15.6133	1.65	17.2633
13	安达保险	6.331	1.22	7.551
14	瑞再企商	5	0.69	5.69
15	信利保险（中国）	2	0.66	2.66

（1）三大家增资160亿。

2018年，人保财险、大地财险、国寿财险位列增资前三甲，三家累计增资近160亿元，占2018年财险公司总体增资额的72.3%。

中国人保集团于2018年11月成功登陆A股，人保财险随之增资74.1426亿元，增资后注册资本金达到222.4277亿元。

大地财险增资额度近50亿元，此次增资突出业务导向和资源协同，引入的8家战略投资者均为背景雄厚且具有强大产业资源的大型国企和科技类企业，此次引资后，集团公司持有公司的股份将由93.18%稀释至64.3%，实现公司股权多元化，公司治理更加优化，将构建“立体大交通”产业链，完善生态圈，融入“一带一路”建设，服务实体经济，助力商业模式转型和公司战略转型升级。

2018年4月26日，国寿财险以其未分配利润转增资本，注册资本由150亿元增至188亿元，本次增资以国寿财险未分配利润转增资本的方式进行，因此，股东中国人寿和国寿集团无须就本次增资支付现金款项，增资完成后，国寿财险将继续由中国人寿和国寿集团分别持有其40%和60%的股权。

（2）诚泰拥抱紫光。

诚泰财险是唯一一个总部设在云南的全国性保险公司，于2011年12月31日成立，据数据显示，2015—2017年，原保险保费收入分别为7.5亿元、9亿元和10.1亿元，净利润分别为1528万元、3740万元、8744万元，稳步增长。不过，公司盈利得益于投资收益，从承保端来看，2017年、2018年TOP5（五大险种）基本全线亏损，详见下表：

2017年TOP5				2018年TOP5			
排名	TOP5险种大类	原保费收入（亿元）	承保利润（百万元）	排名	TOP5险种大类	原保费收入（亿元）	承保利润（百万元）
1	商业车险	3.79	−63.25	1	商业车险	5.26	−113.29
2	意外险	0.87	−37.61	2	意外险	1.07	−67.11
3	责任险	0.85	−4.03	3	责任险	0.97	−5.95
4	健康险	0.23	4.49	4	农业保险	——	——
5	企财险	0.22	−5.69	5	企财险	0.25	−8.50
Top5小计		5.96	−106.09	Top5小计		7.55	−194.85

2018 年，诚泰财险启动混合所有制改革，定向紫光集团有限公司增发 19.7 亿股，12 月 10 日，注册资本金由 40 亿元变更为 59.7 亿元，紫光集团以 33% 的持股比例，成为诚泰财险第一大股东，云南省城市建设投资集团有限公司等 3 家云南地方企业等额持股 13.4%，此次增资，提高了注册资本规模，增强了综合实力和抗风险能力，注资后，可能将立足于紫光集团的信息技术研发优势、人才优势和大数据运营优势，推动科技的运用，增加发展动能，形成新的发展优势。

（3）安联吸纳中资。

2003 年成立的安联保险公司广州分公司于 2010 年改建为安联财产保险（中国）有限公司，成为安联保险集团单独出资的外商独资法人保险公司。2018 年 7 月 25 日，银保监会批准京东等四家公司向安联财险（中国）增资，注册资本从 8.05 亿元增至 16.1 亿元，增资完成后，安联保险集团持股 50%，京东认购 4.83 亿元，持股比例 30%，成为该公司的第二大股东，安联财险由外商独资企业变为中外合资企业。2018 年 10 月，公司名称由“安联财产保险（中国）有限公司”变更为“京东安联财产保险有限公司”，简称“京东安联”（为方便阅读，本书仍统一使用“安联财险（中国）”简称），公司 Logo 随即更换，京东集团副总裁徐春俊从 8 月 15 日起任临时负责人。

京东入主安联财险（中国）之前，保险业务收入在 10 亿以内徘徊，2017 年之前连续亏损，2017 年、2018 年略有盈余（详见图表）。

年份	2011	2012	2013	2014	2015	2016	2017	2018
保费（亿元）	4.48	6.49	7.52	9.86	9.27	9.52	10.7	12.41
利润（亿元）	−0.70	−2.10	−0.23	1.47	−0.10	−0.43	0.27	0.33

2017 年，安联财险（中国）业务结构为责任险 37%、意外险 27%、企财险 12%、健康险 8%、车险 6%、其他 10%，以责任险和意外险为主，业务发展依赖于安联集团。京东入主安联财险（中国）之后，预计将发挥京东“用户 + 场景”的优势，在退货运费险、旅行险以及健康险等场景类保险领域发挥优势。

（4）一年注资三次。

2018 年，利宝保险一年内前后 3 次增资（当年完成 2 次），成为年内增资次数最多的财险公司。其中，4 月 23 日增资 0.4 亿元，7 月 20 日增资 1.25 亿元，二次增资后，注册资本金增加到 17.2633 亿元。12 月 12 日，第三次增资 1.2 亿元（2019 年 1 月 21 日获得银保监会批准）。利宝保险属于“分改子”保险公司之一，2007 年 9 月改建工作完成。从经营结果来看，2009 年以来，利宝保险一直处于亏损状态，至 2017 年累计亏损逾 12.5 亿元，2018 年新增亏损 0.64 亿元。同时，2018 年综合偿付能力充足率低位运行，四个季度的综合偿付能力充足率分别为 130%、104%、186%、168%。

2018 年，利宝保险 3 次增资均由母公司利宝互助保险公司出资，显示出外方股东对资本管理较严谨，不会一次性大幅度增资，而是根据公司发展需要分次增资。国务院发展研究中心金融研究所保险研究室副主任朱俊生认为，“外国保险公司具有独立的市场定位，其在华机构也往往延续股东特质，致力于特定的细分市场，不会简单复制国内保险机构的商业习惯。”

（5）互联网险企充饥。

互联网财险公司经过近几年的高速发展，纷纷开始增资，2018 年，4 家互联网保险公司就有 3 家增资。泰康在线增资 10 亿元，达到 20 亿元；众安在线增资 2.2918 亿元，达到 14.6981 亿元；安心财险增资 2.85 亿元，达到 12.85 亿元。安心财险新增 13 个省市的车险业务系统全部上线，经营范围覆盖全国 65% 的车险市场份额，资本金的扩充，将会缓解其资金压力。

朱俊生表示，“从中小型财险公司目前的发展状况来看，中小财险公司寻求突破的成功案例并不多，承保业绩并不太好，甚至亏损较为严重，保证持续发展的压力还在，需要通过补充资本金，满足偿付能力管理及业务发展需求。同时，从投资端来看，2018 年投资收益状况较 2017 年相比还有所下滑，除大型险企外，大部分财险公司还未进入内生的资本补充通道中，2018 年尚有一些申报但尚未获批的公司，未来保险业的增资还将继续维持。”

3. 赛中换帅

古往今来，赛场换帅既是常有之事，又是非常让人忌讳的事情，从保险公司发展的角度来讲，通常管理团队相对稳定，更有利于战略的执行。然而，保险赛事属于长年连续作战，新陈代谢规律使然，有进有出，换帅（本书所说换帅，特指更换董事长或总经理）实属正常，至于好坏那是另外的事情，总体而言，一代更比一代强。观察保险公司换帅，在一定程度上可以判断其发展趋势。

回望 2018 这一年，保险公司换帅的还真不少。据保险公司官网查询统计，全年 86 家财险公司中（不包含安邦财险和中国信保）共有 38 家机构（含新开业的保险公司）发生换帅情况，其中更换董事长 19 人，换帅率为 22.1%；更换总经理为 30 人，换帅率为 34.9%。

铁打的衙门流水的官，调兵遣将，人事变动，年年都在上演，然而原因既有相同又有不同。2018 年，市场换帅大致有以下几个原因：第一，正常的工作调整、退休、新老交替。第二，新公司开业，比如，黄河财险、太平科技和融盛财险都是新开业的公司。第三，将相失和，不得不调，对于这一点，只有坊间传说，不可能有信息披露。第四，业绩不佳，2018 年财险表现出行业性不景气，保费增幅下挫，承保利润缩减，综合成本率超过 100%，加之资本市场的波动，投资收益同比大幅减少，即便是大公司也出现不同程度的净利润下滑，中小财险公司境况更不乐观。86 家财险公司（不含出口信用和安邦财险），只有 50 家盈利，有 36 家亏损。在此背景下，部分财险公司通过换帅以焕发生机，成为行业的趋势性选择，据分析，2018 年财险公司换帅主要与业绩不佳有很大关系。有换董事长的，有换总经理的，有董事长、总经理双换的，财险高管面临严峻的挑战。

作者根据相关信息，对财险公司换帅情况进行统计整理，汇成下表，以供参考。统计时间为 2018 年 1 月 1 日—12 月 31 日。

新任董事长来源	涉及人数	原董事长调整原因	涉及人数
公司内部提升	7	内、外部调动	5
母公司委派	4	到龄退休	4
集团公司领导兼任	3	原因不详	3
大股东领导兼任、转任	3	个人原因辞职	2
同业公司转任	1	被公司罢免	1
政府委派	1	涉嫌严重违纪被查	1
新任合计	19	离任合计	16

注：由于 3 家新成立公司没有原董事长，故人数少 3 个

新任总经理来源	涉及人数	原总经理调整原因	涉及人数
公司内部提升	12	董事长不再兼任	7
同业公司转任	11	个人原因辞职。	7
大股东领导兼任、转任	3	到龄退休	3
政府委派	1	内、外部调动	3
党委书记兼任	1	原因不详	3
银行业转任	1	升任董事长	2
董事长兼任	1	公司解聘、免职	2
新任合计	30	离任合计	27

注：由于3家新成立公司没有原总经理，故人数少3个

4. 赛场沟坎

保险赛场沟沟坎坎，既有荆棘又有雷区，既要勇往直前，又要慧眼识途，只有冲破重重险阻，方能取胜。在此主要列举赛场三大沟坎，敬请参赛队员提防。

（1）遭遇投诉。

进入保险赛场，难免失误，或由于各种不足、瑕疵而招致被投诉。诚然，投诉有正当的，有误解的，亦有恶意的，但不论什么情况，只要形成了有效投诉（指中国银保监会机关及各监管局接收的涉及保险公司的保险消费投诉）就会记录在案。根据监管部门公布的《关于2018年度保险消费投诉情况的通报》统计梳理，2018年，银保监会（含原保监会）及其派出机构共接收涉及财产保险公司的保险消费投诉48633件，其中保险合同纠纷投诉48296件，涉嫌违法违规投诉337件。

根据分析，保险消费者投诉主要集中在四个方面，第一是保险理赔，理赔投诉共38839件，占财产保险公司投诉总量的79.86%。第二是车险理赔，车险理赔纠纷投诉28820件，占财产保险公司理赔纠纷投诉总量的74.2%。车险理赔投诉主要集中在理赔争议、保险责任认定不合理、定损金额争议、理赔时效慢、理赔资料烦琐等方面。第三是大公司，投诉量居前10位的公司有8家是保费规模比较大的公司。第四是互联网保险业务及互联网保险公司，2018年，互联网

保险业务投诉出现大幅增长，投诉量 8484 件，同比增长 128.25%，在互联网保险消费投诉量中，排名前三的均为专业互联网保险公司，所有业务投诉量居前 10 位的公司中，也有 2 家是互联网保险公司。从投诉量与业务量的比率来看，2018 年，亿元保费投诉量行业平均值为 4.14 件 / 亿元，中小险企投诉率相对较高，前 10 位里有 4 家互联网公司，且前 3 位均是互联网公司。互联网保险投诉反映出的主要问题是：销售告知不充分或有歧义、理赔条件不合理、拒赔理由不充分、捆绑销售保险产品、未经同意自动续保等。

2018 年，万张保单投诉量行业平均值为 0.02 件 / 万张，其中，投诉率居前 10 位的大多为小型公司，专业农险公司多在其中。万张保单投诉量受保单数量影响极大，如果保单数量少，即使有一个投诉，可能该指标也会很高，有的业务是大保单，即一张保单保多个被保险人，这样，保单数量相对会大大减少，而一张保单内有多个客户，就可能因一件事情出现多人若干次投诉，农业保险公司之所以保单投诉率高，这可能是最主要的原因，因此，更应该引起特别重视，谨防被投诉。

（2）踏入雷区。

保险就是与各类风险打交道，为风险提供保障是保险公司义不容辞的责任，因此，保险赛场充满了逆选择、道德风险，可以说是雷区密布，在保前管理上万万不可掉以轻心。一旦踏雷，损失惨重。

保证保险本来是保险公司正常的业务，但是，浙商财险却为此付出了惨重的代价。2016 年 12 月，浙商财险承保的某理财平台出现债券违约，共计赔付 19.26 亿元，正是因为此笔巨额赔付，浙商财险当年巨亏 6.49 亿元，并受到监管处罚，被罚款 121 万元，责令停止接受保证保险新业务一年，对相关责任人分别进行警告、罚款，甚至一人被撤销任职资格。直接导致了公司偿付能力充足率下降，现金流不足，以及公司高管更迭。

2018 年以来，P2P 公司出现大量逾期、跑路等事件，犹如多米诺骨牌效应般一发不可收拾，长安责任正是因为履约险而尝到苦果。长安责任在 2015 年开始推出融资性保证保险业务，当时，网贷行业逾期现象较少，很多保险公司涉足这个领域，赔付率很低，盈利较容易，但到 2018 年第一季度后，P2P 网贷行业出现大规模爆雷，数百家平台或是清盘、或是跑路，而仍在经营的平台逾期率大幅走高，其中就包括长安责任的合作伙伴。该公司在 2018 年三季度末停止了与所有P2P公司的合作，不再产生新的履约保险保单，开始进行资产处置，加快清收，抓紧增加注册资本金，长安责任险在这件事情的处理上可以说很负责任。但截至2018年年底，其累计为P2P平台赔付接近20亿元，未了的保险责任余额仍有22亿元，致使第四季度末核心偿付能力充足率为—152.6%，净亏损达18.33亿元。教训和损失是惨重的，12月，银保监会对长安财险下发监管函，责令增加资本金，停止接受除车险和责任险以外的新业务、停止增设分支机构。

2017年7月，安心财险与米缸金融达成履约保证保险合作，然而才过了一年，在2018年9月，有投资人称米缸金融出现逾期，根据理赔流程，如果保险承保的项目出现逾期，米缸金融会代投资人申请理赔，由于安心财险认为米缸金融前期申请材料不完整、权益待确认，并未开始赔付，后来米缸金融重新向安心财险提交了相关材料，最终能赔多少还不得而知。2018年二季度，该公司核心偿付能力由317.21%降为195.10%，2018年年底亏损3.62亿元。安心财险近几年来一直处于亏损状态，一旦其涉足的网贷行业大规模爆雷，或将不堪重负。

天安财险也承保了米缸金融房抵贷业务并发生不同程度的违约赔款，到2018年年底，信保业务已决赔款1440.14万元，提取未决赔款准备金13779.26万元，信保业务综合赔付率为258.10%，保证险业务承保利润为—1.33亿元，公司整体综合成本率高达107.48%，主要是受到信保业务赔付影响。

（3）保险欺诈。

2018年2月，原保监会印发了《反保险欺诈指引》，以打击保险欺诈。保险欺诈主要是指故意虚构保险标的、编造未曾发生的保险事故、编造虚假的事故原因或者夸大损失程度、故意造成保险事故等骗取保险金。2018年7月江苏某法院审理的一起保险欺诈案件，为保险公司减少赔款81万元，该案就是犯罪嫌疑人在利益的驱使下，铤而走险，将一辆豪华二手车故意驶入水中，图谋骗取保险赔款。以较小的保险费支出，可以获取高于保险费几十倍乃至几百上千倍的保险赔付金，对于骗赔者很有诱惑力，而且一次得逞往往存有侥幸心理，会连续作案直到破案。

由于车险理赔环节多、链条长，多人作案或团伙作案增多，例如，2018年，安徽某法院审理了一起车险合谋欺诈，这是由多个主体共同参与实施的一系列车险理赔欺诈，参与者分工协作，将道具车、驾驶员组织在一起，编造虚假事故或蓄意制造事故，向保险公司索赔，本案被起诉的犯罪嫌疑人共 34 人（7 位汽修厂从业人员和 27 位车主），涉嫌制造事故 130 余起、诈骗金额 221.2 万元。由于车险的理赔链条中有汽车修理厂、医院、伤残评定机构、律师事务所等，这些机构专业性强，熟知保险公司的工作流程，不法之徒往往在利益的驱使下组织起来，形成团伙合谋，利用保险公司的管控漏洞或保险公司之间的信息不对称，骗取保险金，使保险欺诈也呈现逐步增多的趋势。

对于车险理赔，要加强对车辆送修全过程管理，尤其对多主体参与实施的系列车险理赔欺诈，要充分利用技术手段，如关联图谱工具，挖掘出所有理赔案件中各要素的内在关联，梳理出欺诈人员之间的关系，看清合谋欺诈实施的脉络，提高风险指向的靶向性。同时，财险行业应建立信息线索共享机制，实现责任认定、司法鉴定、法院诉讼及法律咨询等业务的信息共享，建立社会多部门联动机制，打击各保险业务领域欺诈行为。

保险公司应高度关注承保和理赔环节，这两个环节最容易发生保险欺诈。保险业在发展、繁荣和普及壮大的过程中，始终在与保险欺诈进行着斗争。

5. 八仙过海

赛场比拼，各有高招。有的公司从小事做起，深受客户欢迎；有的抓大放小，轰轰烈烈，令整个行业瞩目，它们各自沿着既定目标勇往前行。财险行业有太多好的经验和好的做法，然而限于篇幅不能一一列举，现仅从各公司网站选取有代表性的新闻（标题），共列举了 50 家公司、90 条新闻标题，这些新闻虽然不够全面，但依然可以看到如火如荼的保险赛场，既有实战操练又有理论探讨，每一个标题背后都蕴含了丰富动人的保险故事，波澜壮阔的保险赛场犹如就在眼前(新闻标题中的关键词以粗体标注)。

公司简称	新闻标题
人保财险	1. 积极服务“一带一路” 已为“走出去”中资企业提供 40 万亿保障 [2018-11-08] 2. 中国人保十年农险路　谱写服务三农新篇章 [2018-10-08] 3. 人保财险签出支持雄安新区建设保险第一单 [2018-02-01]

续表

公司简称	新闻标题
平安财险	1. 科技助力交通畅行　平安产险首推“信任赔”等智能服务 [2018-12-28] 2. 连续 5 年护航深马，平安三村公益跑突破 1 亿公益里程 [2018-12-17]
太保财险	1. 为进口博览会再添助力　中国太保独家承保大连进博会参会人员意外保险项 [2018-11-08] 2. 中国太保签发我国个人税延养老险首单 [2018-06-07]
中国信保	1. 中国信保与中国贸促会联合主办第十一届中国国际信用和风险管理大会 [2018-12-19] 2. 与国家能源局签署《关于协同推进“一带一路”能源合作的框架协议》[2018-10-24] 3. 中国信保发布 2018 年国家风险分析报告 [2018-10-12]
国寿财险	报告总理：快递小哥需要的保险落实了 [2018-03-08]
大地财险	1. 中国大地保险与埃森哲强强联手　加快数字化建设步伐 [2018-09-25] 2. 成功引入战略投资者，八家新股东助力公司战略转型升级 [2018-06-28]
华安财险	华安保险与康昕瑞集团签署战略合作协议，双方将联手打造“保险 + 基因”大健康产业下的新型跨界合作模式 [2018-03-23]
太平财险	1. 太平财险开出首张 IDI 保单 [2018-05-25] 2. 太平财险首张医师职业责任险保单出炉 [2018-01-15]
中华财险	1. 全国首单“科技型企业研发费用损失保险”正式签单 [2018-12-11] 2. 中华财险推航空救援“空中 120”亮相河南发布 [2018-08-10]
阳光财险	2018 年广州马拉松赛即将开跑！阳光保险将全程护航 [2018-11-15]
华泰财险	1. 公司获批加入“首台（套）重大技术装备保险补偿机制试点共保体”[2018-07-05] 2. 华泰财险推出国内首款单个治理项目“室内环境净化行业职业责任保险”产品 [2018-05-11] 3. 光荣属于每位 EA 人！华泰保险 2017 年度 EA 之星高峰会成功举办 [2018-04-25]
永诚财险	1. 公司牵头的中国电力行业保险风险研究课题成果发布 [2018-10-18] 2. 永诚保险与保柏环球联合推出全球医疗保险升级计划 [2018-10-17]
中银保险	助力企业通关 中银保险首创关税保证保险 [2018-08-28]
英大财险	新机遇、新挑战，江苏分公司承保全国最大“充电宝”[2018-09-18]
安盛天平	安盛集团正式签署协议收购安盛天平剩余 50% 股权 [2018-11-27]

续表

公司简称	新闻标题
亚太财险	公司与悟空保等三方发布重疾医疗险产品　引入人工智能技术 [2018-12-10]
渤海财险	第二届世界智能大会在津召开，渤海财险保驾护航 [2018-05-21]
都邦财险	1. 泳动杭州　联通世界　都邦保险护航 2018 世游赛 [2018-12-11] 2. 都邦保险连续承保多项重大赛事公众责任险
安诚财险	1. 安诚保险召开微信平台车险业务行销模式推广视频会 [2018-12-28] 2. 公司邀请天云数据有限公司介绍大数据智能化发展趋势 [2018-09-21] 3. 安诚保险公司完成限额翻倍险行业首单 [2018-02-06]
鼎和财险	1. 联合广东用心网络科技创新推出“上门服务责任综合保险”业务 [2018-05-29] 2. 鼎和保险公司创新上线互联网销售工具“鼎呱呱”[2018-03-05]
紫金财险	1. 便民服务再升级，路救基金开通微信在线申请功能 [2018-07-09] 2. 紫金保险“线上直赔 2.0”成功试点上线 [2018-03-30]
国任财险	1. 国任保险成功签单首个专利执行和损失保险保单 [2018-12-30] 2. 国任保险“极速保”出单系统顺利实现全国上线 [2018-12-22] 3. 国任保险为我国“一箭三星”成功发射保驾护航 [2018-04-02]
美亚保险	东海轮船碰撞事故兑现首笔保险赔付　美亚保险向受损企业预付赔款 500 万元 [2018-11-30]
日本财险（中国）	三家日资保险公司与上海保交所开展区块链再保合作 [2018-08-22]
中航安盟	助力农村金融与保险研究院落户浐灞，为农村经济理论插上翅膀 [2018-03-19]
国元农险	1. 国元保险开出安徽省棉花“保险 + 期货”首单 [2018-10-19] 2. 公司举办第三期国元保险大讲堂 [2018-07-19]
长安责任	1. 长安责任保险成为保交所国际再保平台首批签约公司 [2018-08-08] 2. 长安责任保险为福建提供保额 23 亿元建工履约保险 [2018-07-26]
东京海上（中国）	1. 东京海上日动（中国）首次启用再保险交易区块链技术 [2018-08-21] 2.2018 年东京海上日动（中国）“Family Day”（家属日）实施 [2018-08-06]
日本兴亚（中国）	今年 11 月推出中欧国际铁路运输（“中欧班列”）专用货运险产品 [2018-11-26]
国泰产险	1. 国泰产险发力保险科技 再次承保国民级保险产品 [2018-11-27] 2. 蚂蚁金服入主后谋变 国泰产险布局小微用户市场 [2018-11-27] 3. 国泰产险携手蘑菇租房送租客 40 万保险 [2018-11-27] 4. 支付宝扫码解锁时获赠骑行意外险　男子骑共享单车遇车祸身亡获赔 50 万元 [2018-11-27]

续表

公司简称	新闻标题
泰山财险	1. 依托科技创新　助推公司新旧动能转换 [2018-11-05] 2. 公司“泰好保”移动销售平台成功上线 [2018-07-03] 3. 泰山保险签发全省平台首单安责险业务 [2018-03-02]
锦泰财险	1. 锦泰财险签出四川省首批水稻收入保险保单 [2018-07-20] 2. 锦泰财险签出云南省葡萄气象指数和柑橘气象指数保险首单 [2018-03-02]
北部湾财险	北部湾财险签约成为 2018 南宁国际马拉松唯一指定保险合作机构 [2018-08-09]
众安在线	1. 众安上药云健康强强联手　开拓自费医疗万亿蓝海市场 [2018-03-19] 2. 众安科技助力上海打造国内首个区块链再保险实验平台 [2018-03-21] 3.3 万亿农村金融缺口待解　众安“保贝计划”助力突围 [2018-03-06] 4. 众安在线与平安产险修订汽车共保合作协议 [2018-01-08]
富德财险	1. 跨界融合　富德产险与鹏海运联合开发物流承运人责任险 [2018-02-05] 2. 小额人伤理赔进入“快时代”——人伤在线理赔试点成功上线 [2018-01-16]
中路财险	1. 中路保险淄博中心支公司 助力中国国际陶瓷博览会 [2018-09-14] 2. 中路保险成为上合青岛峰会唯一保险赞助服务商 [2018-05-28]
合众财险	合众财险成功上线中国保信定损云平台 [2019-01-15]
苏黎世（中国）	苏黎世保险作为联合首席再保人护航港珠澳大桥工程 [2018-10-24]
华海财险	科技客服再推新举措——财产险无人机查勘试飞成功 [2018-03-28]
中原农险	公司乡镇服务站移动业务系统——喜迎车险第一单 [2018-07-20]
浙商财险	1. 浙商保险携手工商银行推出账户资金安全险 [2018-09-25] 2. 浙商保险动员部署深化八大乱象整治工作 [2018-06-28]
泰康在线	1. 三周年上线“23℃服务体系”，保民将“沐浴春风”[2018-11-17] 2. 服务升级：“服务四极”为用户打造极致闭环体验 [2018-09-21] 3. 泰康在线联合新周刊发布《90 后保险态度报告》[2018-05-04]
东海航运	1. 区块链航运保险平台应用座谈会在东海保险举行 [2018-12-25] 2. 东海保险组织开展巨灾模型及合约定价培训 [2018-08-31]
珠峰财险	珠峰保险携手 WWF 拉开生态保护合作新篇章 [2018-08-10]
易安财险	1. 易安首创“肝宝保”，为乙肝患者保命续航 [2018-04-16] 2. 易安携手微保推出极速赔付航延险 [2018-03-30]

续表

公司简称	新闻标题
前海联合	1. 前海财险与邦凯公司签署长租公寓保险独家代理合作协议 [2018-01-10] 2. 公司与鹰明电商达成战略合作　共创良性发展汽车后市场 [2018-01-10]
众惠相互	众惠相互正式加入 ICMIF，成为国际合作和相互保险联盟首个中国成员 [2018-12-10]
建信财险	建信财险践行绿色保险理念助力首都金融发展 [2018-06-11]
汇友相互	1. 汇友相互保险：专注工程保险　助力建筑业改革发展 [2018-12-10] 2. 汇友相互保险组织召开《工程质量保险风险管理标准》编制启动会 [2018-08-30]
粤电自保	自保公司助力集团台风损失风险防控工作 [2018-09-20]

6. 服务大局

（1）农业保险。

农业保险是一个国家扶持农业发展的通行做法和重要政策，在 WTO 规则允许的范围内，农业保险可以代替直接补贴对农业实施合理有效的保护，减少自然灾害对农业的影响，稳定农民收入。在我国，农业保险是解决“三农”问题的重要组成部分，是促进农业和农村经济发展的重要手段，是国家粮食安全的保护伞。我国的农业生产在很大程度上还是靠天吃饭，农业保险能为种植业、林业、畜牧业和渔业遭受自然灾害、意外事故、疫病、疾病等所造成的经济损失提供保障，让农民受灾后有东山再起的信心和条件，为农民保驾护航，焕发从事农业的积极性。

近年来，国家鼓励地方政府加大财政补贴力度，拓宽补贴险种，开展地方特色农产品保险以奖代补政策试点，2018 年 7 月 30 日，财政部、农业农村部、银保监会印发了《关于将三大粮食作物制种纳入中央财政农业保险保险费补贴目录的有关通知》，将对水稻、小麦、玉米的制种和种子生产环节中的各类风险进行保费补贴，在政策支持和推动下，农业保险快速发展，扩大了保险覆盖面。在传统的保险外，还推出了气象指数保险、目标价格保险、收入保险、“保险 + 期货”、扶贫保险等创新产品，服务领域不断延伸。2018 年，农业保险保障大幅提高，保险金额达到 3.46 万亿元，同比增长 24.23%，为农业提供了强有力的风险保障。

根据《农业保险条例》，我国农业保险实行政府引导、市场运作、自主自愿和协同推进的原则。目前，我国有四家专业农险公司和一家相互制农险公司，经营农业保险的保险公司有20余家。同时，中国农业再保险公司也在组建，巨灾风险分散机制将进一步完善，以减少大灾对保险机构财务稳定性的影响，保护保险机构对承保农业保险的积极性，更好地服务农村农业和国家乡村振兴战略。

（2）责任保险。

责任保险作为一种保险业务，产生于19世纪的欧美国家，20世纪70年代在工业化国家迅速得到发展，各种运输工具的第三者责任保险、雇主责任保险成了普及化的保险险种，当时美国的各种责任保险保费收入占整个非寿险业务收入的45%—50%左右，欧洲一些国家的责任保险业务收入占整个非寿险业务收入的30%以上，日本的责任保险业务收入也占其非寿险业务收入的25%—30%，进入20世纪90年代以后，许多发展中国家也开始日益重视发展责任保险。

责任保险从实施方式上有自愿和强制两种类型，自愿责任保险是指投保人根据需求自主决定是否投保，强制责任保险是由国家或地方通过立法，特定行业或特定主体必须依法参加的责任保险。目前，我国除了交通责任强制保险外，其他责任保险都是自愿保险。责任保险可以服务社会治理，目前，国家相关部门正在推进环境责任、医疗责任等强制保险工作。虽然责任保险从大类上分为公众责任保险、产品责任保险、雇主责任保险、职业责任保险和第三者责任保险五类，但每一类又可开发出若干具体的险种。

2018年，太平财险首张医师职业责任险保单出炉，泰山财险签发全省首单安责险，都邦财险继续承保重大赛事公众责任险，华泰财险推出国内首款“室内环境净化行业职业责任保险”，各财险公司积极发展各类责任保险，提高保障额度。全年责任险累计保额达到866.14万亿元，同比增长244.04%，新增保单72.70亿件，增长81.70%。

财险行业努力把与公众利益关系密切的环境污染、医疗责任、食品安全、安全生产、建筑工程质量、雇主责任等作为责任保险发展重点，用经济手段化解民事责任纠纷，发挥责任保险的经济补偿和社会管理功能，维护社会稳定。

（3）巨灾保险。

我国是一个灾害频发的国家，灾害造成的损失呈逐年递增的趋势，地震、飓风、海啸、特大洪水、特大风暴潮等巨灾时有发生，应对这些灾害仅仅依靠政府救助和社会捐赠是远远不够的，巨灾保险作为转移风险的有效方式，成为必要的选择。

2008年，汶川8.0级地震造成69227人死亡，17923人失踪，373643人受伤，直接经济损失8451亿元，保险赔款只有20余亿元，仅占直接经济损失的0.2%，而发达国家这一比例大多超过30%。在此背景下，2013年11月，《中共中央关于全面深化改革若干重大问题的决定》中明确提出要建立巨灾保险制度。近年来，各财险公司与当地政府合作，陆续开展了多种形式的巨灾保险的尝试，取得了很好的效果。2014年7月，深圳第一个开始巨灾保险试点，侧重对居民个体的保障，由市财政出资，针对由台风等15种灾害以及由此引发的核事故风险，提供每人最高10万元的保险保障。2014年8月，《国务院关于加快发展现代保险服务业的若干意见》中提出了“建立巨灾保险制度”的指导意见。同年，宁波启动巨灾保险，保险方案涵盖人身伤亡救助和财产损失补偿等，由宁波市政府统一投保，实现赔付到户，被称为“民生保障型巨灾保险宁波模式”。2015年，云南省大理州地震指数保险落地，由州政府统一投保，将地震指数保险赔付线设置为震级5.0级，并以每0.5级为一档，进行差异化赔付，被称为“指数型巨灾保险大理模式”。四川省人民政府办公厅印发《四川省城乡居民住房地震保险试点工作方案的通知》，四川省成为全国首个以省为单位开展的巨灾保险试点，被称为“巨灾保险四川模式”。此外，广东、黑龙江等地也相继开展巨灾保险试点。2016年，原保监会、财政部等部门共同印发《建立城乡居民住宅地震巨灾保险制度实施方案》，45家财产保险公司根据自愿参与、风险共担的原则，发起成立中国城乡居民住宅地震巨灾保险共同体，随后，共同体按照地区风险高低、建筑结构等不同拟定差异化的保费费率，初始阶段从基本救灾和生活保障出发，城镇居民住宅保额为每户5万元，农村每户2万元，中国城乡居民住宅地震巨灾保险产品全面销售，我国城乡居民住宅地震巨灾保险制度落地。2017年1月，《国务院关于推进防灾减灾救灾体制机制改革的意见》提出，鼓励各地结合灾害风险特点，探索巨灾风险有效保障模式。2017年5月，河北省张家口市政府以政府全额出资的方式，首次开展城乡居民住宅地震巨灾保险试点，凡张家口市辖区户籍的城乡居民，每户一套常住住宅及室内附属设施作为保险标的，保险期限一年，因破坏性地震振动及其引起的火灾、火山爆发、爆炸、地陷、地裂、泥石流、滑坡、堰塞湖及大坝决堤造成的水淹等导致的房屋直接损失给予赔偿，城镇居民住宅每户5万元，乡村居民住宅每户2万元，张家口也成为全国首个政府全额出资、区域统保巨灾的城市。

据报道，截至2018年一季度，四川省已有18个市（州）开展地震巨灾保险，各保险公司累计提供巨灾风险保障达到431亿元。广东巨灾保险指点项目是我国首次使用商业保险为地方财政提供保险保障，该项目采用指数保险的形式，以风速、降雨量等参数作为理赔的依据，保险赔款支付给地方财政，用于政府在公共领域的救助和重建等工作。保险公司为广东10个试点城市提供超过20亿元的保险保障，2018年9月，台风“山竹”造成广东、广西等5省（区）300多万人受灾，直接经济损失50亿元，截至10月31日，广东保险业已经处理赔款案件9.9万件，支付赔款13.8亿元。数据显示，2018年，我国巨灾保险出单244万笔，风险保障金额达1055亿元，巨灾保险的探索在不断推进。

（4）扶贫保险。

在精准扶贫上，保险业有着独特的优势，并进行了多种有益的探索，扶贫保险就是根据精准扶贫的需要而开发、设计的保险产品，它是把传统保险与扶贫工作结合在一起而设计的保险套餐。

自2016年，人保集团与国务院扶贫办签署战略合作协议后，已有29家省级分公司与所在省（自治区、直辖市、计划单列市）扶贫部门签署保险扶贫合作协议，制订具体的工作方案，协同推进保险扶贫工作，形成“政融保”“扶贫保”“特惠保”“惠农保”“精准脱贫保”“黔惠保”“助农保”“扶贫惠民保”等26个地方性扶贫组合产品。最近几年，在各财险公司的努力下，在不同地区产生了许多可供借鉴的扶贫模式，如河北的“保险精准扶贫阜平模式”、河南的“脱贫路上零风险兰考模式”、黑龙江的“农业巨灾保险扶贫模式”等，开办了扶贫财产险、健康险、医疗险、农作物及养殖业指数保险、一揽子险等，为精准扶贫贡献了保险业的力量。

2018年1月，重庆保监局、市扶贫办、石柱县政府在深度贫困乡镇中益乡启动产业扶贫综合保险试点，包括“产业扶贫保”“产业致富保”“产业收益保”和“产品质量保”。“产业扶贫保”参保对象为建档立卡贫困户，保费由县财政全额补贴；“产业致富保”参保对象为非建档立卡贫困户和农业生产经营主体，县财政第一年给予全额保费补贴，第二年给予 90% 的保费补贴，第三年给予 80% 的保费补贴；“产业收益保”和“产品质量保”参保对象为中益乡主导产业项目的农业经营主体，保障内容为农产品价格收益风险和质量风险，县财政第一年给予 50% 的保费补贴，第二年给予 40% 的保费补贴，第三年给予 30% 的保费补贴。同时，加大复制推广力度，确保到 2018 年年底覆盖全市 18 个深度贫困乡镇。

2018 年初，山西隰县政府部门与国寿财险山西分公司合作，为当地群众脱贫致富的支柱产业（玉露香梨）量身定制了“梨种植气象指数保险”，为群众脱贫提供了有力保障，2018 年该县共有 2343 户梨种植户获得气象指数保险赔付，涉及梨园 2.6 万亩，累计理赔总额达 781 万元。

2018 年，锦泰财险继续开展生猪价格保险，以生猪出栏价格为理赔触发标准，当肉猪出栏价格低于保险公司与投保农户约定的保险价格时，保险公司按二者之间的差价进行理赔，全年共计承保生猪近 160 万头，为生猪养殖户提供了近 23 亿元的市场风险保障，当年 3 月，锦泰财险为四川成都等 6 个市 18 个区县的 322 户参保养殖户陆续赔出理赔款总额累计 1774 万元，从而带动生猪养殖户脱贫致富，助推脱贫攻坚工作。

2018 年 4 月 16 日，人保财险海南省分公司为海南省白沙黎族自治县打安镇 2867 户胶农种植的 4 万多亩开割橡胶承保收入保险，保险总产量为 2500 多吨，双方约定每吨的收入价格为 1.6 万元，保费由胶农自交 10%，县政府给予 90% 的财政补贴，这款专项保险扶贫产品根据胶农投入的生产成本和市场价格预期确定保险金额，在保险期间，由县政府物价部门负责采集橡胶收购价格并按时发布，胶农收割出售橡胶的收入一旦低于双方约定的保险金额，则视为保险事故发生，保险人按收入差额给予被保险人经济赔偿。这是国内承保的首单天然橡胶产业精准扶贫收入型保险，为橡胶产业扶贫走出价格困境探索出一条新路。

目前，从保险监管部门、保险行业协会、保险公司到保险从业者，各方都在积极参与国家的扶贫攻坚战略，利用保险制度的优势进行精准扶贫，形成了“监管引领、行业参与、协同作战、合力攻坚”的工作格局。

（5）“一带一路”。

保险业积极为“一带一路”建设提供全方位的保险保障，以应对“一带一路”核心区、节点城市建设中的特殊风险保障需求和我国海外人员及财产、海外投资面临的各种风险。据报道，“一带一路”建设将有 8 万亿美元基础设施投资（港口、机场、铁路、电力、能源、公路、桥梁等），巨大的投资对保险有着巨大的需求，包括工程险、能源险及出口信用险等。下表为“一带一路”所涉及的主要财产保险险种：

险种大类	具体涉及险种
工程保险	建筑工程险、安装工程险、机械损坏险、船舶工程险、科技工程险
火灾保险	企业财产险、营业中断险、家庭财产险
货物运输保险	1. 国内货物运输险、国际货物运输险 2. 水上货物运输险、陆路货物运输险、航空货物运输险等
运输工具保险	机动车保险、船舶保险、飞机保险
责任保险	公众责任险、雇主责任险、产品责任险、职业责任险、第三者责任险
出口信用保险	1. 中长期出口信用保险、短期出口信用保险 2. 政治风险保险、商业风险保险、政治和商业风险共保的保险、汇率风险保险
特种风险保险	航天工程保险、核能工程保险、海洋石油开发保险

截至 2017 年 11 月，中国企业在“一带一路”沿线 61 个国家新签对外承包工程项目合同 6201 份，新签合同额 1135.2 亿美元，投资多以道路、港口等基础设施和大型电站、水坝等建设为主。由于投资金额巨大、投资期限长、盈利水平不确定，加之施工地点多涉山涉水，自然环境恶劣，施工条件复杂，地震、海啸、火山、飓风、洪水、泥石流等自然灾害会给项目造成巨大损失，因此保险业可以通过全面的风险管理和风险保障，服务整个项目的施工建设全过程。

财产损失保险可以对基础设施、商业建筑等固定财产提供保障；责任保险可以对各种公众活动场所的所有者、经营管理者，各种产品的生产者、销售者、维修者，各种运输工具的所有者、经营管理者或驾驶员及各种提供职业技术服务的单位等提供保障；出口信用保险可以提高我国企业在“一带一路”沿线国家的市场竞争能力，扩大贸易规模，提升“一带一路”出口企业债权信用等级，获得融资便利，规避应收账款风险，通过损失补偿确保经营安全等。

7. 科技赋能

随着科技与保险的结合日益深入，保险服务的触达能力逐步提高。2018 年科技赋能保险向纵深演进，无论是智能审核、数据支持销售、校验处理，还是风控核保、定损理算、客服技术、反保险欺诈，科技正在为保险的各个环节深度赋能。保险科技既包括互联网、大数据、云计算、人工智能、区块链等基础技术，也包括与应用场景结合紧密的车联网、物联网、无人驾驶、基因诊疗、可穿戴设备等应用技术，多维度运用这些前沿科技，能够推动行业转型发展，打造科技时代的保险生态。科技已不只是现代的应用技术工具，更重要的是一种思维方式，根植于头脑中；科技正在改变整个行业的实践、理论和意识形态，科技赋能将成为未来保险业发展的关键词。

（1）赋能产品研发。

伴随着科技的发展新场景不断出现，新场景的特定风险保障需求与以往的传统保险需求有了很大的不同，高频、碎片、小额成为需求热点，因此，一些互联网场景保险随之产生并受到热捧，这些产品降低了可保风险的门槛，拓宽了可保风险的范围，更新了保险产品设计理念，从而推动了保险产品的创新，例如退货运费险、航班延误险、碎屏险、账户损失险等。针对新场景设计开发全新的保险产品，使保险产品种类更为丰富和多样化，无形之中还普及和加深了社会公众对保险的认知程度，以往保险公司不屑于或无力做的过度分散的小额业务成为爆品，长尾理论得到应用，二八现象被颠覆。

2018 年，国泰产险将保险融入场景，打造了一系列低门槛国民级保险产品，“好医保 · 免费医疗金”联合蚂蚁保险面向支付宝用户提供最高 2 万元的免费住院保险，让更多的用户尤其是“80 后”“90 后”年轻人有保险意识，主动去体验保险，使保险成为一种不可或缺的国民服务，成为真正的普惠保险。1 月 30 日，人保金服的“爱保科技”正式上线，“爱保科技”定位于“保险 + 科技 + 服务”，围绕出行领域和家居生活领域开展车险和健康险业务。9 月 12 日，众安在线与宝宝树、复星集团成立合资公司，以母婴为切入点，搭建了一个以“家”为核心元素的新生态，在这个生态中，不仅仅是满足母婴场景分散风险的需求，更可以为年轻家庭人群提供定制化的金融服务。生活中风险无处不在，而生活本身是由无数个场景连接而成的，场景化保险就是保险服务生活的最好诠释。

随着居民生活水平的不断提高和科技的高速发展，催生了旅游、娱乐、网络购物、网络支付、网络游戏、网络视频等崭新的保险场景，但目前保险还不能满足颗粒度过细的场景，只能选择最基础的生活场景，主要是涉及吃穿住行、娱乐文教和养老健康等基础场景的保险，如果将上述这些基础场景加以细分和梳理，就可以发现很多保险需求和市场机会，有些机会很可能就是颠覆性的。

科技赋能保险产品场景化、定制化并不断迅速迭代，可能在未来会成为最受欢迎和最有商业价值的保险模式之一，成为保险的新蓝海。

（2）赋能定价核保。

保险利用科技可以将投保、核保完全自动化、线上化，同时根据投保人和环境做动态定价。泰康在线采用 OCR（光学字符识别）技术，在投保过程中自动识别身份证和车辆信息，并利用人脸识别技术自动核实投保人信息，减少客户输入时间，降低输入错误；通过 RPA（软件流程自动化）技术，让软件机器人自动处理大量重复的、基于规则的工作流程任务，完成大容量数据、高频交易处理的任务，在车险方面，自动化投保处理可比人工投保速度提升近 8 倍，在健康险方面，可通过智能核保系统审核方式来判断客户健康风险；在“反飞蛾”区块链项目和多个渠道进行了数据同步和数据共享，形成强大的数据资源，可界定用户在投保时是否具有投保资格及可购买的保障金额，到 2018 年 7 月底，已在百万级保单数据中发现万分之七投保人在多渠道重复投保，这一发现对行业健康发展有着重要的意义。易安财险则通过将大数据技术应用于定价承保环节，实现针对不同消费群体的差异化定价，满足用户个性化需求。

商业车险自主定价试点改革，最终是将定价权交给市场，即由各个保险公司根据消费者的风险程度自主定价，不再对价格设置上下限。国泰产险和蚂蚁金服合作，引入“车险分”提升车险定价能力，提高核保质量和运营效率。2018 年，中国保险行业协会创新产品评审委员会通过了 4 家财险公司关于 UBI（基于驾驶行为的保险）创新产品的申报，利用车载设备实时收集驾驶时间、地点、里程、加速、减速、转弯、车灯状态等驾驶行为数据和习惯数据，通过车联网传输至云端，保险公司加以分析建模，通过大数据技术处理，对车主的驾驶风险做出比较精确的度量，评估车主驾车行为的风险等级，从而设计保险产品、实现个性化保费定价，吸引消费者投保，使消费者的选择范围更广，选择权更大。该项产品在国外已推行多年，且运营状况良好。

（3）赋能风控反欺诈。

2018 年 1 月 31 日，中国保险学会与金融壹账通共同发起成立了保险智能风控实验室，充分利用大数据、人工智能、云计算等技术，研究建立多险种的智能化反欺诈系统，为保险业欺诈风险的分析和预警监测提供支持。

泰康在线的“反飞蛾”区块链项目既保护用户隐私，又能在源头上杜绝骗保、骗赔等行为的发生，以降低行业风险，此外，还可以通过大数据分析及模型开展智能风控，甄别欺诈骗保行为，判断案件真实程度，并基于欺诈风险判断结果进行核查资源的配置，实现降本增效。

车险一直是我国财险业的第一大险种，2018 年车险签单 4.48 亿件。由于机动车的高流动性及车险赔付对象的多样性，加之信息不对称或诈骗者动机不纯故意骗保等原因导致车险市场风险问题突出，管控非常复杂。运用大数据可以实现人员技能向系统智能的转变，可以有效降低出单过程中的风险，提高车险反欺诈效能，实现行业风控联动。

中国保信（现更名为“中国银保信”）推广和优化车险反欺诈信息系统，截至 2018 年年底，经集中清洗后，反欺诈系统共有高风险信息 208 万余条，包含风险人员约 82 万条，风险车辆约 101 万条，风险电话约 25 万条，风险机构 22 条，大大提高了反欺诈的分析和识别能力，为构建反保险欺诈生态圈做出了有益探索。

（4）赋能销售升级。

利用互联网技术和方法，可以全面改变保险营销体系，从产品销售端转向用户需求端，对固有业态结构及生态圈进行赋能升级，推进前后端整体式改造。

泰康在线依托大数据分析能力，建设高精准化营销系统，通过挖掘用户购买倾向，实现“千人千面”的保险推荐，帮助客户更快地选择到适合自己需求的产品，引导客户便捷直投，通过用户语音识别，智能化提取用户需求，进行精准营销拦截，避免用户受到过多打扰，为用户打造了更加纯粹、环保的投保环境。

易安财险打造“e 连保”自流量出单平台，完善自有渠道建设，提高与客户接触和交互的触点质量，增强线上与后援的协调联动，实现销售形式多元化、多样化。

科技赋能保险营销，平安 AI 技术从之前的在线招募到 2.0 的全流程在线增员管理，解决了海量筛选难的问题；利用数据智能进行培训，快速识别能力短板，智能推荐课程等；AI 助理通过以构建任务管理、智能陪练、智慧问答三大能力赋能队伍管理，实现实时连接，高频互动，精准营销。

数据显示，2018 年中国家庭饲养的猫狗数量已经超过了 1 亿只，但因为投保过程比较复杂，宠物保险的投保率比较低。量子保的“宠物健康保险”产品，采用 AI 技术，通过猫脸或者狗脸识别来进行投保，通过图像的识别确定宠物的唯一性，投保、理赔都可以线上完成，解决了之前芯片植入等大家担心的问题。

原来覆盖“小额、高频、大量、碎片”的这类保险成本太高，保险科技将整个投保、核保、理赔完全自动化、线上化，在保险销售领域线上线下的融合发展已经成为一种共识，保险科技使得这一共识得以完美实现。

（5）赋能定损理赔。

2018 年 5 月 8 日，蚂蚁金服发布定损宝 2.0 版本，将图像识别升级成准确率更高的视频识别，并开放技术平台，从与保险公司一对一理赔系统对接升级成未来保险公司可自助接入。国泰产险运用定损宝技术，通过引入 AI 和智能客服等先进科技，简化理赔流程。

7 月 19 日，蚂蚁金服宣布完成国内保险业首笔无人工干预的“全流程 AI 快赔”，用户申请赔付时，自己拍照上传资料，识别、审核、赔付等全程无人工干预，全部由 AI 自动处理，将传统平均 49 小时的理赔处理时间缩短到“秒级”，实现理赔流程的自动化、透明化，助力理赔服务优化升级。

8 月 8 日，众安保险全资子公司众安科技上线国内首个商保智能开放服务平台，无需系统对接即可获得医疗数据查询、直连理赔、商保调查等服务，实现快速理赔操作，提升理赔效率，节约运营成本。

泰康在线基于人脸识别、电子签名、OCR 识别技术以及镜像合成技术，把人脸、签名和信息合成了一张电子理赔申请书，其中 OCR+ 专项数据训练算法模型可秒级识别相关票据类型及真假，准确率可达 90% 以上，用户只要通过手机就可以完成，极大地简化了理赔的步骤，缩短了受理时效，提升了运营效率、理赔能力和服务质量等。

（6）赋能系统再造。

易安自成立伊始，就明确了走一条依托保险科技的道路，坚持以 IT+DT 双核为驱动，建设大数据分析平台、AI 实验室、区块链实验室等创新项目，打造柔性、可定制的互联网保险产品工厂以及高并发、高可用、快响应的生产系统，通过数据的不断积累，不断完善数据工厂，促进产品工厂与数据工厂的均衡、协调发展，实现互联网科技与保险业务的深度融合。目前，易安已建立起“产品工厂 + 数据工厂”的信息系统蓝图架构，强化中台系统的运营能力，全面支撑定制、时尚、简单的产品及品牌理念。

国泰产险在科技基础能力方面，重点实施了“凤凰涅槃”项目，全面更新车险运营、财务管理、风控管理和 IT 基础等 25 项核心系统，实现了在“保险 + 科技”引领下的创新实践。

传统保险公司原有系统并没有相关的技术支持其处理高频、小额的投保和理赔业务，但传统保险公司也有拥抱场景保险的强烈需求，也希望借助科技赋能进行系统改造，使保险科技变现。

（7）赋能转型升级。

中小财险公司发展瓶颈日益凸显，盈利较为困难，谋求转型成为亟待解决的问题。科技改变了传统保险业，使产品快速迭代，中小公司或许有了换道超车的新型武器。

易安财险坚持“互联网 + 保险 + 科技”战略定位，三驾马车同时驱动，挖掘保险新需求，开发各种无缝嵌入线上线下场景的全新保险产品，将客户的生活与保险业务进行整合，布局生活消费领域，解决用户痛点，开拓新业务蓝海。

众安在线历时三年，积累了足够的渠道、场景、用户数据以后，开始了急速转型之路。据悉，众安科技已完成 T 系列区块链产品、X 系列数据智能产品、S 系列保险科技产品、F 系列金融科技产品、H 系列健康医疗产品五大产品线的构建，运用人工智能技术接入保险各个环节，实现保险业智能化、自动化、个性化。目前，众安科技已与国内多家中小型知名保险公司建立全面合作关系，通过 S 系列产品为对方提供一站式保险信息化解决方案，实现前沿科技与保险业务的深度融合，并共同助力保险行业向技术驱动模式全面转变，共建保险新生态，创新业务模式，深入解决传统保险的痛点。现代科技向保险业渗透，并逐渐成为保险行业转型发展的新引擎。

随着商业车险费改的推进，对各保险公司的核保能力、精准定价能力提出更高要求，而较早布局智能化、数据化和互联网化的公司，有望以大数据、人工智能等前沿技术引领车险费率改革。不少中小险企将突围路径瞄准了日新月异的高科技，以期在车险赛道重获生机。

目前，国内险企的数字化转型之战，似乎已经进入了白热化的阶段。京东携手安联成立数字化保险合资公司；腾讯联手英杰华布局数字化保险；国泰产险说“我们是科技与保险的结合”；易安财险说“我们的基因是互联网科技、大数据、可穿戴设备、物联网等技术”“我们轻资产+模式创新，小步、快跑、迭代、试错”；泰康说“我们把人工智能根植于业务全流程”；人保财险、太保财险、国寿财险等大型险企纷纷将数字化作为转型的重大战略，太保财险说“我们是数字太保”，人保财险说“我们是智慧人保”。保险公司数字化升级和转型，是最基础也是必须强化的技能。

8. 新科入场

欢迎预备队员参赛！

2018年，共有三家筹建的财险公司获准开业，分别是黄河财产保险股份有限公司（黄河财险）、太平科技保险股份有限公司（太平科技）、融盛财产保险股份有限公司（融盛财险）。这三家公司是原保监会撤销前最后一批获批的公司，那么，它们有怎样的背景，又肩负了什么使命责任呢？

（1）黄河财险。

黄河财险于2018年1月2日获得原保监会批准开业，在兰州和北京设立双总部，经营区域前两年为甘肃省和北京市。黄河财险是甘肃省首家全国性法人保险机构，是国有控股的混合所有制企业，由甘肃省公路航空旅游投资集团有限公司作为主发起人，联合中国铁建投资集团有限公司、名城地产（福建）有限公司、兰州兰石集团有限公司、白银有色集团股份公司、中国交通建设股份有限公司、读者传媒股份有限公司、甘肃远达投资集团公司、兰州新区城市发展投资有限公司等8家企业共同设立，其股东或其母公司中有2家世界500强企业、4家中国500强企业、6家上市公司，业务领域涵盖金融、建筑、交通、航空、冶金、房地产等多个行业，在各自的行业处于一流或领先地位。

黄河财险进入正式赛道后，将以“一流、领先、有特色”为发展愿景，坚持走专业化、智慧型、创新型的高质量发展道路，坚持差异化竞争、特色化发展和科学化管理的经营策略，实施人才强司、创新发展、资源整合、客服先行、区域发展和聚焦发展等六大战略，致力于成为最具价值性、最具成长性的一流财产保险公司。黄河财险的主要策略是：

不冒进、不懈怠、不折腾、稳经营；

发源甘肃、立足西北、面向全国、胸怀世界；

以科学发展为主题，以价值创造为根本，以质量效益为中心；

打造工程保险特色和保险业向西开放平台。

（2）太平科技。

太平科技于2016年6月获批筹建，2018年1月8日正式开业，成为中国首家专业科技保险公司，注册地为浙江省嘉兴市。太平科技的成立是浙江省政府与中国太平实施战略合作的重要成果，也是双方共同推动落实国家科技创新战略的重要举措。2014年7月，中国太平保险集团与浙江省人民政府签署战略合作协议，双方达成共识，由9家股东共同出资，发起设立太平科技保险公司，股东中除太平财险外，还包括浙江省金融控股有限公司、浙江沪杭甬高速公路股份有限公司、浙江省科技风险投资有限公司、浙江省兴合集团有限责任公司、恒华融资租赁有限公司、浙江兴科科技发展投资有限公司、嘉兴市燃气集团股份有限公司、浙江浙华投资有限公司。

作为中国第一家专业科技保险公司，太平科技以促进企业创新和科技成果产业化为使命，聚焦于科技企业及其相关产业链，针对不同生命周期阶段的科技企业，积极发展适应科技创新的保险产品和服务，希望走市场化、专业化、创新式道路，采用“基础保障 + 互联网 + 创新产品”的模式进行产品规划和开发，建立“自身理赔队伍与委托第三方相结合”“集团资源与科技应用相结合”的服务模式。科技企业面临着多种风险，需要保险保驾护航，太平科技可以提供多层次、多角度的风险保障、特色服务。

太平科技预计在三年内完成浙江省内的全覆盖，并逐步在长三角、京津冀、珠三角、成渝经济带等高新技术企业集中的区域设立分支机构，力争把自身建设成为特色鲜明的专业科技保险公司。太平科技的主要策略是：

以促进企业创新和科技成果产业化为使命，助力国家科技创新战略；

做科技的保险，用保险助科技；

四个专注，即专注科技企业，将科技企业保险需求作为核心业务范围，专注科技风险管理，形成业内领先的科技风险管理能力，专注产品创新，尝试科技保险产品的创新，专注政策导向，以科技保险落实国家支持科技企业发展的相关政策。

（3）融盛财险。

融盛财险于2017年1月25日获批筹建，2018年9月16日获批开业。融盛财险是辽宁省第一家法人财产保险公司，注册地在沈阳，由辽宁省东软集团等六家知名企业联合发起设立。

进入保险赛道后，融盛财险将以“保险姓保”的基本理念为安身立命之根基，充分发挥股东优势，建立现代保险企业管理机制，创新保险运营商业模式，充分发挥保险企业的保障职能，提供特色化、专业化保险产品与服务。融盛财险的发展原则是以股东业务为基础、以电子商务业务为突破、以车险业务为重点，做精传统业务，做好地方和股东业务，在科技力量应用的基础上，不断寻求和创造发展的新契机，逐步构建起“直销公司”的业务体系，进而搭建起一个不同于传统公司的商业模式。通过一系列管理办法与业务流程，扎实做好客户服务，成为诚信和服务型的公司。融盛财险的主要策略是：

让客户实现由单纯的购买保险模式转变成对新生活方式的体验；

成为“互联网+”时代信息化、专业化、特色化的财产保险公司；

积极打造以客户价值创造为核心的全新互联网保险商业模式；

超越保险，努力寻找出发展的新路径。

二、裁判动态

1. 调整裁判

进入三月，万物复苏。比赛正酣，突然传来消息，要更改裁判。2018年3月，根据国务院机构改革方案，中国保险业监督管理委员会与中国银行业监督管理委员会合并为中国银行保险监督管理委员会，保险业由保监会分业监管变为银保监会监管。裁判调整了，比赛还在进行，大家只要遵守规则，服从裁判，比赛会更有秩序、更有质量，对此，队员们都充满了信心与期待。

（1）新裁判——银保监会。

2018年3月13日，根据第十三届全国人大第一次会议审议的国务院机构改革方案，中国保险业监督管理委员会与中国银行业监督管理委员会合并为中国银行保险监督管理委员会。3 月 22 日，中共中央印发了《深化党和国家机构改革方案》，提出将中国银行业监督管理委员会和中国保险监督管理委员会的职责整合，组建中国银保监会，标志着银保监会正式成立。4 月 8 日上午 8：30，有关领导在原银监会南门举行了升旗仪式，随后中国银行保险监督管理委员会揭牌，标志着新组建的中国银保监会正式运行，开启银行保险监管新时代，分别有着 15 年和 20 年历史的中国银监会和中国保监会结束了自己的历史使命。中国金融监管从混业监管到分业监管，又来到了综合监管。

中国银保监会的主要职责是依照法律法规统一监督管理银行业和保险业，保护金融消费者合法权益，维护银行业和保险业合法、稳健运行，防范和化解金融风险，维护金融稳定等。银保监会将整合优化监管资源、降低监管成本，适应综合经营现状，形成监管合力，补齐监管短板，立足于风险监控与消费者保护，解决监管职责不清晰、交叉监管和监管空白等问题，强化综合监管，守住不发生系统性金融风险的底线。

近年来，中国保险行业在快速发展的过程中出现了治理失效、资金滥用、业务乱做、误导销售等一些乱象，保险业回归保障成为大势所趋。新组建的银保监会对于保险业的监管会越来越健全，保险机构将面临更加完善的监管环境。

（2）老裁判——保监会。

中国保监会于 1998 年 11 月 18 日成立，已有 20 年历史，这 20 年既是中国保险业大发展的时期，也是不断探索监管之路的时期。概括来说，保监会共经历了三个重要时期。

第一个时期是从 1998 年 11 月至 2002 年 10 月。这一时期，保监会对产险实行了从市场主体准入、费率监管到投资渠道等多方面严格限制的监管政策，这种政策在整体上为产险行业创造了较大的盈利空间，保险业稳步发展，保费从 1999 年的 1393 亿元，到 2002 年达到 3053 亿元，增长了一倍多。这一时期，也是中国保险业建章立制的重要时期，四年时间内，出台了《保险公司管理规定》《保险公司最低偿付能力及监管指标管理规定》等行业规章制度。这一时期，中国的保险市场率先对外资开放，在金融业中，保险市场是最早向外资开放的，也是开放程度最高的。

第二个时期是从 2002 年 10 月至 2011 年 10 月，在这一时期，保险业要“在 5—10 年的时间内，冲出亚洲，走向世界，保险业的首要任务是做大做强”。

2003 年 9 月，当时的保监会主席首次提出“现代保险功能理论”，即保险具有经济补偿、资金融通和社会管理三大功能，认为后两种功能亟待快速全面发展，保险行业进入新一轮业务扩张期，2003 年人保财险和中国人寿实现海外上市，2004 年中国平安登陆香港 H 股。2006 年 6 月，《国务院关于保险业改革发展的若干意见》出台，为保险业发展提供了广阔的政策空间，为保险投资松绑，扩大渠道，提高入市比例，2007 年保险投资收益率达到历史最好的 10% 左右水平，同年，中国人寿和中国平安回归 A 股。2008 年爆发国际金融危机，保险业全面排查和化解风险，整治市场秩序，保险业的监管由做大做强转为风险防范，监管思路从“加速发展、做大做强保险业”转向“防风险、调结构、稳增长”，提出“又好又快”的监管思路，《保险公司偿付能力管理规定》也于 2008 年 9 月 1 日起施行。到 2010 年，保险业保费收入达 1.45 万亿元，利润总额 576.7 亿元，中国成为全球最重要的新兴保险大国。

第三个时期是从 2011 年 10 月至 2017 年 4 月，保监会首先开启了“将市场的权力交给市场”的系列改革，提出“放开前端、管住后端”，从 2012 年起，放开投资端、商业车险改革、寿险费率市场化改革渐次进行，偿付能力监管由规模导向转为风险导向。2014 年 8 月，保险业新“国十条”发布，保险业上升到国家治理的高度。2015 年年初，万能险费率改革启动，投资型产品大行其道，保险资金投资进入狂欢期，2015 年“偿二代”试运行，2016 年正式实施，五年时间，保费、资产规模均实现了翻番。2017 年，保险行业实现原保费 3.66 万亿，中国成为全球第二保险大国。然而，个别险企大量涉足跨领域产业，产生了一些负面影响，2016 年开始引发了资本市场和社会各界关注，保险业被推到风口浪尖。

随之，保监会开始加强监管，提出“保险业姓保、保监会姓监”，违规保险主体受到了监管处罚，并出台以“1+4”系列文件为主的多个监管文件，弥补监管短板，纠正偏颇发展，找回行业定位。

2. 更新规则

游戏规则是确保赛事顺利进行的基础，也需与时俱进，不断迭代，以满足新时代、新赛事的要求。2018 年监管部门从加强监管、规范市场、弥补监管短板出发，全年修订完善规章和规范性文件共 26 件，监管制度更加严密。

（1）公司治理规则。

2018年3月，作为保险公司治理监管核心内容之一的新版《保险公司股权管理办法》发布，该办法从原来的37条调整到修改后的94条，大大地扩容，提出对保险公司股权实施穿透式监管和分类监管，根据持股比例、资质条件和对保险公司经营管理的影响，将保险公司股东分为财务Ⅰ类、财务Ⅱ类、战略类、控制类四类，对不同类别股东提出不同的要求。

7月，银保监会发布《保险机构独立董事管理办法》，对2007年发布的办法进行全面修订。新办法共8章56条，完善了制度的适用范围及独立董事设置要求，优化了独立董事的提名及任免机制，明确了独立董事的权利义务及履职保障，建立了独立董事履职评价和信息公开机制，解决了保险机构独立董事独立性不足、勤勉尽职不到位、专业能力欠缺，以及履职配套机制不健全等方面的问题，改善了独立董事履职的内外部环境，促进独立董事在公司治理结构中充分发挥作用。

8月，中国保险行业协会发布《保险业公司治理实务指南总体框架》《保险业公司治理实务指南会议运作第一部分——股东（大）会》《保险业公司治理实务指南会议运作第二部分——董事会》和《保险业公司治理实务指南会议运作第三部分——监事会》4项团体标准。这是保险业首批公司治理团体标准，填补了保险公司治理标准的空白，对实务操作具有极强的指导作用。

（2）保险产品规则。

2018年5月，银保监会《环境污染强制责任保险管理办法（草案）》获生态环境部审议通过，该草案是在前期试点实践经验基础上的总结提升，提出"推动环境污染责任保险发展，在环境高风险领域建立环境污染强制责任保险制度"，确定了生态环境保护市场手段，建设运用好环境污染强制责任保险这项制度，引进市场化专业力量，通过评估定价环境风险，实现外部成本内部化，提高环境风险监管、损害赔偿等工作成效，对攻坚污染防治、补齐生态环境短板具有积极意义，环境污染强制责任保险制度呼之欲出，利用保险这一现代化风险管理工具，助推生态环境保护和打赢污染防治攻坚战。

9月1日，关税保证保险在上海、北京等十地海关启动试点，从这些地区海关进口的货物，在通关时，凭借"一张保单"即可享受"先通关、后缴税"的通关便利。进口企业在试点保险公司出具保单后，保单信息将自动传输至海关核心系统，实现保单备案、使用、核销、发起索偿通知等流程全部线上化。在实施关税保证保险之前，企业通常采用现金保证金和银行保函的方式，实施关税保证保险之后，企业可以通过购买关税保证保险替代原有方式，在确保海关税款安全的同时，可以减少企业的资金占用，降低运营成本，提升通关效率。10 月 31 日，银保监会与海关总署联合发布《关于开展关税保证保险通关业务试点的公告》，将关税保证保险试点范围扩大至全国。目前，参加关税保证保险试点的保险公司有人保财险、太保财险和中银保险。

（3）保险中介规则。

2018 年 2 月，原保监会发布《保险经纪人监管规定》，该规定强化对保险经纪公司股东的审查，对股东出资来源、注册资本托管、法人治理和内控、信息系统等提出明确要求，规范高管人员任职要求，完善市场退出制度。规定分支机构经营保险经纪业务的条件，强化法人的管控责任，确立执业登记制度，细化对从业人员的品行、专业能力要求。要求按照监管规定开展互联网保险经纪业务，规范保费和佣金，加强消费者权益保护，对向注册地以外自然人客户提供服务的，要在当地设立分支机构等。

7 月，银保监会发布《保险公估基本准则》，对基本遵循、公估程序、公估报告、公估档案四个方面设立标准。该准则对保险公估人的行为与资质提出细化，要求保险公估人应当独立进行调查、分析和评估并形成专业意见，不得以预先设定的保险公估结论做出承诺，不得从事与自身有利害关系的业务，不得谋取不正当利益，保险公估从业人员只限于通过一家保险公估人进行职业登记从事公估业务。该准则的出台是保险监管制度对专业公估人的规范，也预示着保险公估迈向新阶段。

7 月 13 日，银保监会下发《保险代理人监管规定（征求意见稿）》，明确了保险代理中介、个人代理人的资质要求和业务行为，加大对违法违规和失信行为的惩戒力度。由于意见稿涉及面广、复杂性大，尤其是对独立代理人的定位及管理要求更是各方意见分歧较大，一时难以定稿，截至 2018 年年底，尚处于征求意见状态。

（4）保险投资规则。

2018 年 10 月 25 日，银保监会发布《关于保险资产管理公司设立专项产品有关事项的通知》，允许保险资产管理公司设立专项产品，发挥保险资金长期稳健投资优势，参与化解上市公司股票质押流动性风险，为优质上市公司和民营企业提供长期融资支持，维护金融市场长期健康发展。该通知的主要内容包括产品管理人条件、专项产品的投资范围、专项产品的退出及该产品不纳入保险公司权益类资产计算投资比例。该通知的发布有利于化解上市公司股票质押流动性风险，有利于支持优质上市公司和民营企业发展，有利于发挥保险资金长期稳健投资优势，做实体经济的长期资金提供者，巩固市场长期投资的基础。

10 月 26 日，银保监会发布《保险资金投资股权管理办法（征求意见稿）》，意见稿共 7 章 44 条，取消了保险资金开展股权投资的行业范围限制，通过“负面清单 + 正面引导”机制提升保险资金服务实体经济能力，不再限制财务性股权投资和重大股权投资的行业范围，要求保险公司综合考虑自身实际，自主审慎选择行业和企业类型，加强股权投资能力和风险管控能力。该办法赋予保险机构更多的投资自主权，有利于提升股权融资和直接融资比重，引导保险资金为实体经济提供更多资本性资金，为民营经济发展提供更多长期资金支持，营造良好的融资环境，增强经济中长期发展韧性。

3. 关键会议

对于裁判的动向，参赛者尤其关注。2018 年，涉及保险赛场的会议很多，仅在此列举与本次比赛密切相关的四次关键会议。

（1）全国保险监管工作会议。

2018 年 1 月 22 日，全国保险监管工作会议在北京召开，会议总结了 2017 年保险监管工作情况，部署了 2018 年重点工作任务。2017 年，保险监管短板逐步补强，保险业为全社会提供风险保障 4154 万亿元，同比增长 75%，投资型业务大幅收缩，普通寿险规模保费占人身险业务比重 47.2%，较上年提升 11.1 个百分点，全年保费收入 3.66 万亿元，同比增长 18.2%，全年新增保单 175 亿件，同比增长 84%，保险业发展稳中向好，兼顾了速度与质量、效益的均衡，行业风险得到有效遏制。2018 年，要继续坚持“保险业姓保，监管姓监”理念，防范化解重大风险，重塑保险监管，开展专项检查，整顿市场乱象，保护消费者权益，深化保险改革，扩大对外开放，提升监管水平和保险业可持续发展能力，推动保险业回归本原，发挥保险保障和保险资金的独特优势，支持经济发展和社会体系建设。

（2）全国财产保险监管工作会议。

2018 年 2 月 6 日，全国财产保险监管工作会议在北京召开，会议总结了 2017 年保险监管工作，并对 2018 年财产保险监管工作做出部署。

2017 年，深入推进“1+4”系列文件落地生根，在防风险、治乱象、补短板和服务实体经济等方面采取了有力措施，全年行业保费收入首次突破万亿大关，达到 10541 亿元，同比增长 13.8%，行业提供风险保额 3030 万亿元，同比增长 136.2%。各财险公司的偿付能力充足率均达标，妥善化解信用保证保险风险，切实保护投资者利益。治理市场乱象取得新成效，开展农业保险和机动车辆保险业务违法违规行为专项治理，原保监会全年共对 10 家总公司、17 家省级分公司开展现场检查，共处罚总公司 9 家次，省级分公司 11 家次，罚款 966 万元，责令停止接受新业务 9 家次，处罚公司各级高管人员 37 名，罚款 558 万元，取消总公司高管任职资格 2 人、省级分公司高管任职资格 9 人。各保监局共对 279 家省级分公司、1390 家地市级及以下分支机构开展现场检查。商业车险改革成果惠及人民群众，在责任范围扩大的前提下，车均保费较改革前下降 16.7%。巨灾保险建设实践探索不断推进，张家口成为全国首个政府全额出资、区域统保的城市，四川住宅地震保险逐步与全国并轨。2017 年，财产保险行业还存在很多问题，主要表现在产品背离本原、经营管理激进、市场竞争失序、经营数据失真、公司治理失效、合规意识淡漠、公司内控薄弱、激励机制扭曲等 8 个方面。

2018 年，财险监管工作坚持“监管姓监”职能定位，坚持“保险业姓保”行业本原，坚守风险底线根本任务，坚持重塑监管文化，服务防范化解重大风险、精准脱贫、污染防治“三大攻坚战”，以加强产品监管为切入点，完善产品监管制度，提高风险防控意识，丰富风险防控手段，坚决守住不发生系统性风险的底线。以治乱象为抓手，重塑财产保险市场秩序，以农业保险和商业车险为抓手，坚持从严整治、从重问责，坚持高管和机构双罚，综合运用罚款、停止新业务、停用产品、吊销经营许可证、撤销任职资格等措施实行顶格处罚，严厉打击违法违规行为。深化商业车险改革，推进农业保险供给侧结构性改革，完善地震巨灾保险制度，充分发挥责任保险助力社会治理的功能作用，做好小微企业融资增信支持，以深度贫困地区为重点关切，确保保险扶贫各项政策措施不折不扣落实到位。

（3）全国保险中介监管会议。

2018年2月5—6日，全国保险中介监管工作会议在北京召开，会议分析了保险中介监管工作面临的新形势，部署了2018年保险中介工作。会议强调，要把握好职责使命、顶层设计、监管规律和工作方法，推进思想观念、制度体系、监管机制、监管重心等方面转变，准确把握我国社会主要矛盾变化提出的新要求，准确把握我国经济从高速增长向高质量发展提出的新要求，准确把握以互联网为代表的信息科技快速发展提出的新要求。认真落实全国保险监管工作会议和“1+4”系列文件要求，以稳中求进为总基调，以防范化解风险为重点，以重塑监管为关键，以深化改革为抓手，统筹推进各项任务，坚决打好风险防控攻坚战，持续整治市场乱象，全面深化保险中介市场改革，切实加强监管能力建设。

（4）中小保险公司公司治理培训座谈会。

2018年4月16日—17日，银保监会召开中小银行及保险公司公司治理培训座谈会，总结分析公司治理经验与问题，明确下一步工作目标和治理重点。会议肯定我国银行业和保险业公司治理取得了长足进步，产权结构基本实现多元化，“三会一层”各司其职、有效制衡、协调运作的公司治理结构初步形成，董事会的地位和职能逐步强化，履职评价和激励约束机制初步建立，内部审计的独立性和有效性提升，公司治理运作机制趋向规范，保险业发展从重规模增长向重风险防控转型，经营发展模式不断优化，保险机构的风险管理和内部控制机制持续健全，普遍实行全面风险管理策略。会议同时指出了我国银行业和保险业公司治理还存在明显不足，特别是中小银行和保险机构的问题表现得更为突出，一些机构的股权关系不透明不规范、股东行为不合规不审慎、董事会履职有效性不足、高管层职责定位存在偏差、监事会监督不到位、战略规划和绩效考核不科学、党的领导和党的建设迫切需要进一步加强。会议指出，要加快探索具有中国特色的现代金融企业制度，不断提高公司治理有效性，真正实现从高速增长向高质量发展转变，切实推动银行业和保险业公司治理水平不断提升。

4. 接管安邦

银保监会成立后做的第一件大事就是着手对安邦保险集团的监管接手工作。

2017年6月以来，原保监会根据监管工作安排，派出工作组进驻安邦集团开展现场检查，检查发现安邦集团存在违反相关法律法规问题。2018年2月，原保监会发布公告，依照法律规定成立接管工作组，全面接管安邦集团经营管理，全权行使安邦集团“三会一层”职责，接管期限一年，接管过程中，接管工作组将积极引入优质社会资本，完成股权重整，保持安邦保险集团民营性质不变。为确保安邦保险集团偿付能力充足，维护公司稳定经营，切实保护投保人利益，在中国银保监会撤销安邦保险集团相关股权许可的同时，安邦保险集团同步引入保险保障基金注资，注资后，安邦保险集团注册资本维持619亿元不变。6月，安邦保险集团股权结构调整，持有安邦保险集团合计98.23%股权的民营资本股东全部退出，中国保险保障基金有限责任公司接手上述全部股权，成为安邦保险集团新股东，银保监会发布了关于安邦修改公司章程的批复，公司章程修改后，安邦的股权结构发生重大变化，股东由39家变为3家，分别为上汽集团持有7.58亿股，占总股本的1.22%；中石化集团持有3.38亿股，占总股本的0.55%；保险保障基金持有608.04亿股，占总股本的98.23%。

银保监会网站2019年2月22日消息：为巩固接管取得的成果，积极推进安邦集团转入正常经营，银保监会决定，将安邦集团接管期限延长一年，自2019年2月23日起至2020年2月22日止。延长接管期间，接管组组成、接管组职权和接管实施办法不变。

5. 处罚违规

2018年，保险监管主线可以用一个“严”字来概括，这一年被普遍认为是保险业“史上最严监管年”。保险监管处罚的两大手段是下发监管函和行政处罚书，视违反法律法规行为轻重程度而定。行政处罚包括警告、罚款、没收违法所得、限制业务范围、责令停止接受新业务、责令停业整顿、吊销业务许可证、撤销任职资格或从业资格，或者吊销资格证书、禁止进入保险业等。

（1）发监管函。

对于保险机构违反了法律法规，不足处以行政处罚的，或没有违反法律法规但其行为明显不当或者侵害消费者权益或者造成风险的，监管部门会对其采取下发监管函或监管谈话的处罚，虽然这对于保险公司属于最轻的处罚，但还是会登录在案，不可不重视。2月13日，原保监会发布19封监管函，涉及产品保险责任不清晰或存在歧义、条款规定与保险法相违背、产品属性分类不当等问题，19 家险企被责令自查、整改，其中 13 家因在电销、网销渠道存在违规行为收到监管函，10 家被要求停止使用问题产品，且三个月内禁止备案新的保险条款与费率。以前发监管函的主要是各保监局，而且往往不公开，所以难以被媒体关注到，而现在通过银保监会官网发监管函，无疑提高了监管函的效力，可以促使从总公司层面把问题解决掉。同时，在某种程度上，也表明了监管部门的一种态度。2018 年，银保监会（包括原保监会）下发监管函至 73 号，从处罚原因来看，涵盖产品、销售渠道以及资金运用等多个环节。

（2）处以罚金。

2018 年，共有 78 家保险公司受到处罚，其中财产险公司 41 家、人身险公司 37 家。全国保险监管系统累计在官网上公布了 1453 张行政处罚决定书，其中，原保监会公布了 23 张，银保监会开具了 4 张，地方监管部门公布了 1426 张。共计罚款 24255.5 万元，比 2017 年的 15000 万元增加了 9255.5 万元。其中，银保监会（含原保监会）共计罚款 1662 万元，地方监管部门共计罚款 22593.5 万元。保险监管部门开出的罚单数量、罚款的金额，涉及保险公司数量、中介公司数量以及保险公司员工的人数，都达到历史最高值。（注：以上数字均包含产险、寿险、保险中介及银行等销售渠道。）

原保监会的罚金。2018 年，原保监会共开出行政处罚书 23 张，罚金 1272 万元，2 张处罚寿险公司，21 张均为处罚财险公司。涉及 12 家财险公司，有 1 个公司领走 5 张，有 5 个公司各领走 2 张，有 6 家公司各领走 1 张，处罚金额共计 800 万元；受处罚个人 50 人，处罚金额共计 472 万元。

银保监会的罚金。2018 年，银保监会共开具了 4 张罚单，罚金 150 万元，第一张在 9 月 29 日开出，是给予某人寿保险公司处罚，其余 3 张都是开给财险公司。3 家财险公司共受处罚金 120 万元。受处罚个人 6 人，受处罚金 30 万元。

地方保监局的罚金。2018 年，地方保监局共开具罚单 1426 张，罚款金额 22593.5 万元。从罚单数量上来看，江苏、广东和福建位列前三名，分别为 126 张、109 张和 100 张。从处罚金额上来看，江苏、广东和河南位列前三名，分别为 1547.9 万元、1288 万元和 1247.6 万元。（注：地方保监局罚单包括财险公司、寿险公司、中介机构及银行等销售渠道。）

财险公司受处罚金。2018 年，共有 41 家财险公司受罚，共收到 481 张罚单

（行政处罚书），合计被罚 9852.8 万元。受处罚金额超过 1000 万元的公司有 3 家，分别被罚款 2764.8 万元、1520.5 万元和 1199 万元。财险公司被处罚的主要原因是虚列费用，编造或者提供虚假的报告、报表、文件、资料，给予或者承诺给予保险合同约定以外的利益，利用开展保险业务为其他机构或者个人牟取不正当利益，未按规定使用经批准或者备案的条款费率，利用中介机构套取费用，未经批准变更分支机构营业场所或撤销分支机构，未按照规定报送、保管、提供有关信息、资料等。尤其是商业车险，多数险企在销售环节加大投入，增加手续费与佣金以获取渠道支持，进而抢占市场，在一定程度上造成恶性竞争，由此受到处罚。非车业务方面，伴随着农险业务的快速发展，违规问题也逐渐暴露，虚假承保、虚假理赔、档案不完整、不真实问题大量存在。

保险中介受处罚金。2018 年，共有 302 家保险专业中介机构受到处罚，共收到 467 张罚单，较 2017 年的 152 张同比增约 2 倍，合计罚款金额 3538.5 万元。受处罚金额最高的前三家分别被处罚 135.5 万元、110 万元和 81 万元。保险中介机构被处罚的原因主要集中在利用业务之便牟取非法利益，欺骗投保人、被保险人或者受益人，未经许可从事对应的保险中介业务，未按照规定投保职业责任保险，临时负责人实际任期超过规定期限，聘任不具任职资格或未经核准任职资格的高管或其他工作人员，未经批准变更分支机构营业场所或撤销分支机构，未按照规定报送、保管、提供有关信息、资料，超出批准或核准的业务范围、经营区域从事业务活动等。

银行代理受处罚金。2018 年，有 14 家银行代理受到保险监管处罚，涉及罚款 613 万元。受处罚金额最高的前三家分别被处罚 89 万元、81 万元和 57 万元。银行因代理被处罚，主要是欺骗投保人、客户信息不真实、隐瞒与保险合同有关重要情况、错误介绍保险期限、未取得经营保险代理业务许可证从事保险代理业务等原因。

（3）暂时停赛。

暂时停赛即暂时停止业务，暂停业务是行政处罚的重要方式之一，2018 年，共有 11 家财险公司分支机构因各种违规行为被暂停新业务 3 个月到一年不等，其中，8 家财险公司因为车险违规，被责令停止接受商业车险新业务 3 个月，3 家财险公司因为农险业务违规，被责令停止接受农险新业务一年。同时，7 家专业中介机构（包括专业代理公司、保险经纪公司、保险销售公司）的总公司及其分支机构，因各种违规行为被暂停新业务 3 个月到一年不等。

（4）红牌罚下。

2018 年，全国保险监管系统撤销任职资格 42 人（其中，取消总公司高管任职资格 2 人、省级分公司高管任职资格 9 人），行业禁入 1 人。有 2 家保险专业中介机构和 2 家兼业保险代理机构被吊销业务许可证。其中，某保险代理公司因制作并提交虚假股权变更资料、未缴存保证金或投保职业责任保险等违法行为被吊销经营保险代理业务许可证，该保险代理公司原法定代表人被禁止进入保险业。

6. 三改商车

三改商车是指保险监管部门对商业车险进行第三次费改。2018 年商业车险改革持续深入，第三次费改落地，同时，启动商业车险自主定价试点，实施“报行合一”，重新实行车险行业自律，每一项改革对财险市场的影响都是巨大的。

（1）车险保费咋算。

商业车险保费到底是怎样来的，这需要看商业车险保费计算公式：商业车险保费 =（基准纯风险保费 /（1—附加费用率））× 无赔款优待系数 × 交通违法系数 × 自主核保系数 × 自主渠道系数。基准纯风险保费根据损失概率确定，与车型及车辆年份有关，由中国保险行业协会统一制定，保险公司不能改动；附加费用率由保险公司报备，但由于市场竞争激烈，保险公司多设置在 35% 的行业下限附近，差异不明显；费率调整系数是保费差异的主要来源，其中，无赔款优待系数（即 NCD 系数）与出险次数相关，根据投保车辆出险情况确定，不出险则折扣大，出险次数多则折扣小，各地区均使用全行业统一的 NCD 方案；交通违法系数体现交通违章对车险费率的影响大小，比如闯红灯、乱停车、酒驾等，目前，仅北京、上海、深圳、江苏四地实行，其他各地没有实行；自主核保系数和自主渠道系数由公司根据赔付成本和渠道成本测算确定，是反映保险公司个体差异的两个系数，自主核保系数可考虑年龄、性别、行驶区域等因素，自主渠道系数是对不同销售渠道采用不同的定价策略的系数。交通违法系数、自主核保系数和自主渠道系数都是区间值，由银保监会给定，承保时，保险公司根据实际情况在区间内确定。

（2）三次费改原标题：2018 第三次商车费改，部分地区放开至双 65。

2018 年之前，商业车险进行了二次费改。2015 年 6 月，原保监会在黑龙江等 6 个地区启动商车改革首批试点，2016 年 6 月，在全国范围内实施，业内称为“第一次商车费改”。第一次费改后，自主核保系数、自主渠道系数浮动区间分别为 0.85—1.15（深圳地区为 0.75—1.25），行业内按下限称为“双 85”，其他系数维持不变。2017 年 6 月 8 日，原保监会继续下调商业车险费率浮动系数下限，自主渠道系数下限调到 0.70—0.75，自主核保系数下调到 0.70—0.85，行业内按下限称为“双 70”，此次调整被称为“第二次费改”。2018 年 3 月 8 日，商业车险迎来了第三次费改，原保监会印发了《关于调整部分地区商业车险自主定价范围的通知》，在四川、山西、福建、山东、河南、厦门和新疆七地，自主系数下限调到 0.65—0.75，行业内按下限称为“双 65”，同时，进一步降低最低折扣标准，厦门全国最低，最低可执行 1.96 折，四川最低可执行 2.535 折，山西、福建、山东、河南、新疆最低可执行 2.94 折。商车费改保费进一步下降，车险利润进一步降低，自主核保系数、自主渠道系数区间在 0.65—1.15 之间。

第三次商车费改的核心内容是通过降低车险费率“核保系数”和“渠道系数”下限，让利消费者，将定价权更多地交给保险公司，逐步放开车险产品的定价空间，最终实现费率市场化，推动行业良性发展。下面所列为第三次商车费改后自主系数及折扣下限表：

地区	第三次费改自主系数		系数折扣下限
	自主核保系数	自主渠道系数	
厦门	0.70—1.15	0.70—1.15	0.196
四川	0.65—1.15	0.65—1.15	0.2535
山西、福建 山东、河南	0.70—1.15	0.70—1.15	0.294
新疆	0.75—1.15	0.75—1.15	0.294

折扣系数 = 无赔款优待系数 × 自主核保系数 × 自主渠道系数 × 交通违法系数，当折扣系数计算结果大于表中对应的折扣系数下限，则以计算结果为准；

当计算结果小于表中对应的折扣系数下限，则以折扣系数下限为准。为了说明得更清楚，下面把无赔款优待系数（NCD 系数，也叫理赔记录浮动系数）列表如下，以供参考。

<table>
<tr><th>理赔记录</th><th>北京、厦门</th><th>其他地区</th><th>理赔记录</th><th>北京、厦门</th><th>其他地区</th></tr>
<tr><td>5 年无赔款</td><td>0.4</td><td>——</td><td>上年 4 次</td><td>1.75</td><td>1.75</td></tr>
<tr><td>4 年无赔款</td><td>0.5</td><td>——</td><td>上年 5 次</td><td>2.0</td><td>2.0</td></tr>
<tr><td>3 年无赔款</td><td>0.6</td><td>0.6</td><td>上年 6 次</td><td>2.15</td><td>——</td></tr>
<tr><td>2 年无赔款</td><td>0.7</td><td>0.7</td><td>上年 7 次</td><td>2.3</td><td>——</td></tr>
<tr><td>1 年无赔款</td><td>0.85</td><td>0.85</td><td>上年 8 次</td><td>2.45</td><td>——</td></tr>
<tr><td>新车</td><td>1.0</td><td>1.0</td><td>上年 9 次</td><td>2.6</td><td>——</td></tr>
<tr><td>上年 1 次</td><td>1.0</td><td>1.0</td><td>上年 10 次</td><td>2.75</td><td>——</td></tr>
<tr><td>上年 2 次</td><td>1.25</td><td>1.25</td><td rowspan="2">上年 10 次以上</td><td rowspan="2">3.0</td><td rowspan="2">——</td></tr>
<tr><td>上年 3 次</td><td>1.5</td><td>1.5</td></tr>
</table>

根据上表可以看出，理赔次数少的车主 NCD 系数小，若连续 3 年甚至 5 年都没有理赔，将会享受到系数折扣下限的优惠。反之，车险费率就会大幅度地提高，甚至达到 2—3 倍。这也可以督促驾驶员规范驾驶行为，培养良好驾驶习惯，避免或减少交通事故。

（3）自主定价。

商业车险条款费率管理制度改革，最终目标是让保险公司拥有自主定价权，更好地发挥市场在资源配置中的决定性作用。2018 年，中国银保监会在广西、陕西、青海三个区域开展商业车险自主定价改革试点，试点期为一年。

自主定价的核心内容是放开车险费率“核保系数”和“渠道系数”的限制，实现费率市场化。5 月 18 日—19 日，陕西省辖内 26 家经营车险的财产险公司顺利完成了商业车险自主定价功能上线，9 月 1 日，青海第一单自主定价的商业车险成功出单，9 月 15 日起桂林保险行业开展试点。自主定价改革试点是我国 2015 年以来持续推进的商业车险费率改革的关键一步，三地财险公司根据客户风险程度自行确定自主系数调整范围，不再对价格设置上下限。

自主定价将给广大车主带来三个方面的影响：其一，选择权更广。各公司会根据不同消费者的风险水平、自身的风险识别和精准的定价能力进行定价，因此，一辆车在不同公司的保费可能会不一样，消费者可以综合考虑公司的服务能力、品牌效应、价格标准以及自身保障和服务需求做出选择。其二，风险和价格更匹配。驾驶习惯好、出险频率低的客户，可在原来的基础上享受更低的保费折扣，风险越低，价格越低，出险频率高、违章次数多的车辆，保费上升幅度也有可能较大。其三，消费者受保障水平更高。在同等保费条件下，消费者或可享受更高的保障额度和更多的保险服务，进一步提升消费者抵御风险的能力和消费的体验。商业车险改革成果更多地惠及人民群众，三地先行先试放开公司自主定价权，将为全国商业车险深入改革提供经验。

（4）报行合一。

所谓“报行合一”，就是保险公司按照规则制定费率、确定和报送手续费取值范围和使用规则，并按照使用规则支付手续费，并保证实际使用和上报的规则、标准手续费保持一致。7 月 20 日，银保监会发布了《关于商业车险费率监管有关要求的通知》，除试点的广西、陕西、青海以外的所有地区，各财险公司制订费率方案应严格遵循合理、公平、充足的原则，不得以任何形式开展不正当竞争，财险公司报送各地区商业车险费率方案时，应报送新车业务费率折扣系数的平均使用情况，以及手续费的取值范围和使用规则。其中，手续费是指为向保险中介机构和个人代理人（营销员）支付的所有费用，包括手续费、服务费、推广费、薪酬、绩效、奖金、佣金等。新车业务手续费的取值范围和使用规则应单独列示，原有商业车险产品最迟可销售至 2018 年 9 月 30 日。

鉴于此前一些险企通过较高的“佣金返点”补贴销售人员及客户，“报行合一”后，各公司必须执行报备的手续费标准，遏制险企恶性竞争。业内人士表示，“报行合一”将对中小险企产生较大影响，在相似报价的前提下，大公司由于品牌信用好、网点多、服务较好具有市场优势，客户更趋向于购买大型险企的产品，中小险企的处境日趋艰难。那么，通过什么方式，中小企业的困境可得到有效化解，需要各想各的高招。在监管高压态势之下，各公司必须顺应时代，做出理性、合规、可行的选择。面对艰难困苦，必须有所为有所不为，不为超度，只为重生。

（5）重启自律。

车险是财产保险市场的第一大险种，开办历史悠久，多年占据70%以上的财险保费份额。市场上的财险公司绝大多数都经营车险，并视车险为看家险种、规模险种、吃饭险种。由于多家的竞争，发展车险越来越难，于是拼费用、抢渠道，致使手续费支出逐年攀升，个别地区个别时候曾一度高达40%—50%，车险盈利越来越难，好好的险种几成为鸡肋，弃之可惜，食之无味，甚至成为保险公司亏损的主要原因，尤其是中小公司，在大公司的挤压下，更是生存困难。

多年以来，原保监会多次严厉打击恶性竞争，保险行业协会多次自律，市场时好时坏，但都没有取得彻底的根治，但可以肯定地说，自律执行好的年份，车险的经营利润还是很可观的，然而越是有利润，反过来争抢得就越凶。自律时好时坏，再加上市场上反自律的声音一直没有间断，尤其是发生了2013年浙江省的自律受罚事件之后，持续多年的车险自律渐渐销声匿迹，退出了历史的舞台。自2015年至今，商业车险进行了渐进的三次费改，车均保费大幅度降低，监管部门希望通过改革降低保费，挤压费用空间，使保险公司理性经营，改变恶性竞争的局面，并出重拳惩处扰乱市场、恶性竞争者，然而事情并没有朝着预期的方向发展，没有了自律，没了紧箍咒，险企更是无所顾忌，拼命抢夺车险业务，车险中介费用曾有高达50%以上的，市场依旧乌烟瘴气，怎么办？2018年6月底，银保监会要求各财产保险公司“报行合一”，监管祭出了撒手锏，从源头上治理车险乱象。7月后，为了配合“报行合一”，几家大型保险公司又想起了行业自律，呼吁行业实施手续费自律，重新约定新的较低手续费率标准。各保险公司手续费上限分为7档，其中人保财险、平安财险、太保财险等大公司为一档，三大家之外的其他公司手续费上限分为6档。第一档大公司商业车险手续费上限原则上定为旧车20%、新车25%，中小公司旧车手续费上限区间在21%—28%，新车手续费上限区间在26%—30%，并从8月1日起逐步实行。于是，车险自律重新登上舞台，担起了重要的历史使命。

车险自律由保险行业协会组织实施，通过制定公约、建立例会制度和违约经济处罚几种方式来开展，有利于实行互相监督，有利于行业协调内部关系，有利于执行监管政策，使得近年三次费改的成果充分显现，好的车主和保险公司都能享受到改革红利，恢复了市场秩序。然而，自律对与车险有关的各个方面都是一种考验，是否能够有效执行并长久持续，很多人还是有着担心和顾虑。

7. 保护消费

2018 年，中国保险监管部门开展了“保险消费者权益保护活动周”活动，发布了《关于切实加强和改进保险服务的通知》，发布了 6 类侵权典型案例，进一步推进了保险消费者权益保护工作，树立了保险行业良好社会形象。

（1）开展“保险消费者权益保护活动周”活动。

国际消费者联盟组织于 1983 年确定每年的 3 月 15 日为“国际消费者权益日”，至今（以 2018 年为限）已有 35 年，目的在于促进各国和地区消费者组织之间的合作与交往，在国际范围内更好地保护消费者权益。

原保监会决定在 2018 年“3·15”期间开展为期一周的“保险消费者权益保护活动周”教育引导活动，主题为“品质消费 美好生活”，各保险公司响应号召，积极行动，纷纷投入到“3·15”主题宣传周活动中。有的公司将每月的 15 日定为“总经理接待日”，与客户面对面交流，倾听客户声音、收集客户诉求，解决客户疑问；有的公司进到社区、厂矿、机关、学校，设立保险咨询台，悬挂条幅、放置“3·15”专题展板和宣传手册，发放宣传资料，提供现场咨询，普及保险知识，介绍保险产品，宣导《中华人民共和国消费者权益保护法》，提高保险消费者的风险意识，引导保险消费者合法合理、理性有序地维护自身权益，拉近保险公司与消费者的距离；有的公司利用报纸、电台、电视台等各种媒体向广大群众宣传保险知识，加强风险提示，提升消费者权益保护意识。

（2）发布《关于切实加强和改进保险服务的通知》。

2018 年 8 月 10 日，银保监会发布《关于切实加强和改进保险服务的通知》，要求各保险公司抓紧出台推动服务提升的具体措施，做到保险宣传内容要与保险合同条款保持一致，不可错误解读监管政策，用通俗清晰的语言，准确、全面地说明保险产品和服务，突出承保公司、产品类别、保障范围、保险期限、保险金额、保险费用、免除保险人责任条款等信息，不夸大产品功能，不虚假承诺，不诱导误导消费者。

保险公司要加大理赔设施投入，充实理赔力量，简化理赔手续，减少不必要的理赔材料，降低理赔时效，快速处理小额案件，完善应急预案，建立快速理赔通道，为消费者提供便捷理赔服务。

互联网保险业务宣传做到页面用简单、准确的语言描述产品的主要功能和特点，突出说明容易引发歧义或消费者容易忽视的内容，禁止使用误导性的词语，不强制勾选、默认勾选，保证互联网保险消费者享有不低于其他业务渠道的保险服务，建立与消费者的线上线下沟通协商机制，保障消费者隐私权。

建立“信、访、电、网”等多样化的投诉渠道，通过营业场所、官方网站等渠道公示投诉电话、投诉办理流程和办理时限等，在承保时告知消费者，将保险纠纷化解在公司层面，化解在初始阶段，发现服务中的短板和问题及时整改，对投诉处理不到位的，追究相关人员责任。从改进保险服务，提升保险业社会信誉。

（3）发布6类侵害保险消费者权益典型案例。

2018年11月22日，银保监会首次发布6类常见的侵害保险消费者合法权益典型案例，以案情简介、案例分析和监管提示三部分剖析了谨防汽修单位利用保险消费者信息骗取保险金，谨防人身保险电话销售业务误导宣传风险，谨防故意夸大保险产品收益欺骗投保人销售行为，谨防保险公司业务员隐瞒重要信息、代抄风险提示语，保险机构拒绝承保交强险是违规行为，谨防保险代理人虚假宣传“炒停”营销这6类典型案例。以案例加强消费者风险提示，增强风险识别和自我保护能力，提升保险机构消费者权益保护意识。针对损害保险消费者合法权益的典型问题和突出公司，银保监会组织开展“精准打击行动”，严厉查处违法违规行为，维护保险消费者合法权益，促进保险业健康、可持续发展。

下面选取两类与财险公司相关的典型案例，以唤起警觉和重视。

案例一：

【案情简介】保险监管机构接到消费者投诉，反映某汽车修理厂利用投保车辆制造假赔案，并使用其身份证私自开设银行账户，向保险公司骗取保险金。经查，该修理厂在投诉人不知情的情况下，先后两次编造被保险车辆虚假出险信息，向某财险公司报案，并在《机动车辆保险索赔申请书》上伪造被保险人签字，擅自持被保险人身份证件在银行开立账户用于收取保险金，共骗取保险金1万余元。由于相关汽修单位骗取保险金的行为涉嫌犯罪，保险监管机构将该案件移送公安机关。

【案例分析】保险索赔时一般由被保险人向保险机构提交相关证明和资料，保险机构直接向被保险人支付赔款。在实践中，有的保险消费者在车辆发生损坏后，为图方便将被保险人身份证、被保险机动车行驶证、驾驶人的驾驶证、保险单等相关资料交由汽修单位代为索赔。案例中的汽修单位正是利用便利和保险消费者的信任，制造虚假保险事故实施诈骗，侵害了保险消费者权益，对保险市场秩序构成危害。

【监管提示】为防范不法分子利用保险消费者信息骗取保险金，消费者在办理车辆理赔时应注意以下事项：一是保护个人身份信息，保管好身份证、银行卡等重要证件，尽量减少代办理赔。二是确需委托他人代办理赔时，应亲笔签署委托授权书，确认授权范围和有效期，不要轻易将证件原件交与他人；证件复印件应注明使用范围、有效期等。三是车辆理赔结案后，及时查询理赔记录，核对出险次数及赔款金额是否与实际情况一致。四是如理赔记录存在异常，及时联系保险机构进行核实；一旦发现利用保险消费者信息骗取保险金，应协同保险机构向公安机关报案，以维护自身权益。

案例二：

【案情简介】保险监管机构接到消费者投诉，反映某财险分支机构拒绝承保交强险。经查，该保险机构存在以投诉人摩托车为外地牌照且公司暂时没有单证为由，拒绝承保的行为。针对上述问题，监管机构对相关保险机构罚款5万元。

【案例分析】我国实行机动车交通事故责任强制保险制度，保障机动车交通事故受害人及时获得赔偿。《机动车交通事故责任强制保险条例》规定，投保人在投保时应当选择从事交强险业务的保险公司，被选择的保险公司不得拒绝或者拖延承保。在实践中，一些保险机构以各种理由拒绝或拖延承保摩托车、农用机动车交强险。有的机动车所有人或管理人在被拒绝或拖延承保交强险后，未及时反映、解决问题，导致机动车未按规定投保交强险，一方面会受到公安机关交通管理部门的行政处罚，另一方面没有相应的保险保障，发生交通事故后由机动车所有人或管理人承担损害赔偿责任。案例中相关保险机构拒绝承保摩托车交强险的行为，损害了消费者合法权益。

【监管提示】交强险是强制保险，机动车的所有人或管理人应及时投保交强险，保险机构无权拒保。如遇拒绝或拖延承保交强险等行为，可以向保险机构客服反映或向监管机构投诉，避免因未及时投保交强险导致损失，以维护自身合法权益。

三、关联事件

1. 快递小哥

李朋璇是山西省运城市临猗县百世快递公司的快递小哥，2018 年 1 月 31 日，李克强总理主持召开座谈会，听取教育、科技、文化、卫生、体育界人士和基层群众代表对《政府工作报告（征求意见稿）》的意见建议，李朋璇幸运地作为 9 名代表之一，受邀参加座谈会，成为首位进入中南海与总理面对面的快递小哥。

事情是这样的：2017 年 7 月 12 日，李克强总理在国务院常务会议上要求将已审议的《快递条例（草案）》向社会公开征求意见，征求意见发出后，李朋璇以“青春斗”的网名留言，“农村生鲜快递易烂赔偿贵，盼能买保险”。留言后令他没想到的是，工作人员与他取得了联系，并邀请他到中南海与李克强总理面对面交流。他向总理建言：“生鲜快递的破损理赔问题是让我们最头疼的事情，像我的快递网点，每年果品包装破损率大约在 1%，全年是 1000 件，损失很大，我感觉这是生鲜快递普遍存在的问题，希望国家对农村快递有一些‘特殊政策’。”“可否从国家层面推动保险业和快递业合作，为生鲜快递开发个性化定制产品，为农产品进城保驾护航。”李朋璇的建议被报道后，山西保监局、运城保监分局第一时间联系了李朋璇并向他了解情况，2 月 8 日，组织当地保险公司和快递行业代表召开座谈会，了解企业需求，探讨解决方案。经过了解，当时运城市与运输相关的保险有货物运输险和物流责任险，保险责任只涵盖天灾和意外，自然腐烂、挤压破损等情况均属于免除责任，而这些风险恰恰是快递业最害怕发生的。市场上的保险产品尚不能满足生鲜快递业的保险需求，新产品的开发也面临一系列问题，首先是保险产品的开发需要数据支持，符合大数法则要求，需要掌握生鲜快递的发货量、营业额、破损率、赔付率等相关数据，以便厘定保险费率，物流数据多由物流公司掌握，需要物流公司提供数据支持。

其次是生鲜物流货物保险理赔存在难点，一方面，生鲜快递发货量大且较为分散，出险后安排专人查勘定损理赔，存在理赔周期长、赔付慢等问题，既影响客户的服务体验，也增加保险公司的成本；另一方面，生鲜的价格是浮动的，即使快递发出的同样是生鲜，不同的品种、不同的供应商、不同的季节价格都有所不同，而且生鲜快递大多异地定损，破损程度、赔偿标准难以界定。面对问题和困难，山西保监局鼓励保险公司从满足社会保险需求出发，在风险可控的前提下，开发个性化保险产品并开展试点。

在保监局的推动下，各保险公司积极行动起来，最后，国寿财险运城中心支公司认真分析快递小哥的保险需求，将一款物流责任保险产品进行改造，重新厘定保险费率，按不同生鲜的品种制定不同的保险费率，第一年按照保本微利的原则，按照不同品种的生鲜快递的前一年的营业额分别进行承保，使其满足生鲜快递破损的保险需求，3 月 6 日，国寿财险与山西临猗县百世快递签订了第一份物流货物保险合同，为其快递业务中的苹果、樱桃、梨、枣 4 种水果提供物流货物保险并附加提货不着保险，这份保单为生鲜农产品进城提供了全链条保险保障，消除了快递企业和快递小哥的后顾之忧。《中国保险报》于 3 月 8 日在报纸头版刊发《报告总理：快递小哥需要的保险落实了》一文。看着保单，快递小哥激动地说："没想到保险公司效率真高，25 天就落实了这个保险，有机会真应该向总理报告呀！"承保后，针对生鲜快递发货量大、分散且异地理赔的问题，国寿财险采取线上理赔的方式，邮寄时在快递单上写明生鲜快递的品种、数量、发货日等关键信息，遇到生鲜快递破损理赔，根据客户收货时的实物照片，确属保险赔偿范围的可以先行垫付，待收齐相关理赔资料，交保险公司，保险公司再按照实际金额进行赔付。为了降低风险，更好地支持快递业务发展，国寿财险通过对出险案件的分析，对出险数量较为集中的事故原因，开展针对性的防灾防损服务，聘请专家为物流公司指导，并提出整改意见。

2018 年 3 月，国务院公布了《快递暂行条例》，自 2018 年 5 月 1 日起施行。《条例》中有两条与保险有关的内容，其中，第二十七条明确国家鼓励保险公司开发快件损失赔偿责任险种，鼓励经营快递业务的企业投保，这对快递行业的发展具有重要意义。提到《快递暂行条例》和快递保险，人们就不禁会想起快递小哥——李朋璇。

2. 电影《药神》

2018 年 7 月，电影《我不是药神》上映，真实的故事背景引人深思，生病是生活中的奢侈品，有些病不是没法治，而是没钱治。没人愿意死去，可是没有钱，活着就变成了奢望，他们吃不起 4 万元一瓶的天价药，他们的选择只能是等死!《我不是药神》播出后引起跨界热议，尤其是保险业人士乘势宣传，提醒人们配置好保险吧，这才是对生命最大的敬重。

（1）《我不是药神》带动保险热销。

“谁家还没个病人呢？你能保证自己一辈子不生病吗？”这是电影里警察严查假药事件的时候，一位老太太说的。当你生病进医院的时候，你会发现这时的钱就如同纸，医院就如同“吃纸机”，你一张一张挣来的钱，可医院要一沓一沓地吃！检查费、药费、手术费，轻则数万，重则数十万，几天的时间，甚至一个疗程不到，就能轻易地将一个普通人一辈子的积蓄全部“吃掉”！电影《我不是药神》掀起了全民的健康焦虑，大家感受到病痛的残酷，也害怕生病吃不起药。

《我不是药神》火了，一个产业也被直接带火了，大家纷纷开始购买保险，保险销售量因此暴涨，保险行业迎来了难得的爆发。某保险公司高管透露，几天时间就卖出了好几千万元的健康险，这可是过去几个月的保单量。一些平时不怎么接触保险的人，都到处咨询大病类保险，特别是女性，很多人都是给家人买，健康险的保单量在暴增。保险是对家人爱与责任的体现，在风险来临之前拥有它，危难之时它能够拉你一把，为你雪中送炭；生病之时，也不至于因为医治而倾家荡产。

（2）保险公司带客户看《我不是药神》。

电影还在上映，保险公司一片忙碌，纷纷策划营销活动，免费给客户送电影票，组织客户看《我不是药神》，结束之后，再组织一个“说明会”，鼓励大家买健康险。一些保险机构打出了“凭电影票根购重疾险，送体检一次”的促销活动，通过线上线下的活动，唤醒人们的保险意识，达到销售保单的效果。热点在前，线上发文线下组织活动，这种营销方式被称为焦虑营销。求生是人的本能，焦虑营销就抓住了一些天灾人祸上人们无能为力的心情，随着热点事件进行宣传推销，这样的方式简单有效。在保险的销售历史上，有过很多经典的焦虑营销事件，确实唤醒了一部分人的保险意识，获得风险观念的启蒙，同时，保险机构也借此将风险意识变成业务收入。《我不是药神》的热潮很快就会过去，保险公司们又会苦苦地寻找下一个热点，对于弱需求的保险行业来说，更需要做的，是让人们真正地了解保险，唤起人们的保险意识，而非恐惧感。一个行业要真正进化，不可能仅靠热点营销，对于保险行业来说，焦虑营销只是一个工具，绝对不是救命稻草，除了营销和用户教育，还要研发出真正能解决用户痛点的保险产品，让其保险更有用、更普惠、更人性化。

（3）保险或许是最后的“药神”。

世上有一种病，叫穷病，一场大病能把一个人或一个家庭击垮，重病再加贫穷可能就只有深深的绝望。在疾病面前活下来，是病人唯一的希望，可往往因为穷，连续命的机会都没有。就像电影里的白血病人，4 万元一瓶的格列宁，根本吃不起，那能怎么办？想活没有错，穷没有错，可是最终还是会因为没钱医治而无奈死去。其实这世上根本就没有所谓的“药神”，唯一可以依靠的还是自己，给自己配齐保险，做好保障，把风险转移给保险公司。慢性粒细胞白血病是恶性肿瘤，也是重大疾病保险保障的范围，电影里的朋友如果买了足额重疾险，治病、生活的压力就不至于这么大。人这一辈子，谁也不能保证自己不生病，提前安排好保障，这是对自己和家人负责。世间本没有“药神”，保险或许才是最后的“药神”。

3. 人保登 A

中国人保是中华人民共和国第一家保险企业，1949 年 10 月成立，在近 70 年的改革发展历程中，与共和国相生相伴、同生共长，积累了丰厚的市场经验和良好的品牌声誉，已成为一家机构遍布全国、延伸海外，业务布局均衡、资质全面的综合性保险金融集团。

（1）鸣锣开市。

2018 年 11 月 16 日 9：30，中国人民保险集团股份有限公司正式登陆 A 股市场。上海市长莅临仪式并致辞，与中国人保董事长一起鸣锣开市。人保董事长在致辞中表示：中国人保与共和国同龄，成立以来始终秉承人民保险服务人民的宗旨，积极发挥保险的功能作用，服务经济社会发展大局，始终立足于保险本原，立足于做优主业、做精专业，从一家单一的财产保险公司发展到今天全球 500 强的综合金融保险集团。今天中国人民保险集团在 A 股上市，从此迈入发展的新时代，踏入发展的新征程，我们将乘A股上市的东风，加快推动中国人保向高质量发展转型，以更优的服务、更高的利润、更强的实力回馈客户、回报股东、服务大局，让客户满意，让投资者开心，让中央放心。上市仪式上，中国人保总裁代表中国人保与上交所签订《上市协议书》，并向上交所赠送了一份以苏州传统刺绣工艺复刻的共和国现存最早的由中国人保签发的保险单（签发于1949年11月15日），该保单是运送货物至上海的轮船运输保单，寓意中国人保作为共和国保险业“长子”，历经69年传承发展，始终与共和国同生共长，新时代再次扬帆起航。

早在2008年，人保集团就提出整体上市计划，更多考虑的是A股上市，遗憾的是A股申请最终没有获批，直到2012年方获国务院批准的A+H股上市方案，2017年5月16日通过A股发行决议案，到2018年11月16日在上交所挂牌交易，中国人保成功登陆A股，距离2008年提出整体上市计划刚好10年。中国人保登陆A股，成为国内第五家A+H股两地上市的金融保险企业。

（2）回报投资者。

中国人保成功上市，是公司的重要里程碑。中国人保承诺，除特殊情况外，公司每年以现金方式累计分配的利润（包括年度利润分配和中期利润分配）不少于当年实现的可分配利润的10%，具体将视情况拟定利润分配方案。在11月5日的路演中明确表示，目前，人保集团H股股价低于其每股净资产，作为领先的全国性综合金融保险集团，本次A股上市后有利于为投资者提供良好的回报，本次新股发行，中国人保充分尊重市场，两度缩减发行规模，从最初计划的45.99亿股，最终定格在18亿股，并根据市场和投资者网下询价结果进行合理定价，最终发行价格仅为3.34元，市盈率为8.87倍，低于市盈率市场均值的16.04倍。采用“战略配售+网下发行+网上发行”的发行方式，启动回拨机制，提高网上发行数量，最终中签率为0.4389%，中国人保A股IPO受到广大投资者的追捧，成为2018年中签率最高的新股。中国人保将凭借登A的契机再次发力，不断为股东创造更大价值。

（3）为估值而战。

2003年人保财险以全球最大IPO身份登陆港股，2012年人保集团在港整体上市“缔造香港当年最大一宗IPO”，当时人保集团对于补充资本金有强烈的需求，公开资料显示，截至2012年6月30日，人保集团、人保财险、人保寿险、人保健康的偿付能力充足率分别为156%、184%、136%和101%，资本金捉襟见肘，当年274亿港元的募资金额大大缓解了人保集团资本补充的压力。6年后，偿付能力已经不再是主要诉求，人保集团2018年中报显示，人保集团、人保财险、人保寿险、人保健康的核心偿付能力分别为244%、232%、206%和238%。虽然在H股成功上市充实了逼近红线的偿付能力，但其在H股市场的估值却始终低于子公司人保财险。本次A股上市后有利于其更好地把握市场机遇，增强可持续发展能力，有利于其估值回升，回归A股更多的是在为估值而战。

（4）做强、做优、做大。

人保集团旗下拥有人保财险、人保健康、人保寿险、人保再保、人保养老、人保（香港）、人保资产管理、人保投资控股、人保资本、人保金服、中盛国际保险经纪、中诚信托等10多家专业子公司，依托上市，将进一步提高集团影响力和竞争力，推动3家保险公司转型，实施创新驱动发展、数字化、一体化和国际化四大战略，推进集团向高质量发展转型，提升服务质量。在这次回归A股过程中，人保集团讲起了“科技故事”。2018年4月27日，人保集团发布了“智·惠人保”数字化战略，利用数字化技术，赋能运营转型与商业模式创新，时隔两月，又再次召开声势浩大的创新驱动发展战略发布会，要再造一个“新人保”，并为此设立了千万元级的创新奖励基金、亿元级的创意孵化支持基金和百亿元级的创新产业投资基金，人保金服的“邦邦汽服”和“爱保科技”相继落地，一系列构建“集团科技金融基础设施”的项目正在路上。2018年业绩显示，中国人保实现保费收入4986.1亿元，净利润195亿元，净资产2054.3亿元，并荣登世界500强第117位，具有强大的综合实力。

目前，人保集团经营范围涵盖财产险、责任险、人身险、再保险、养老保险等全保险产业链，在银行、信托、保险等领域进行了战略布局，并提供资产管理、养老金管理等综合金融服务，未来这些资源将产生1+1>2的效果。按照人保集团创新驱动发展的战略规划，到2022年要跻身国内创新型金融保险集团前列，到2025年要跻身国际创新型金融保险集团前列，回归A股能否成为实现这些目标的机遇和动力，也许答案将很快揭晓。未来，中国人保将加快推进向高质量发展转型的“3411”工程，凭借强大的品牌影响力、深厚的历史积淀以及各业务板块间的协同效应，努力做强、做优、做大。

4.“相互保”殇

“出师未捷身先死，长使英雄泪满襟”是对英雄悲剧命运的感慨。相互保虽然不是英雄，但未捷先死确实令人遗憾、惋惜！

（1）何谓“相互保”。

“相互保”是蚂蚁保险与信美人寿相互保险社联手面向蚂蚁会员推出的重症疾病的互助保险，2018年10月16日，“相互保”面世，芝麻分650分及以上的蚂蚁会员（60岁以下）无需交费，就能加入其中，享受到具有互联网特色的“人人为我、我为人人”的互助体验，获得包括恶性肿瘤在内的100种大病保障，在他人患病产生赔付时，其他会员参与费用分摊，单一案例最高分摊金额0.1元，自身患病则可一次性领取保障金，实现低门槛、高透明、互助共济。

谁都担心患上大病，但并不是所有人都会买商业保险，不了解、不信任、嫌价高，是获取健康保障的阻碍，如今“相互保”成了新的解决方案。产品上线9天参与人数便超过1000万，到11月27日（“相互保”升级为“相互宝”）之前，一共有超过2000万人投保，这是一个巨大的数据，“相互保”一度被称为“保险业的余额宝”，实实在在地成了互联网保险的爆品。年轻群体接受度颇高，普遍认为这款产品的每一笔费用不仅保障了自己，更是在帮助他人。数据显示，在我国癌症治疗平均费用为50万—60万元，全国因病返贫人数占贫困人口的42%以上，而2017年我国健康险的市场渗透率仅为9.1%。在健康保障领域，社保主要覆盖基础保障，而商业保险价格又相对较高，不少需要保障的工薪族、普罗大众对保险缺乏了解，“相互保”或许可以使更多大众提高对保险的认知。“相互保”设立公示制度，接受全体成员监督，在透明、公开的环境下处理分摊，消费者获得了更为平等的话语权。在很多人士看来，“相互保”是对基础保障的有益补充。

（2）“相互保”初心。

蚂蚁金服保险事业群总裁尹铭表示，利用互联网思维、技术搭建一个普惠、透明、便捷的平台，让保险回归本原，让用户以最低的成本享受到更好的保障，是推出“相互保”的初衷。信美相互董事长杨帆表示，“相互保”分摊的时候不仅是在支付一笔费用，更是实实在在地帮助一些人，让用户相互守望、彼此帮助，是“相互保”的初心，更是相互保险的使命。“相互保”根据实际发生赔付进行费用分摊，每月两次公示、两次分摊，确诊赔案均会在适度隐藏敏感信息的前提下，给予公示并接受异议申诉，公示无异议的所有赔案产生的保障金，加上规定的10%管理费，会在分摊日由所有用户均摊，钱花在哪里，每个参与者需要分摊多少钱，完全公开透明。患病可以拿到多少钱，要看初次确诊重疾时的年龄：不满40岁，赔付金额为30万元，超过40岁，则为10万元。确诊患者只需手机拍照上传相关凭证，公示无异议后就能一次性拿到保障金。假设某一期公示时，相互保中成员人数为500万，公示100个出险案例，最高赔付金额为3000万元，加上规定的10%管理费即300万元，那么在分摊日，就是500万人平摊3300万元，每人当期扣除保费为6.6元。如果不愿意继续分摊，用户在完成公示分摊后，可选择随时退出。"相互保"的分摊额度与"相互保"成员的实际重疾发生率高度相关，而实际重疾发生率受人群的年龄分布、性别分布、地域分布等多种因素影响，基于我国的重大疾病发生情况，预估第一年参与的成员每人分摊的实际金额仅需一两百元。

（3）一度热议。

"相互保"的走红反映出当前国内的健康保险市场仍存在巨大缺口，同时也反映出用户对相互保险的认可和需求，上市以来引起了广泛关注。很多人认为，"相互保"产品顺应了保险市场供给侧结构性改革的要求，是供给侧改革的一个新样本。由于"保费低、门槛低、规则简明"的特点，推出仅3天，参加人数就达到了其最小团体目标330万人，伴随着参与人数的增长，也引发了各界热议。

中央财经大学保险学院院长李晓林认为，相互保险没有股东，与消费者利益高度一致，建立好运营机制、整合好服务资源、服务好消费者是相互组织经营的核心目标，结合互联网技术、高效运营，可以让更多人避免因病致贫、因病返贫，推动健康中国顺利实现。中央财经大学保险学院学术委员会主任郝演苏认为，相互保险在我国并不是新鲜事物，但相对比较小众，传统保险采取股份制，而相互保险采取会员制，每个人都是会员，当其中的成员发生问题时可以共担风险。南开大学卫生经济与医疗保障研究中心主任朱铭来认为，"相互保"降低了大病保障的门槛，填补了中低收入人群的医疗保障缺口，其产品大胆创新，根据实际发生的需要赔付情况进行费用分担，无需先行支付保费，体现了"互助共济"的保险理念，通过"相互保"的推广，可以提高人民群众的健康意识和保险意识，在一定程度上推动商业健康保险的发展。中国社会科学院金融研究所研究员郭金龙认为，“相互保”的产品创新也正是保险市场供给侧结构性改革的客观要求，中国保险市场的组织形式以及产品供给一直比较单一，不能满足多层次保险保障需求，发挥多种保险形式，将保险与技术相结合是满足消费者多层次保险需求的有效途径。前微软战略合作总监刘润认为，相互保险的本质是把发生概率特别小，但是一旦发生影响特别大的事情，找一群人平摊掉。美国微软公司认证系统工程师、中再产险首席精算师李晓翾认为，“相互保”目前的加入人数已经满足了“大数法则”这一运营基础，因此“相互保”不存在单期赔付金额过高的问题。资深媒体人刘雪松认为，“相互保”成为现象级保险模式，正是因为它切中了时代发展的脉搏，切中了百姓日益高涨的保障需求，使得用户在医疗保障的长时间痛点中得到了舒缓、看到了创新可能带来的实实在在的获得感。青年财经学者郑言表示，“相互保”是数字经济赋能传统行业、创造新服务的一个新案例。不过也有专家提醒，“相互保”作为一个创新型、普惠型的保障计划，需要社会各界抱持一种“我为人人、人人为我”的愿景和宽容心态，它也无法完全满足所有人群的保险需求，更不能替代其他商业保险产品，对保障需求更高的人们，应该考虑同时购买其他商业保险。

“相互保”与其说击中的是传统保险的痛点，不如说击中的是人民群众对于美好生活的需求尚未满足的一个痛点与难点，因此，包容它、鼓励它，让它成为探索这方面改革发展的试验田，甚至允许它在不断完善的过程中有探索的小小失误，这都是应有之义，也是改革开放一路走来的经验总结。关于“相互保”的热议，仁者见仁智者见智。

（4）变身“相互宝”。

2018 年 11 月 27 日，信美相互突然发布公开信，称因在销售过程中涉嫌存在违规问题，根据监管部门的要求，将从即日起停止以“相互保大病互助计划”为名销售“信美人寿相互保险社相互保团体重症疾病保险”。同时，产品合作方蚂蚁金服发布公告称，因信美相互的退出，将把“相互保”由保险产品调整为网络互助计划“相互宝”。风光无限的“相互保”，在上线 42 天后，经过轰轰烈烈的推广、激烈争议、辩论，最后变身为基于互联网的互助计划“相互宝”。

此前，相互保信美方面总负责人曾表示，“相互保”这种模式此前也出现在一些互联网互助产品中，但两者却有着本质不同，支撑“相互保”的是经过向银保监会备案通过的保险产品，信美相互拥有国内首家相互制寿险牌照，接受银保监会的指导和监管，能够长期稳健运营。而突然间，“相互保”和保险没了一点关系，由保险产品蜕变为网络互助，“相互保”变身为“相互宝”，一字之差，相差甚远，“相互保”的主体是信美人寿相互保险公司，一切赔付是以保险公司的合同条款为依据，投保的是信美相互人寿的一款重大疾病保险，而“相互宝”的主体是蚂蚁金服的互助平台，分摊标准由互助平台自己设定，用户是参与了一个由蚂蚁金服发起设立的网络互助。

（5）缘何而殇。

信美相互公开信称，“相互保”变身“相互宝”，是因在销售过程中涉嫌存在违规问题，根据监管部门的要求做出的决定，而外界普遍认为，“相互保”殇远不是因在销售过程中涉嫌存在违规问题被叫停那么简单。一个多月时间，吸引了超过 2000 万人投保，“相互保”引发了业内巨大震动，跨界打劫，弯道超车，挑战传统公司等议论沸沸扬扬，惊动了监管者。据猜测，监管者一定是广泛了解、约谈、听取意见，于是从大局考虑，审时度势，确实觉得“相互保”存在先天问题，为了维护保险市场秩序，暂时叫停了“相互保”。短命的“相互保”更像是一次互联网保险冲击传统保险的实验。这次实验的夭折，或许是监管机构的一次平衡，也或许是一次对传统公司的救赎，但无论如何，违规受到处罚理所当然，如若确属创新总会脱颖而出。

不管是被迫下架还是确有销售违规，总之，“相互保”作为互联网创新的保险产品已经成为历史。历史是有局限性的，历史正如同镜子，人们看到的都不尽相同。

5. 中介升温

各类资本竞相进军保险中介领域，纷纷争夺保险中介牌照，保险中介市场迎来了前所未有的热闹景象，有申请者，有收购者，引发了一轮保险中介设立与并购热潮，互联网巨头、科技新贵、实业巨头、保险公司纷纷涌入，保险中介牌照交易价格也是一涨再涨。

（1）升温标志之一：互联网巨头进入。

2017 年，阿里系的杭州保进保险代理有限公司获批成立，此后，由腾讯控股的微民保险代理获批成立，百度金融收购了黑龙江联保龙江保险经纪，BAT 等巨头在 2017 年纷纷将保险中介牌照收入囊中的做法，不断在将保险中介推向风口。

2018年1月10日，互联网电商车车科技收购保险中介集团泛华旗下的车险业务板块，车车科技获得全国性的保险经营牌照、100多个城市的服务网点和基础设施。车车科技创立仅3年，泛华有19年历史，在纳斯达克上市10年，此次并购成为“蛇吞象”的商业案例。通过此次收购，车车科技依靠泛华的线下车险业务资源，打开布局线下的入口。2月24日，重庆金诚互诺保险经纪有限公司获得批复，该保险经纪有限公司是美团点评集团全资子公司，美团拥有大量生活服务类信息，利用保险中介牌照，可以开发相应的与场景相结合的保险产品。9月3日，汽车科技公司小鹏汽车成立了汽车保险代理公司，进军车险代理市场，依靠线上流量打造保险平台。互联网巨头在其主业上拥有广阔的入口、庞大的流量、丰富的场景和充分的黏性，能否将这些高质量的原始数据转化为客户现实的保险需求，是一个可以无限放大、充满想象的空间，也不断编织着一个个写入商业计划书和融资需求的美丽故事。

（2）升温标志之二：电信巨头进入。

2018年3月18日，中国电信旗下甜橙金融通过重组收购中和恒泰保险代理，获得全国保险代理牌照，正式进军保险业，弥补了缺乏保险牌照的短板。甜橙金融（天翼电子商务有限公司）成立于2011年3月，是中国电信股份有限公司的全资子公司。中和恒泰保险代理成立于2012年7月19日，2017年12月29日变更为甜橙保险代理，成为甜橙金融旗下控股子公司。

甜橙保险代理是首家由电信运营商全资控股的保险中介平台，电信巨头绑定巨大流量和用户数据入口，在进军保险业务方面有着天然的优势。甜橙保险代理希望通过与不同保险公司的合作，精准发现、接近和触达用户，通过场景化、高频化和碎片化的方式优化用户感知、改善服务体验，降低保险成本，打造具有运营商特点的互联网保险科技平台。面向个人用户，主推银行卡资金安全保、翼支付账户安全保、碎屏险、通信诈骗险、各类财产险、意外险、健康险等；面向企业用户，主推小微商户险以及与电信场景相契合的智能组网设备险、产品质量责任险等。

（3）升温标志之三：实体巨头进入。

实体巨头如汽车厂商、航空公司、医药企业等，其业务范围均与保险具有一定相关度，凭借强大的股东、资金、技术、品牌、人员等资源优势，他们对于将保险融入其对客户的综合服务中具有强烈的期盼。2018 年 2 月 24 日，有两家企业领到保险中介牌照，汽车巨头吉利集团获准成立易保保险代理有限公司，老牌医药公司济民可信集团获准成立江西济民可信保险经纪有限责任公司。3 月 13 日，货车帮的贵阳山恩保险经纪有限公司获得批复，货车帮进入物流保险领域。7 月 4 日，由中国烟草总公司持股的诚至诚保险经纪有限公司获批开业。7 月 19 日，中国南航集团资本控股有限公司旗下的南航保险经纪有限公司获批成立。

产业资本极为看重保险与主业的协同配合，利用产业协同开发上下游延伸保险业务，保险牌照对实业巨头整体业务发展的作用将会明显显现。

（4）升温标志之四：保险公司进入。

这两年，保险公司对保险专业中介的态度明显转变，被业界长期诟病“小散乱差”的保险中介成了“香饽饽”。

2018 年以来，保险公司对中介更为重视，自建中介成为新趋势。7 月 2 日，众安在线保险经纪有限公司获批，该公司为众安在线保险公司的全资子公司。7 月 11 日，太平洋保险代理有限公司获批，该公司由太平洋保险在线服务科技有限公司出资 5000 万元设立，太平洋保险正式进军保险中介市场。在业内人士看来，保险中介公司更贴近市场，对市场变化反应更加灵敏，可以有效地将市场信息融入服务，并反向协助主体保险公司提升服务，甚至定制开发更贴合市场的产品，优化保险产品结构。中、小、新保险公司由于缺乏自建渠道，更迫切需要借助中介机构扩大业务。

目前已有 50 多家保险企业成立了自己的保险中介公司，包括中国人保、中国太保、中国人寿、国华人寿、前海人寿、合众人寿、弘康人寿、百年人寿、恒邦财险、安心财险、国寿财险、华海财险、大地财险以及太平保险集团等。

（5）升温标志之五：中介牌照涨价。

随着互联网巨头及实业巨头等资本的涌入，保险专业中介走红，虽然保险监管机构一直在批复中介牌照，但难以满足突然爆发的市场需求，由于申请新牌照排队长，时间上不确定，因此收购一张中介牌照成为优先选择，求购保险专业中介牌照者络绎不绝，成交价格也是水涨船高。

2015 年前后，一张保险经纪牌照的市场价格在 500 万元左右，到 2018 年年底，一张保险经纪牌照（已经完成互联网保险销售备案的）的成交价已跃升至

3000万元。有牌照的，奇货可居，试图卖上个好价钱；没牌照的，火急火燎，四处打探想捡个漏。在转让的保险中介中，有带公司资产的，有带一定业务的，也有带业务团队的。保险中介机构可以销售多家保险公司产品，对同类产品有着更多比较和研究，除了资金运用，基本具备了保险牌照大部分的功能，所以各路资本都迫切寻求保险专业中介牌照。流量是可贵的，客户是流动的，时间是宝贵的，相比于申请保险公司的烦琐，收购一张保险中介牌照更加切实可行，这也在很大程度上助推了中介牌照的市场行情。从2000年前后国内首家保险专业中介出现以来，这种盛况是空前的（作者认为，这应该也是绝后的，今后监管部门会加快保险中介的审批，具备条件的原则上很快就会获得批复）。

保险中介是保险业价值链上不可或缺的组成部分，对于减少供需双方的能耗、降低供需交易成本、提高市场效率具有重要意义。截至2018年年底，全国共有保险专业中介机构2647家，其中保险中介集团公司5家，全国性保险代理公司240家，区域性保险代理公司1550家，保险经纪公司499家，已备案保险公估公司353家。从保险中介热衍生出的保险中介牌照价格上涨一直延续着。

6. 加快开放

中国保险业自1979年恢复国内保险业务40年的发展经验表明，越是在改革开放的环境下，就越能得到快速的发展。1992年首家外资保险机构（美国友邦保险）获准进入中国，2001年中国加入WTO，中国保险市场进一步对外开放，目前，中国境内的外资财险公司已有22家，中国保险市场规模已经跃居世界第二位，具备了进一步加大开放力度、加快开放进程的条件，这将对中国保险业产生积极的影响。

2018年4月10日，习近平主席在博鳌亚洲论坛发表主旨演讲时表示，在服务业特别是金融业方面，去年年底宣布的放宽银行、证券、保险行业外资股比限制的重大措施要确保落地，同时要加大开放力度，加快保险行业开放进程。4月11日，中国人民银行行长易纲透露，未来几个月至年底之前，将人身保险公司的外资持股比例上限放宽至51%，3年后不再设限，允许符合条件的外国投资者来华经营保险代理业务和保险公估业务，放开外资保险经纪公司经营范围，与中资机构一致，全面取消外资保险公司设立前需开设两年代表处要求。4月27日，中国银保监会发布《关于放开外资保险经纪公司经营范围的通知》，通知明确，符合条件的外资保险经纪公司可到当地保监局申请办理经营保险经纪业务许可证变更手续，与中资保险经纪机构享有同等经营范围，即已经取得经营保险经纪业务许可证的外资保险经纪机构，可在中华人民共和国境内经营下列保险经纪业务：为投保人拟定投保方案、选择保险人、办理投保手续，协助被保险人或者受益人进行索赔，再保险经纪业务，为委托人提供防灾、防损或风险评估、风险管理咨询服务，中国银行保险监督管理委员会批准的其他业务。外资保险经纪公司与中资保险经纪公司业务范围一致。6 月 28 日，银保监会发布《关于允许境外投资者来华经营保险代理业务的通知》和《关于允许境外投资者来华经营保险公估业务的通知》，根据通知，经营 3 年以上的境外保险专业代理机构、保险公估机构可以申请在华投资设立保险专业代理机构、保险公估人，经营保险代理业务和保险公估业务。保险代理机构、保险公估机构的外资持股比例放宽后，将引发新一轮保险代理、保险公估机构的设立与并购热潮。保险业各项开放措施渐次落地实施，银保监会受理和批准了多项市场准入申请，11 月 25 日，银保监会已批准德国安联保险集团筹建安联（中国）保险控股有限公司，这也将成为我国首家外资保险控股公司，英国韦莱保险经纪公司成为全国首家获准扩展经营范围的外资保险经纪机构，工银安盛人寿保险有限公司筹建工银安盛资产管理有限公司，大韩再保险公司筹建分公司等。

外资保险公司是我国保险市场不可或缺的组成部分，对于丰富市场供给，提高市场效率，提升行业管理水平和服务水平，具有重要意义。外资实力保险主体的进入，会使国内保险业竞争更加规范化、市场化、国际化。

中篇

开奖

第三部分　战绩公布

2018年已经结束，各参赛队员各有斩获，战绩是多方面的，有可量化的，有不可量化的。本部分仅对可量化的战绩进行归纳整理排名，选取出几项比较重要的战绩予以公布。本次比赛参赛队员88家，本部分仅公布86家参赛队员战绩，不含中国信保和安邦财险。基础数据来源于保险监管机构、保险行业组织以及队员公司的公开信息，由于数据较多，难免出现误差，请读者朋友予以指正，如有差错以相关官网为准。

一、收入战绩

收入是保险公司经营的重要结果指标，收入战绩可以用三个收入指标中的任何一个来反映，分别是营业收入指标、保险业务收入指标及原保费收入指标。就整体财险行业来说，三个指标数值差距不大，但指标内涵不同，用不同指标体现队员的战绩意义不尽相同。

1. 营业收入战绩

营业收入是综合性收入指标，包括已赚保费、投资收益、损益、其他收入和其他收益。营业收入在保险公司利润表中是重要的核算指标之一。2018年，财险行业营业收入总和为10817.515亿元，各财险公司营业收入战绩情况详见下表：

营业收入战绩

排名	公司简称	营业收入（亿元）	排名	公司简称	营业收入（亿元）
营业收入 1000 亿元以上的公司 3 家					
1	人保财险	3668.216	2	平安财险	2246.262
3	太保财险	1046.940			
营业收入 100 亿—1000 亿元的公司 8 家					
4	国寿财险	656.109	5	中华财险	414.660
6	大地财险	381.161	7	阳光财险	340.654
8	天安财险	223.937	9	太平财险	217.722
10	华安财险	124.102	11	永安财险	102.536
营业收入 50 亿—100 亿元的公司 8 家					
12	众安在线	91.310	13	华泰财险	77.910
14	英大财险	73.615	15	安盛天平	67.674
16	国元农险	60.386	17	中银保险	57.392
18	紫金财险	55.736	19	永诚财险	52.863
营业收入 20 亿—50 亿元的公司 17 家					
20	浙商财险	44.595	21	安诚财险	44.132
22	鼎和财险	43.898	23	都邦财险	41.920
24	国任财险	38.307	25	渤海财险	38.287
26	亚太财险	35.470	27	国泰产险	34.700
28	安华农险	31.676	29	阳光农险	28.751
30	北部湾财险	25.055	31	富德财险	23.653
32	长安责任	23.157	33	华海财险	22.775
34	泰康在线	22.106	35	华农财险	21.070
36	中航安盟	20.672			

续表

排名	公司简称	营业收入（亿元）	排名	公司简称	营业收入（亿元）
营业收入 10 亿—20 亿元的公司 13 家					
37	锦泰财险	19.398	38	利宝保险	18.543
39	泰山财险	18.153	40	中原农险	15.608
41	众诚车险	14.209	42	诚泰财险	13.796
43	中煤财险	13.532	44	前海联合	12.931
45	易安财险	11.734	46	安信农险	11.464
47	爱和谊（中国）	11.343	48	三井住友（中国）	10.902
49	中铁自保	10.320			
营业收入 5 亿—10 亿元的公司 11 家					
50	燕赵财险	9.635	51	中石油专属	8.731
52	富邦财险	8.636	53	东京海上（中国）	8.526
54	安心财险	8.350	55	美亚保险	7.150
56	恒邦财险	7.142	57	中路财险	6.604
58	三星财险（中国）	5.988	59	中意财险	5.474
60	长江财险	5.159			
营业收入 1 亿—5 亿元的公司 17 家					
61	珠峰财险	4.882	62	海峡金桥	4.600
63	鑫安车险	4.494	64	建信财险	4.302
65	安达保险	3.915	66	安联财险（中国）	3.819
67	史带财险	3.818	68	日本财险（中国）	3.493
69	众惠相互	3.429	70	阳光信保	3.271
71	苏黎世（中国）	2.908	72	合众财险	1.802
73	久隆财险	1.708	74	劳合社（中国）	1.381
75	中远自保	1.336	76	现代财险（中国）	1.068

续表

排名	公司简称	营业收入（亿元）	排名	公司简称	营业收入（亿元）
77	东海航运	1.024			
营业收入 1 亿元以下的公司 9 家					
78	黄河财险	0.818	79	太平科技	0.600
80	日本兴亚（中国）	0.522	81	乐爱金（中国）	0.350
82	瑞再企商	0.317	83	汇友相互	0.311
84	融盛财险	0.274	85	信利保险（中国）	0.222
86	粤电自保	0.114			
合计		10817.515			

2. 保险业务收入战绩

保险业务收入是指保费总收入，含原保费收入（原保险合同确定的保费总额）和分保费收入（再保合同计算确定的保费总额）。保险业务收入在保险公司利润表中是重要的核算指标之一。2018 年，财险行业保险业务收入总和为 11647.210 亿元。各财险公司保险业务收入战绩情况详见下表：

保险业务收入战绩

排名	公司简称	保险业务收入（亿元）	排名	公司简称	保险业务收入（亿元）
保险业务收入 1000 亿元以上的公司 3 家					
1	人保财险	3887.693	2	平安财险	2475.256
3	太保财险	1178.083			
保险业务收入 100 亿—1000 亿元的公司 9 家					
4	国寿财险	691.545	5	大地财险	426.224
6	中华财险	423.130	7	阳光财险	363.254
8	太平财险	243.915	9	天安财险	151.468

续表

排名	公司简称	保险业务收入（亿元）	排名	公司简称	保险业务收入（亿元）
10	华安保险	123.756	11	众安在线	112.631
12	永安保险	104.657	8	太平财险	243.915
保险业务收入 50 亿—100 亿元的公司 8 家					
13	华泰财险	84.937	14	英大财险	77.602
15	安盛天平	63.430	16	永诚保险	62.838
17	中银保险	60.497	18	国元农险	58.383
19	紫金保险	55.681	20	安华农险	50.818
保险业务收入 20 亿—50 亿元的公司 17 家					
21	鼎和财险	44.893	22	浙商财险	44.280
23	安诚保险	41.173	24	国任财险	41.102
25	渤海财险	40.026	26	国泰产险	38.486
27	都邦财险	38.473	28	亚太财险	37.841
29	阳光农险	34.708	30	长安责任	30.102
31	泰康在线	29.526	32	北部湾财险	28.335
33	富德财险	23.537	34	中航安盟	23.489
35	华农财险	21.821	36	华海财险	20.518
37	锦泰财险	20.366			
保险业务收入 10 亿—20 亿元的公司 18 家					
38	利宝保险	19.598	39	美亚保险	18.524
40	泰山财险	17.395	41	中原农险	16.792
42	劳合社（中国）	15.552	43	前海联合	15.415
44	安心财险	15.306	45	众诚车险	15.208
46	中煤财险	14.494	47	三井住友（中国）	13.966
48	易安财险	12.937	49	安信农险	12.489

续表

排名	公司简称	保险业务收入（亿元）	排名	公司简称	保险业务收入（亿元）
50	安联财险（中国）	12.410	51	诚泰财险	12.167
52	中铁自保	11.868	53	爱和谊（中国）	11.779
54	东京海上（中国）	11.452	55	富邦财险	10.039
保险业务收入 5 亿—10 亿元的公司 12 家					
56	三星财险（中国）	9.925	57	史带财险	9.156
58	安达保险	8.618	59	中石油专属	8.581
60	燕赵财险	8.184	61	中路财险	7.992
62	长江财险	7.687	63	中意财险	7.562
64	恒邦财险	7.281	65	苏黎世（中国）	6.671
66	鑫安车险	6.665	67	日本财险（中国）	6.343
保险业务收入 1 亿—5 亿元的公司 13 家					
68	珠峰财险	4.672	69	海峡金桥	4.448
70	中远自保	4.316	71	建信财险	3.841
72	众惠相互	3.840	73	瑞再企商	2.987
74	黄河财险	2.615	75	阳光信保	2.520
76	合众财险	2.089	77	东海航运	1.890
78	现代财险（中国）	1.819	79	久隆财险	1.675
80	乐爱金（中国）	1.365			
保险业务收入 1 亿元以下的公司 6 家					
81	日本兴亚（中国）	0.649	82	粤电自保	0.597
83	太平科技	0.468	84	汇友相互	0.355
85	信利保险（中国）	0.349	86	融盛财险	0.185
合计		11647.210			

3. 原保费收入战绩

原保费收入是指原保险合同产生的保费（不含分保费收入），原保费收入这一指标通常用来比较公司之间、地区之间或国家之间的保险业务规模，也是用来计算保险深度、保险密度的指标，因此，虽然它在保险公司利润表中不直接体现，但这一指标十分重要。2018 年，行业合计原保费收入 11755.69 亿元。各财险公司原保费收入战绩详见下表：

原保费收入战绩

序号	公司简称	原保费收入（亿元）	序号	公司简称	原保费收入（亿元）
原保费收入 1000 亿元以上的公司 3 家					
1	人保财险	3880.03	2	平安财险	2474.44
3	太保财险	1173.80	小计：7528.27 亿元；占比：64.04%		
原保费收入 100 亿—1000 亿元的公司 10 家					
4	国寿财险	691.06	5	大地财险	424.15
6	中华财险	422.32	7	阳光财险	362.31
8	太平财险	242.30	9	出口信用	195.40
10	天安财险	151.03	11	华安财险	119.62
12	众安在线	112.23	13	永安财险	104.49
小计	金额：2824.91 亿元；占比：24.03%				
原保费收入 50 亿—100 亿元的公司 7 家					
14	华泰财险	80.88	15	英大财险	77.28
16	安盛天平	63.35	17	永诚财险	61.63
18	中银保险	59.30	19	国元农险	57.60
20	紫金财险	54.89			
小计	金额：454.93 亿元；占比：3.87%				
原保费收入 10 亿—50 亿元的公司 31 家					
21	安华农险	49.84	22	鼎和财险	44.76

续表

序号	公司简称	原保费收入（亿元）	序号	公司简称	原保费收入（亿元）
23	浙商财险	43.98	24	安诚财险	40.96
25	国任财险	40.91	26	渤海财险	40.02
27	安邦财险	38.49	28	国泰产险	38.47
29	亚太财险	37.26	30	阳光农险	34.25
31	都邦财险	37.93	32	泰康在线	29.51
33	长安责任	29.04	34	北部湾财险	28.32
35	富德财险	23.29	36	中航安盟	23.07
37	华海财险	20.33	38	锦泰财险	20.12
39	利宝保险	19.50	40	华农财险	18.63
41	泰山财险	17.13	42	中原农险	16.57
43	美亚保险	15.90	44	安心财险	15.30
45	中煤财险	14.45	46	众诚车险	12.99
47	易安财险	12.84	48	安信农险	12.22
49	诚泰财险	11.94	50	前海联合	11.50
51	安联财险（中国）	10.49			
小计	金额：810.01 亿元；占比：6.89%				
原保费收入 5 亿—10 亿元的公司 14 家					
52	三星财险（中国）	8.52	53	燕赵财险	8.18
54	中路财险	7.95	55	富邦财险	7.80
56	长江财险	7.28	57	恒邦财险	7.22
58	中意财险	6.70	59	鑫安车险	6.28
60	东京海上（中国）	6.08	61	苏黎世（中国）	5.68
62	三井住友（中国）	5.50	63	中铁自保	5.49
64	安达保险	5.42	65	中石油专属	5.27
小计	金额：93.37 亿元；占比：0.79%				

续表

序号	公司简称	原保费收入（亿元）	序号	公司简称	原保费收入（亿元）
原保费收入 1 亿—5 亿元的公司 14 家					
66	珠峰财险	4.62	67	中远自保	4.09
68	海峡金桥	4.03	69	日本财险（中国）	3.96
70	建信财险	3.84	71	众惠相互	3.84
72	黄河财险	2.61	73	阳光信保	2.49
74	合众财险	2.09	75	史带财险	2.02
76	东海航运	1.89	77	久隆财险	1.82
78	瑞再企商	1.51	79	乐爱金（中国）	1.31
小计	金额：40.12 亿元；占比：0.34%				
原保费收入 1 亿元以下的公司 9 家					
80	现代财险（中国）	0.91	81	日本兴亚（中国）	0.62
82	粤电自保	0.59	83	爱和谊（中国）	0.55
84	太平科技	0.47	85	汇友相互	0.35
86	信利保险（中国）	0.30	87	融盛财险	0.17
88	劳合社（中国）	0.12	小计	金额：4.08 亿元；占比：0.03%	
合计		11755.69	占比		100%

二、效益战绩

保险公司效益通常来讲有经济效益（自身效益）和社会效益两个方面，经济效益最主要的指标是净利润，净利润是保险公司经营业绩的综合体现。社会效益最主要的指标是赔款支出，赔款支出是保险公司为社会提供的经济补偿的具体体现，因此本书把赔款支出也算作战绩之一，效益战绩是指各财险公司的净利润和赔款支出战绩情况。

1. 净利润战绩

2018 年 86 家财险公司（不含中国信保、安邦财险）共实现净利润 320.496 亿元，相较 2017 年的 415.39 亿元，减少 94.894 亿元，同比下降 22.84%。各财险公司净利润战绩情况详见下表：

净利润战绩

排名	公司简称	净利润（亿元）	排名	公司简称	净利润（亿元）
净利润 100 亿元以上的公司 2 家					
1	人保财险	162.683	2	平安财险	131.316
净利润 10 亿—100 亿元以上的公司 3 家					
3	太保财险	35.923	4	中华财险	11.382
5	阳光财险	10.608			
净利润 1 亿—10 亿元以上的公司 14 家					
6	大地财险	10.156	7	英大财险	6.037
8	鼎和财险	4.445	9	中石油专属	3.146
10	太平财险	2.839	11	阳光农险	2.224
12	中铁自保	2.067	13	中银保险	2.051
14	永安财险	1.948	15	美亚保险	1.390
16	安信农险	1.367	17	国寿财险	1．205
18	三井住友（中国）	1.013	19	北部湾保险	1.002
净利润 0.5 亿—1 亿元以上的公司 10 家					
20	中远自保	0.970	21	鑫安车险	0.961
22	国元农险	0.851	23	天安财险	0.707
24	劳合社（中国）	0.673	25	日本财险（中国）	0.560
26	华海保险	0.547	27	华泰财险	0.536
28	三星财险（中国）	0.518	29	史带保险	0.508
净利润 0 亿—0.5 亿元以上的公司 21 家					

续表

排名	公司简称	净利润（亿元）	排名	公司简称	净利润（亿元）
30	爱和谊（中国）	0.388	31	中航安盟	0.348
32	安诚保险	0.346	31	中航安盟	13.382
32	安诚财险	0.346	33	亚太财险	0.343
34	安联财险（中国）	0.327	35	苏黎世（中国）	0.326
36	中原农险	0.297	37	阳光信保	0.280
38	诚泰财险	0.239	39	现代财险（中国）	0.233
40	东京海上（中国）	0.230	41	粤电自保	0.192
42	紫金财险	0.153	43	乐爱金（中国）	0.100
44	华农财险	0.075	45	恒邦财险	0.071
46	泰山财险	0.064	47	众诚车险	0.063
48	锦泰财险	0.038	49	日本兴亚（中国）	0.019
50	久隆财险	0.016			
亏损 0 亿—1 亿元的公司 16 家					
51	安达保险	—0.106	52	瑞再企商	—0.138
53	信利保险（中国）	—0.157	54	中意财险	—0.218
55	汇友相互	—0.220	56	东海航运	—0.323
57	富邦财险	—0.328	58	中煤财险	—0.504
59	国泰产险	—0.505	60	利宝保险	—0.656
61	合众财险	—0.679	62	太平科技	—0.780
63	融盛财险	—0.862	64	都邦财险	—0.892
65	众惠相互	—0.944	66	建信财险	—0.998
亏损 1 亿—10 亿元的公司 18 家					
67	黄河财险	—1.038	68	渤海财险	—1.120
69	海峡金桥	—1.124	70	富德财险	—1.152

续表

排名	公司简称	净利润（亿元）	排名	公司简称	净利润（亿元）
71	中路财险	—1.462	72	珠峰保险	—1.499
73	国任财险	—1.713	74	燕赵财险	—1.836
75	长江财险	—1.946	76	易安财险	—1.994
77	前海联合	—2.213	78	华安财险	—2.321
79	永诚财险	—2.586	80	安盛天平	—2.746
81	安华农险	—3.287	82	泰康在线	—3.556
83	浙商财险	—3.761	84	安心财险	—4.877
亏损 10 亿元以上的公司 2 家					
85	众安在线	—15.308	86	长安责任	—18.333
净利润合计		321.601			

2. 赔款支出战绩

2018 年 86 家财险公司（不含中国信保、安邦财险）共支付赔款 6357.827 亿元，各财险公司赔款支出战绩情况详见下表：

赔款支出战绩

排名	公司简称	赔款支出（亿元）	排名	公司简称	赔付支出（亿元）
赔款支出 1000 亿元以上的公司 2 家					
1	人保财险	2327.345	2	平安财险	1189.315
赔款支出 100 亿—1000 亿元的公司 6 家					
3	太保财险	647.759	4	国寿财险	417.953
5	中华财险	268.053	6	大地财险	198.478
7	阳光财险	173.716	8	太平财险	128.732
赔款支出 50 亿—100 亿元的公司 3 家					

续表

排名	公司简称	赔款支出（亿元）	排名	公司简称	赔付支出（亿元）
9	天安财险	81.755	10	华安保险	70.509
11	永安财险	53.342			
赔款支出 20 亿—50 亿元的公司 24 家					
12	众安在线	46.650	13	英大财险	45.762
14	国元农险	44.829	15	华泰财险	42.540
16	安盛天平	38.348	17	永诚财险	37.410
18	安华农险	32.578	19	中银保险	31.877
20	紫金财险	29.745	21	浙商财险	26.355
22	安诚财险	26.027	23	都邦财险	24.407
24	国泰产险	24.028	25	阳光农险	22.968
26	渤海财险	22.729	27	鼎和财险	20.102
赔款支出 10 亿—20 亿元的公司 24 家					
28	亚太财险	18.873	29	长安责任	18.105
30	国任财险	17.534	31	中航安盟	13.382
32	北部湾财险	12.319	33	富德财险	12.053
34	锦泰财险	11.316	35	利宝保险	10.510
赔款支出 5 亿—10 亿元的公司 17 家					
36	中原农险	9.904	37	泰山财险	9.723
38	劳合社（中国）	9.563	39	华农财险	9.182
40	泰康在线	8.768	41	华海财险	8.452
42	众诚车险	8.226	43	三星财险（中国）	8.118
44	安心财险	8.117	45	中煤财险	7.065
46	美亚保险	6.566	47	安信农险	6.218
48	诚泰财险	6.028	49	三井住友（中国）	5.981

续表

排名	公司简称	赔款支出（亿元）	排名	公司简称	赔付支出（亿元）
50	富邦财险	5.527	51	爱和谊（中国）	5.467
52	长江财险	5.138			
赔款支出 1 亿—5 亿元的公司 21 家					
53	燕赵财险	4.914	54	东京海上（中国）	4.807
55	安联财险（中国）	3.698	56	易安财险	3.435
57	中路财险	3.401	58	恒邦财险	3.309
59	日本财险（中国）	3.153	60	史带财险	2.916
61	鑫安车险	2.900	62	珠峰财险	2.659
63	中意财险	2.517	64	前海联合	2.449
65	中石油专属	2.270	66	中铁自保	2.132
67	海峡金桥	2.120	68	建信财险	1.813
69	苏黎世（中国）	1.747	70	阳光信保	1.265
71	现代财险（中国）	1.203	72	久隆财险	1.108
73	东海航运	1.095			
赔款支出 1 亿元以下的公司 13 家					
74	乐爱金（中国）	0.933	75	安达保险	0.786
76	众惠相互	0.743	77	合众财险	0.644
78	中远海自保	0.536	79	日本兴亚（中国）	0.449
80	黄河财险	0.336	81	瑞再企商	0.324
82	太平科技	0.304	83	信利保险（中国）	0.047
84	融盛财险	0.018	85	粤电自保	0.015
86	汇友相互	0.007			
赔款支出合计			6369.225		

三、资本价值率战绩

资本价值率是指每单位注册资本所创造的收益多少，包括资本·营收价值率、资本·保费价值率和资本·利润价值率。资本价值率主要用来反映保险公司注册资本的有效性，即注册资本价值的大小（注：资本价值率这一概念由本书作者原创并首次使用）。

1. 资本·营收价值率战绩

资本·营收价值率即单位注册资本所创造的营业收入的多少，用公式表示为：资本·营收价值率 = 营业收入 / 注册资本 ×100%。2018 年，行业整体资本·营收价值率为 408.29%，高于行业整体的机构有 8 家，其余各机构均低于行业整体水平。各财险公司资本·营收价值率战绩情况详见下表：

资本·营收价值率排名

排名	公司简称	营业收入（亿元）	注册资本（亿元）	资本·营收价值率（%）
每 100 元注册资本金创造的营业收入大于 1000 元的公司 2 家				
1	人保财险	3668.216	222.4277	1649.2
2	平安财险	2246.262	210	1069.6
每 100 元注册资本金创造的营业收入 500—1000 元的公司 5 家				
3	安盛天平	67.674	8.4622	799.7
4	阳光财险	340.654	50.88	669.5
5	众安在线	91.310	14.6981	621.2
6	华安财险	124.102	21	591.0
7	太保财险	1046.940	194.7	537.7
每 100 元注册资本金创造的营业收入 200—500 元的公司 16 家				
8	太平财险	217.722	50.7	429.4
9	国寿财险	656.109	188	349.0
10	永安财险	102.536	30.0942	340.7

续表

排名	公司简称	营业收入（亿元）	注册资本（亿元）	资本·营收价值率（%）
11	安华农险	31.676	10.575	299.5
12	阳光农险	28.751	10	287.5
13	国元农险	60.386	21.0393	287.0
14	中华财险	414.660	146.4	283.2
15	华泰财险	77.910	30	259.7
16	大地财险	381.161	151.1592	252.2
17	永诚财险	52.863	21.78	242.7
18	英大财险	73.615	31	237.5
19	渤海财险	38.287	16.25	235.6
20	紫金财险	55.736	25	222.9
21	三井住友（中国）	10.902	5	218.0
22	东京海上（中国）	8.526	4.0164	212.3
23	华农财险	21.070	10	210.7
每 100 元注册资本金创造的营业收入 100—200 元的公司 22 家				
24	华海财险	22.775	12	189.8
25	中航安盟	20.672	11	187.9
26	三星财险（中国）	5.988	3.24	184.8
27	爱和谊（中国）	11.343	6.25	181.5
28	锦泰财险	19.398	11	176.3
29	北部湾财险	25.055	15	167.0
30	安信农险	11.464	7	163.8
31	都邦财险	41.920	27	155.3
32	中煤财险	13.532	9	150.4
33	浙商财险	44.595	30	148.7

续表

排名	公司简称	营业收入（亿元）	注册资本（亿元）	资本·营收价值率（%）
34	鼎和财险	43.898	30.18	145.5
35	长安责任	23.157	16.2154	142.8
36	中原农险	15.608	11	141.9
37	国泰产险	34.700	26.3	131.9
38	前海联合	12.931	10	129.3
39	国任财险	38.307	30	127.7
40	中银保险	57.392	45.3508	126.6
41	天安财险	223.937	177.6375	126.1
42	易安财险	11.734	10	117.3
43	泰康在线	22.106	20	110.5
44	安诚财险	44.132	40.76	108.3
45	利宝保险	18.543	17.2633	107.4
每 100 元注册资本金创造的营业收入 50—100 元的公司 11 家				
46	众诚车险	14.209	15	94.7
47	泰山财险	18.153	20.3	89.4
48	亚太财险	35.470	40.0138	88.6
49	富邦财险	8.636	10	86.4
50	美亚保险	7.150	9.1139	78.5
51	富德财险	23.653	35	67.6
52	中路财险	6.604	10	66.0
53	安心财险	8.350	12.85	65.0
54	日本财险（中国）	3.493	6	58.2
55	安达保险	3.915	7.551	51.8
56	中铁自保	10.320	20	51.6

续表

排名	公司简称	营业收入（亿元）	注册资本（亿元）	资本·营收价值率（%）
每 100 元注册资本金创造的营业收入 20—50 元的公司 14 家				
57	珠峰财险	4.882	10	48.8
58	燕赵财险	9.635	20.25	47.6
59	合众财险	1.802	4	45.1
60	鑫安车险	4.494	10	44.9
61	建信财险	4.302	10	43.0
62	长江财险	5.159	12	43.0
63	中意财险	5.474	13	42.1
64	恒邦财险	7.142	20.6	34.7
65	众惠相互	3.429	10	34.3
66	苏黎世（中国）	2.908	9.22	31.5
67	海峡金桥	4.600	15	30.7
68	史带财险	3.818	14.325	26.7
69	安联财险（中国）	3.819	16.1	23.7
70	诚泰财险	13.796	59.7	23.1
每 100 元注册资本金创造的营业收入小于 20 元的公司 13 家				
71	现代财险（中国）	1.068	5.5	19.4
72	中石油专属	8.731	50	17.5
73	日本兴亚（中国）	0.522	3	17.4
74	久隆财险	1.708	10	17.1
75	乐爱金（中国）	0.350	2.2	15.9
76	劳合社（中国）	1.381	10	13.8
77	太平科技	0.600	5	12.0
78	阳光信保	3.271	30	10.9

续表

排名	公司简称	营业收入（亿元）	注册资本（亿元）	资本·营收价值率（%）
79	东海航运	1.024	10	10.2
80	信利保险（中国）	0.222	2.66	8.3
81	中远自保	1.336	20	6.7
82	瑞再企商	0.317	5.69	5.6
83	汇友相互	0.311	6	5.2
84	黄河财险	0.818	25	3.3
85	融盛财险	0.274	10	2.7
86	粤电自保	0.114	5	2.3
行业整体		10817.515	2649.4528	408.29

2. 资本·保费价值率战绩

资本·保费价值率即单位注册资本所创造的保险业务收入多少，用公式表示为：资本·保费价值率 = 保险业务收入 / 注册资本 ×100%。2018 年，财险行业整体资本·保费价值率为 440.08%，高于行业整体的 9 家，其余的低于行业整体。各财险公司资本·保费价值率战绩情况详见下表：

资本·保费价值率排名

序号	公司简称	保险业务收入（亿元）	注册资本（亿元）	资本·保费价值率（%）
每 100 元注册资本金创造的保险业务收入大于 1000 元的公司 2 家				
1	人保财险	3887.693	222.4277	1747.5
2	平安财险	2475.256	210	1178.7
每 100 元注册资本金创造的保险业务收入 500—1000 元的公司 5 家				
3	众安在线	112.631	14.6981	766.3
4	安盛天平	63.430	8.4622	749.6
5	阳光财险	363.254	50.88	713.9

续表

序号	公司简称	保险业务收入（亿元）	注册资本（亿元）	资本·保费价值率（%）
6	太保财险	1178.083	194.7	605.08
7	华安财险	123.756	21	589.3
每 100 元注册资本金创造的保险业务收入 200—500 元的公司 19 家				
8	安华农险	50.818	10.575	480.5
9	太平财险	243.915	50.7	479.5
10	国寿财险	691.545	188	367.8
11	永安财险	104.657	30.0942	347.8
12	阳光农险	34.708	10	347.1
13	三星财险（中国）	9.925	3.24	306.3
14	中华财险	423.130	146.4	289.0
15	永诚财险	62.838	21.78	288.5
16	东京海上（中国）	11.452	4.0164	285.1
17	华泰财险	84.937	30	283.1
18	大地财险	426.224	151.1592	282.0
19	三井住友（中国）	13.966	5	279.3
20	国元农险	58.383	21.0393	277.5
21	英大财险	77.602	31	250.3
22	渤海财险	40.026	16.25	246.3
23	紫金财险	55.681	25	222.7
24	华农财险	21.821	10	218.2
25	中航安盟	23.489	11	213.5
26	美亚保险	18.524	9.1139	203.2
每 100 元注册资本金创造的保险业务收入 100—200 元的公司 25 家				
27	北部湾财险	28.335	15	188.9
28	爱和谊（中国）	11.779	6.25	188.5

续表

序号	公司简称	保险业务收入（亿元）	注册资本（亿元）	资本·保费价值率（%）
29	长安责任	30.102	16.2154	185.6
30	锦泰财险	20.366	11	185.1
31	安信农险	12.489	7	178.4
32	华海财险	20.518	12	171.0
33	中煤财险	14.494	9	161.0
34	劳合社（中国）	15.552	10	155.5
35	前海联合	15.415	10	154.2
36	中原农险	16.792	11	152.7
37	鼎和财险	44.893	30.18	148.8
38	泰康在线	29.526	20	147.6
39	浙商财险	44.280	30	147.6
40	国泰产险	38.486	26.3	146.3
41	都邦财险	38.473	27	142.4
42	国任财险	41.102	30	137.0
43	中银保险	60.497	45.3508	133.4
44	易安财险	12.937	10	129.4
45	安心财险	15.306	12.85	119.1
46	安达保险	8.618	7.551	114.1
47	利宝保险	19.598	17.2633	113.5
48	日本财险（中国）	6.343	6	105.7
49	众诚车险	15.208	15	101.4
50	安诚财险	41.173	40.76	101.0
51	富邦财险	10.039	10	100.4
每 100 元注册资本金创造的营业收入 50—100 元的公司 15 家				
52	亚太财险	37.841	40.0138	94.6

续表

序号	公司简称	保险业务收入（亿元）	注册资本（亿元）	资本·保费价值率（%）
53	泰山财险	17.395	20.3	85.7
54	天安财险	151.468	177.6375	85.3
55	中路财险	7.992	10	79.9
56	安联财险（中国）	12.410	16.1	77.1
57	苏黎世（中国）	6.671	9.22	72.4
58	富德财险	23.537	35	67.2
59	鑫安车险	6.665	10	66.7
60	长江财险	7.687	12	64.1
61	史带财险	9.156	14.325	63.9
62	乐爱金（中国）	1.365	2.2	62.0
63	中铁自保	11.868	20	59.3
64	中意财险	7.562	13	58.2
65	瑞再企商	2.987	5.69	52.5
66	合众财险	2.089	4	52.2
每 100 元注册资本金创造的营业收入 20—50 元的公司 10 家				
67	珠峰财险	4.672	10	46.7
68	燕赵财险	8.184	20.25	40.4
69	建信财险	3.841	10	38.4
70	众惠相互	3.840	10	38.4
71	恒邦财险	7.281	20.6	35.3
72	现代财险（中国）	1.819	5.5	33.1
73	海峡金桥	4.448	15	29.7
74	日本兴亚（中国）	0.649	3	21.6
75	中远自保	4.316	20	21.6
76	诚泰财险	12.167	59.7	20.4

续表

序号	公司简称	保险业务收入（亿元）	注册资本（亿元）	资本·保费价值率（%）
每 100 元注册资本金创造的保险业务收入小于 20 元的公司 10 家				
77	东海航运	1.890	10	18.9
78	中石油专属	8.581	50	17.2
79	久隆财险	1.675	10	16.8
80	信利保险（中国）	0.349	2.66	13.1
81	粤电自保	0.597	5	11.9
82	黄河财险	2.615	25	10.5
83	太平科技	0.468	5	9.4
84	阳光信保	2.520	30	8.4
85	汇友相互	0.355	6	5.9
86	融盛财险	0.185	10	1.9
行业整体		11647.210	2649.4528	439.61

3. 资本 · 利润价值率战绩

资本 · 利润价值率即单位注册资本所创造的净利润多少，用公式表示为：资本 · 利润价值率 = 净利润 / 注册资本 ×100%。2018 年，行业整体资本 · 利润价值率为 12.10%，高于行业整体的有 11 家，其他机构低于行业整体。各财险公司资本 · 利润价值率战绩情况详见下表：

资本 · 利润价值率排名

序号	公司简称	净利润（亿元）	注册资本（亿元）	资本 · 利润价值率（%）
每 100 元注册资本创造的净利润大于 50 元的公司 2 家				
1	人保财险	162.683	222.4277	73.14
2	平安财险	131.316	210	62.53

续表

序号	公司简称	净利润（亿元）	注册资本（亿元）	资本·利润价值率（%）
每 100 元注册资本创造的净利润 10—50 元的公司 10 家				
3	阳光农险	2.224	10	22.24
4	阳光财险	10.608	50.88	20.85
5	三井住友（中国）	1.013	5	20.26
6	安信农险	1.367	7	19.53
7	英大财险	6.037	31	19.47
8	太保财险	35.923	194.7	18.45
9	三星财险（中国）	0.518	3.24	15.99
10	美亚保险	1.390	9.1139	15.25
11	鼎和财险	4.445	30.18	14.73
12	中铁自保	2.067	20	10.34
每 100 元注册资本创造的净利润 5—10 元的公司 12 家				
13	鑫安车险	0.961	10	9.61
14	日本财险（中国）	0.560	6	9.33
15	阳光信保	0.280	30	9.33
16	中华财险	11.382	146.4	7.77
17	劳合社（中国）	0.673	10	6.73
18	大地财险	10.156	151.1592	6.72
19	北部湾财险	1.002	15	6.68
20	永安财险	1.948	30.0942	6.47
21	中石油专属	3.146	50	6.29
22	爱和谊（中国）	0.388	6.25	6.21
23	东京海上（中国）	0.230	4.0164	5.73
24	太平财险	2.839	50.7	5.60

续表

序号	公司简称	净利润（亿元）	注册资本（亿元）	资本·利润价值率（%）
每 100 元注册资本创造的净利润 1—5 元的公司 13 家				
25	中远自保	0.970	20	4.85
26	华海财险	0.547	12	4.56
27	乐爱金（中国）	0.100	2.2	4.55
28	中银保险	2.051	45.3508	4.52
29	现代财险（中国）	0.233	5.5	4.24
30	国元农险	0.851	21.0393	4.04
31	粤电自保	0.192	5	3.84
32	史带财险	0.508	14.325	3.55
33	苏黎世（中国）	0.326	9.22	3.54
34	中航安盟	0.348	11	3.16
35	中原农险	0.297	11	2.70
36	安联财险（中国）	0.327	16.1	2.03
37	华泰财险	0.536	30	1.79
每 100 元注册资本创造的净利润 0—1 元的公司 13 家				
38	亚太财险	0.343	40.0138	0.86
39	安诚财险	0.346	40.76	0.85
40	华农财险	0.075	10	0.75
41	国寿财险	1.207	188	0.64
42	日本兴亚（中国）	0.019	3	0.63
43	紫金财险	0.153	25	0.61
44	众诚车险	0.063	15	0.42
45	诚泰财险	0.239	59.7	0.40
46	天安财险	0.707	177.6375	0.40

续表

序号	公司简称	净利润（亿元）	注册资本（亿元）	资本·利润价值率（%）
47	锦泰财险	0.038	11	0.35
48	恒邦财险	0.071	20.6	0.34
49	泰山财险	0.064	20.3	0.32
50	久隆财险	0.016	10	0.16
每 100 元注册资本亏损 0—10 元的公司 20 家				
51	安达保险	—0.106	7.551	–1.40
52	中意财险	—0.218	13	–1.68
53	国泰产险	—0.505	26.3	—1.92
54	瑞再企商	—0.138	5.69	—2.43
55	东海航运	—0.323	10	—3.23
56	富邦财险	—0.328	10	—3.28
57	富德财险	—1.152	35	—3.29
58	都邦财险	—0.892	27	—3.30
59	汇友相互	—0.220	6	—3.67
60	利宝保险	—0.656	17.2633	—3.80
61	黄河财险	—1.038	25	—4.15
62	中煤财险	—0.504	9	—5.60
63	国任财险	—1.713	30	—5.71
64	信利保险（中国）	—0.157	2.66	—5.90
65	渤海财险	—1.120	16.25	—6.89
66	海峡金桥	—1.124	15	—7.49
67	融盛财险	—0.862	10	—8.62
68	燕赵财险	—1.836	20.25	—9.07
69	众惠相互	—0.944	10	—9.44

续表

序号	公司简称	净利润（亿元）	注册资本（亿元）	资本·利润价值率（%）
70	建信财险	—0.998	10	—9.98
每 100 元注册资本亏损 10—50 元的公司 14 家				
71	华安财险	—2.321	21	—11.05
72	永诚财险	—2.586	21.78	—11.87
73	浙商财险	—3.761	30	—12.54
74	中路财险	—1.462	10	—14.62
75	珠峰财险	—1.499	10	—14.99
76	太平科技	—0.780	5	—15.60
77	长江财险	—1.946	12	—16.22
78	合众财险	—0.679	4	—16.98
79	泰康在线	—3.556	20	—17.78
80	易安财险	—1.994	10	—19.94
81	前海联合	—2.213	10	—22.13
82	安华农险	—3.287	10.575	—31.08
83	安盛天平	—2.746	8.4622	—32.45
84	安心财险	—4.877	12.85	—37.95
每 100 元注册资本亏损 50 元以上的公司 2 家				
85	众安在线	—15.308	14.6981	—104.15
86	长安责任	—18.333	16.2154	—113.06
行业整体		321.601	2649.4528	12.14

四、支出价值率战绩

支出价值率是指每单位营业支出所创造的收益多少，包括支出·营收价值率、支出·保费价值率和支出·利润价值率。支出价值率主要用来反映保险公司营业支出的有效性，即营业支出价值的大小（注：支出价值率这一概念由本书作者原创并首次使用）。

1. 支出·营收价值率战绩

支出·营收价值率即单位营业支出所创造的营业收入多少，用公式表示为：支出·营收价值率 = 营业收入 / 营业支出 ×100%。2018 年，行业整体支出·营收价值率为 105.11%，高于行业整体的 25 家，其余低于行业整体。各财险公司支出·营收价值率战绩情况详见下表：

支出·营收价值率排名

序号	公司简称	营业收入（亿元）	营业支出（亿元）	支出·营收价值率（%）
每 100 元营业支出创造的营业收入 150 元以上的公司 4 家				
1	中远自保	1.336	0.042	3180.95
2	劳合社（中国）	1.381	0.484	285.33
3	中石油专属	8.731	5.070	172.21
4	乐爱金（中国）	0.350	0.214	163.55
每 100 元营业支出创造的营业收入 100—150 元的公司 45 家				
5	鑫安车险	4.494	3.244	138.53
6	中铁自保	10.320	7.481	137.95
7	美亚保险	7.150	5.367	133.22
8	苏黎世（中国）	2.908	2.212	131.46
9	史带财险	3.818	3.171	120.40
10	日本财险（中国）	3.493	2.932	119.13
11	现代财险（中国）	1.068	0.897	119.06
12	鼎和财险	43.898	37.946	115.69
13	安信农险	11.464	9.914	115.63
14	英大财险	73.615	64.547	114.05

续表

序号	公司简称	营业收入（亿元）	营业支出（亿元）	支出·营收价值率（%）
15	三井住友（中国）	10.902	9.564	113.99
16	三星财险（中国）	5.988	5.325	112.45
17	安联财险（中国）	3.819	3.398	112.39
18	阳光信保	3.271	2.970	110.13
19	平安财险	2246.262	2041.809	110.01
20	阳光农险	28.751	26.407	108.88
21	人保财险	3668.216	3429.582	106.96
22	中银保险	57.392	53.679	106.92
23	太保财险	1046.940	992.278	106.58
24	诚泰财险	13.796	13.022	105.94
25	阳光财险	340.654	324.263	105.05
26	爱和谊（中国）	11.343	10.842	104.62
27	北部湾财险	25.055	24.043	104.21
28	中华财险	414.660	398.417	104.08
29	大地财险	381.161	366.918	103.88
30	日本兴亚（中国）	0.522	0.503	103.78
31	东京海上（中国）	8.526	8.269	103.11
32	太平财险	217.722	211.375	103.00
33	华海财险	22.775	22.154	102.80
34	永安财险	102.536	99.742	102.80
35	中航安盟	20.672	20.151	102.59
36	华泰财险	77.910	76.129	102.34
37	中原农险	15.608	15.302	102.00
38	众诚车险	14.209	13.956	101.81
39	国寿财险	656.109	644.913	101.74

续表

序号	公司简称	营业收入（亿元）	营业支出（亿元）	支出·营收价值率（%）
40	恒邦财险	7.142	7.024	101.68
41	国元农险	60.386	59.502	101.49
42	亚太财险	35.470	35.139	100.94
43	华农财险	21.070	20.892	100.85
44	久隆财险	1.708	1.694	100.83
45	安诚财险	44.132	43.771	100.82
46	紫金财险	55.736	55.379	100.64
47	锦泰财险	19.398	19.361	100.19
48	泰山财险	18.153	18.131	100.12
49	天安财险	223.937	223.747	100.08
每 100 元营业支出创造的营业收入 50—100 元的公司 34 家				
50	安达保险	3.915	3.923	99.80
51	国泰产险	34.700	35.210	98.55
52	华安财险	124.102	126.517	98.09
53	都邦财险	41.920	42.786	97.98
54	渤海财险	38.287	39.281	97.47
55	利宝保险	18.543	19.187	96.64
56	中意财险	5.474	5.682	96.34
57	安盛天平	67.674	70.485	96.01
58	富邦财险	8.636	8.943	96.57
59	中煤财险	13.532	14.021	96.51
60	富德财险	23.653	24.796	96.39
61	国任财险	38.307	40.290	95.08
62	永诚财险	52.863	56.408	93.72
63	粤电自保	0.114	0.122	93.44

续表

序号	公司简称	营业收入（亿元）	营业支出（亿元）	支出·营收价值率（%）
64	浙商财险	44.595	48.342	92.25
65	安华农险	31.676	35.223	89.84
66	泰康在线	22.106	25.756	85.83
67	众安在线	91.310	106.577	85.68
68	前海联合	12.931	15.270	84.68
69	燕赵财险	9.635	11.452	84.13
70	中路财险	6.604	8.066	81.87
71	海峡金桥	4.600	5.643	81.52
72	建信财险	4.302	5.282	81.45
73	易安财险	11.734	14.411	81.42
74	珠峰财险	4.882	6.361	76.75
75	东海航运	1.024	1.346	76.08
76	众惠相互	3.429	4.573	74.98
77	合众财险	1.802	2.481	72.63
78	长江财险	5.159	7.126	72.40
79	瑞再企商	0.317	0.458	69.21
80	安心财险	8.350	13.236	63.09
81	信利保险（中国）	0.222	0.378	58.73
82	汇友相互	0.311	0.531	58.57
83	长安责任	23.157	41.883	55.29
每 100 元营业支出创造的营业收入 50 元以下的公司 3 家				
84	太平科技	0.600	1.422	42.19
85	黄河财险	0.818	2.165	37.78
86	融盛财险	0.274	1.187	23.08
行业整体		10817.515	10279.992	105.23

2. 支出·保费价值率战绩

支出·保费价值率即单位营业支出所创造的保险业务收入多少，用公式表示为：支出·保费价值率 = 保险业务收入 / 营业支出 ×100%。2018 年，行业整体支出·保费价值率为 113.29%，高于行业整体的 36 家，其余低于行业整体。各财险公司支出·保费价值率战绩情况详见下表：

支出·保费价值率排名

序号	公司简称	保险业务收入（亿元）	营业支出（亿元）	支出·保费价值率（%）
每 100 元营业支出创造的保险业务收入 1000 元以上的公司 2 家				
1	中远自保	4.316	0.042	10276.19
2	劳合社（中国）	15.552	0.484	3213.223
每 100 元营业支出创造的保险业务收入 500—1000 元的公司 2 家				
3	瑞再企商	2.987	0.458	652.18
4	乐爱金（中国）	1.365	0.214	637.85
每 100 元营业支出创造的保险业务收入 100—500 元的公司 56 家				
5	粤电自保	0.597	0.122	489.34
6	安联财险（中国）	12.410	3.398	365.21
7	美亚保险	18.524	5.367	345.15
8	苏黎世（中国）	6.671	2.212	301.58
9	史带财险	9.156	3.171	288.74
10	安达保险	8.618	3.923	219.68
11	日本财险（中国）	6.343	2.932	216.34
12	鑫安车险	6.665	3.244	205.46
13	现代财险（中国）	1.819	0.897	202.79
14	三星财险（中国）	9.925	5.325	186.38
15	中石油专属	8.581	5.070	169.25
16	中铁自保	11.868	7.481	158.64

续表

序号	公司简称	保险业务收入（亿元）	营业支出（亿元）	支出·保费价值率（%）
17	三井住友（中国）	13.966	9.564	146.03
18	安华农险	50.818	35.223	144.28
19	东京海上（中国）	11.452	8.269	138.49
20	中意财险	7.562	5.682	133.09
21	阳光农险	34.708	26.407	131.43
22	日本兴亚（中国）	0.649	0.503	129.03
23	安信农险	12.489	9.914	125.97
24	平安财险	2475.256	2041.809	121.23
25	黄河财险	2.615	2.165	120.79
26	英大财险	77.602	64.547	120.23
27	太保财险	1178.083	982.278	119.93
28	鼎和财险	44.893	37.946	118.31
29	北部湾财险	28.335	24.043	117.85
30	中航安盟	23.489	20.151	116.56
31	大地财险	426.224	366.918	116.16
32	安心财险	15.306	13.236	115.64
33	太平财险	243.915	211.375	115.39
34	泰康在线	29.526	25.756	114.64
35	东海航运	1.890	1.346	114.64
36	人保财险	3887.693	3429.582	113.36
37	中银保险	60.497	53.679	112.70
38	富邦财险	10.039	8.943	112.26
39	阳光财险	363.254	324.263	112.02
40	华泰财险	84.937	76.129	111.57

续表

序号	公司简称	保险业务收入（亿元）	营业支出（亿元）	支出・保费价值率（%）
41	永诚财险	62.838	56.408	111.40
42	中原农险	16.792	15.302	109.74
43	国泰产险	38.486	35.210	109.30
44	众诚车险	15.208	13.956	108.97
45	爱和谊（中国）	11.779	10.842	108.64
46	长江财险	7.687	7.126	107.87
47	亚太财险	37.841	35.139	107.69
48	国寿财险	691.545	644.913	107.23
49	中华财险	423.130	398.417	106.20
50	众安在线	112.631	106.577	105.68
51	锦泰财险	20.366	19.361	105.19
52	永安财险	104.657	99.742	104.93
53	华农财险	21.821	20.892	104.45
54	恒邦财险	7.281	7.024	103.66
55	中煤财险	14.494	14.021	103.37
56	利宝保险	19.598	19.187	102.14
57	国任财险	41.102	40.290	102.02
58	渤海财险	40.026	39.281	101.90
59	前海联合	15.415	15.270	100.95
60	紫金财险	55.681	55.379	100.55
每 100 元营业支出创造的保险业务收入 50—100 元的公司 24 家				
61	中路财险	7.992	8.066	99.08
62	久隆财险	1.675	1.694	98.88
63	国元农险	58.383	59.502	98.12

续表

序号	公司简称	保险业务收入（亿元）	营业支出（亿元）	支出·保费价值率（%）
64	华安财险	123.756	126.517	97.82
65	泰山财险	17.395	18.131	95.94
66	富德财险	23.537	24.796	94.92
67	安诚财险	41.173	43.771	94.06
68	诚泰财险	12.167	13.022	93.43
69	华海财险	20.518	22.154	92.62
70	信利保险（中国）	0.349	0.378	92.33
71	浙商财险	44.280	48.342	91.60
72	安盛天平	63.430	70.485	89.99
73	都邦财险	38.473	42.786	89.92
74	易安财险	12.937	14.411	89.77
75	阳光信保	2.520	2.970	84.85
76	合众财险	2.089	2.481	84.20
77	众惠相互	3.840	4.573	83.97
78	海峡金桥	4.448	5.643	78.82
79	珠峰财险	4.672	6.361	73.45
80	建信财险	3.841	5.282	72.72
81	长安责任	30.102	41.883	71.87
82	燕赵财险	8.184	11.452	71.46
83	天安财险	151.468	223.747	67.70
84	汇友相互	0.355	0.531	66.85
每 100 元营业支出创造的保险业务收入 50 元以下的公司 2 家				
85	太平科技	0.468	1.422	39.11
86	融盛财险	0.185	1.187	15.59
行业整体		11647.21	10279.992	113.30

3. 支出・利润价值率战绩

支出・利润价值率指单位营业支出所创造的净利润多少，用公式表示为：支出・利润价值率 = 净利润 / 营业支出 ×100%。2018 年，行业整体支出・利润价值率为 3.11%，高于行业整体的 27 家，其余低于行业整体。各财险公司支出・利润价值率战绩情况详见下表：

支出・利润价值率排名

序号	公司简称	净利润（亿元）	营业支出（亿元）	支出・利润价值率（%）
每 100 元营业支出创造的净利润 100 元以上的公司 3 家				
1	中远自保	0.970	0.042	2309.52
2	粤电自保	0.192	0.122	157.38
3	劳合社（中国）	0.673	0.484	139.05
每 100 元营业支出创造的净利润 50—100 元的公司 1 家				
4	中石油专属	3.146	5.070	62.05
每 100 元营业支出创造的净利润 10—50 元的公司 11 家				
5	乐爱金（中国）	0.100	0.214	46.73
6	鑫安车险	0.961	3.244	29.62
7	中铁自保	2.067	7.481	27.63
8	现代财险（中国）	0.233	0.897	25.98
9	美亚保险	1.390	5.367	25.90
10	日本财险（中国）	0.560	2.932	19.10
11	史带财险	0.508	3.171	16.02
12	苏黎世（中国）	0.326	2.212	14.74
13	安信农险	1.367	9.914	13.79
14	鼎和财险	4.445	37.946	11.71
15	三井住友（中国）	1.013	9.564	10.59
每 100 元营业支出创造的净利润 5—10 元的公司 6 家				
16	三星财险（中国）	0.518	5.325	9.73

续表

序号	公司简称	净利润（亿元）	营业支出（亿元）	支出·利润价值率（%）
17	安联财险（中国）	0.327	3.398	9.62
18	阳光信保	0.280	2.970	9.43
19	英大财险	6.037	64.547	9.35
20	阳光农险	2.224	26.407	8.42
21	平安财险	131.316	2041.809	6.43
每 100 元营业支出创造的净利润 1—5 元的公司 18 家				
22	人保财险	162.683	3429.582	4.74
23	北部湾财险	1.002	24.043	4.17
24	中银保险	2.051	53.679	3.82
25	日本兴亚（中国）	0.019	0.503	3.78
26	太保财险	35.923	982.278	3.66
27	爱和谊（中国）	0.388	10.842	3.58
28	阳光财险	10.608	324.263	3.27
29	中华财险	11.382	398.417	2.86
30	东京海上（中国）	0.230	8.269	2.78
31	大地财险	10.156	366.918	2.77
32	华海财险	0.547	22.154	2.47
33	永安财险	1.948	99.742	1.95
34	中原农险	0.297	15.302	1.94
35	诚泰财险	0.239	13.022	1.84
36	中航安盟	0.348	20.151	1.73
37	国元农险	0.851	59.502	1.43
38	太平财险	2.839	211.375	1.34
39	恒邦财险	0.071	7.024	1.01

续表

序号	公司简称	净利润（亿元）	营业支出（亿元）	支出·利润价值率（%）
每 100 元营业支出创造的净利润 0—1 元的公司 11 家				
40	亚太财险	0.343	35.139	0.98
41	久隆财险	0.016	1.694	0.94
42	安诚财险	0.346	43.771	0.79
43	华泰财险	0.536	76.129	0.70
44	众诚车险	0.063	13.956	0.45
45	华农财险	0.075	20.892	0.36
46	泰山财险	0.064	18.131	0.35
47	天安财险	0.707	223.747	0.32
48	紫金财险	0.153	55.379	0.28
49	锦泰财险	0.038	19.361	0.20
50	国寿财险	1.207	644.913	0.19
每 100 元营业支出亏损 1—10 元的公司 15 家				
51	国泰产险	—0.505	35.210	—1.43
52	华安财险	—2.321	126.517	—1.83
53	都邦财险	—0.892	42.786	—2.08
54	安达保险	—0.106	3.923	—2.70
55	渤海财险	—1.120	39.281	—2.85
56	利宝保险	—0.656	19.187	—3.42
57	中煤财险	—0.504	14.021	—3.59
58	富邦财险	—0.328	8.943	—3.67
59	中意财险	—0.218	5.682	—3.84
60	安盛天平	—2.746	70.485	—3.90
61	国任财险	—1.713	40.290	—4.25

续表

序号	公司简称	净利润（亿元）	营业支出（亿元）	支出·利润价值率（%）
62	永诚财险	—2.586	56.408	—4.58
63	富德财险	—1.152	24.796	—4.65
64	浙商财险	—3.761	48.342	—7.78
65	安华农险	—3.287	35.223	—9.33
每 100 元营业支出亏损 10—50 元的公司 19 家				
66	泰康在线	—3.556	25.756	—13.81
67	易安财险	—1.994	14.411	—13.84
68	众安在线	—15.308	106.577	—14.36
69	前海联合	—2.213	15.270	—14.49
70	燕赵财险	—1.836	11.452	—16.03
71	中路财险	—1.462	8.066	—18.13
72	建信财险	—0.998	5.282	—18.89
73	海峡金桥	—1.124	5.643	—19.92
74	众惠相互	—0.944	4.573	—20.64
75	珠峰财险	—1.499	6.361	—23.57
76	东海航运	—0.323	1.346	—24.00
77	长江财险	—1.946	7.126	—27.31
78	合众财险	—0.679	2.481	—27.37
79	瑞再企商	—0.138	0.458	—30.13
80	安心财险	—4.877	13.236	—36.85
81	汇友相互	—0.220	0.531	—41.43
82	信利保险（中国）	—0.157	0.378	—41.53
83	长安责任	—18.333	41.883	—43.77
84	黄河财险	—1.038	2.165	—47.94

续表

序号	公司简称	净利润（亿元）	营业支出（亿元）	支出·利润价值率（%）
每 100 元营业支出亏损 50 元以上的公司 2 家				
85	太平科技	—0.780	1.422	—54.85
86	融盛财险	—0.862	1.187	—72.62
行业整体		321.601	10279.992	3.14

五、薪酬价值率战绩

薪酬价值率是指每单位薪酬支出所创造的收益多少，包括薪酬·营收价值率、薪酬·保费价值率和薪酬·利润价值率。薪酬价值率主要用来反映保险公司薪酬支出的有效性，即薪酬价值的大小。薪酬是支付给职工以及为职工支付的现金（注：薪酬价值率这一概念由本书作者原创并首次使用）。

1. 薪酬·营收价值率战绩

薪酬·营收价值率即单位薪酬支出所创造的营业收入多少，用公式表示为：薪酬·营收价值率 = 营业收入 / 薪酬 ×100%。2018 年，行业整体薪酬·营收价值率为 928.13%，高于行业整体的 20 家，其余低于行业整体。各财险公司薪酬·营收价值率战绩情况详见下表：

薪酬·营收价值率排名

排名	公司简称	营业收入（亿元）	薪酬支出（亿元）	薪酬·营收价值率（%）
每 100 元薪酬支出创造的营业收入 1000 元以上的公司 17 家				
1	中铁自保	10.320	0.224	4607.14
2	爱和谊（中国）	11.343	0.258	4396.51
3	中石油专属	8.731	0.265	3294.72

续表

排名	公司简称	营业收入（亿元）	薪酬支出（亿元）	薪酬·营收价值率（%）
4	国泰产险	34.700	1.240	2798.39
5	富德财险	23.653	1.170	2021.62
6	英大财险	73.615	3.645	2019.62
7	易安财险	11.734	0.594	1975.42
8	华农财险	21.070	1.141	1846.63
9	国元农险	60.386	4.158	1452.28
10	众安在线	91.310	6.627	1377.85
11	平安财险	2246.262	168.585	1332.42
12	利宝保险	18.543	1.662	1115.70
13	华泰财险	77.910	6.989	1114.75
14	安盛天平	67.674	6.082	1112.69
15	众惠相互	3.429	0.314	1092.04
16	诚泰财险	13.796	1.267	1088.87
17	太保财险	1046.940	103.133	1015.14
每 100 元薪酬支出创造的营业收入 500—1000 元的公司 43 家				
18	天安财险	223.937	22.714	985.90
19	人保财险	3668.216	382.344	959.40
20	鼎和财险	43.898	4.682	937.59
21	阳光农险	28.751	3.176	905.26
22	前海联合	12.931	1.449	892.41
23	北部湾财险	25.055	2.816	889.74
24	中银保险	57.392	6.520	880.25
25	燕赵财险	9.635	1.101	875.11
26	大地财险	381.161	44.416	858.16

续表

排名	公司简称	营业收入（亿元）	薪酬支出（亿元）	薪酬·营收价值率（%）
27	三井住友（中国）	10.902	1.284	849.07
28	华安财险	124.102	14.744	841.71
29	锦泰财险	19.398	2.364	820.56
30	泰康在线	22.106	2.751	803.56
31	中华财险	414.660	52.415	791.11
32	安信农险	11.464	1.503	762.74
33	众诚车险	14.209	1.900	747.84
34	国寿财险	656.109	89.405	733.86
35	东京海上（中国）	8.526	1.176	725.00
36	华海财险	22.775	3.178	716.65
37	永诚财险	52.863	7.525	702.50
38	中原农险	15.608	2.224	701.80
39	中煤财险	13.532	1.959	690.76
40	永安财险	102.536	15.009	683.16
41	久隆财险	1.708	0.258	662.02
42	阳光财险	340.654	52.327	651.01
43	渤海财险	38.287	5.892	649.81
44	恒邦财险	7.142	1.116	639.96
45	中路财险	6.604	1.057	624.79
46	国任财险	38.307	6.143	623.59
47	紫金财险	55.736	8.991	619.91
48	鑫安车险	4.494	0.733	613.10
49	中航安盟	20.672	3.379	611.78
50	中意财险	5.474	0.890	615.06

续表

排名	公司简称	营业收入（亿元）	薪酬支出（亿元）	薪酬 · 营收价值率（%）
51	太平财险	217.722	36.372	598.60
52	浙商财险	44.595	7.573	588.87
53	现代财险（中国）	1.068	0.182	586.81
54	三星财险（中国）	5.988	1.039	576.32
55	亚太财险	35.470	6.262	566.43
56	安诚财险	44.132	7.853	561.98
57	安华农险	31.676	6.030	525.31
58	史带财险	3.818	0.742	514.56
59	中远自保	1.336	0.266	502.26
60	安联财险（中国）	3.819	0.763	500.52
每 100 元薪酬支出创造的营业收入 100—500 元的公司 22 家				
61	日本财险（中国）	3.493	0.708	493.36
62	安心财险	8.350	1.766	472.82
63	珠峰财险	4.882	1.048	465.84
64	富邦财险	8.636	1.883	458.63
65	海峡金桥	4.600	1.014	453.65
66	都邦财险	41.920	9.458	443.22
67	泰山财险	18.153	4.156	436.79
68	建信财险	4.302	1.050	409.71
69	合众财险	1.802	0.440	409.55
70	苏黎世（中国）	2.908	0.699	416.02
71	日本兴亚（中国）	0.522	0.145	360.00
72	长江财险	5.159	1.434	359.76
73	阳光信保	3.271	0.916	357.10

续表

排名	公司简称	营业收入（亿元）	薪酬支出（亿元）	薪酬·营收价值率（%）
74	安达保险	3.915	1.177	332.63
75	长安责任	23.157	7.193	321.94
76	乐爱金（中国）	0.350	0.113	309.73
77	美亚保险	7.150	2.692	265.60
78	东海航运	1.024	0.526	194.68
79	信利保险（中国）	0.222	0.124	179.03
80	粤电自保	0.114	0.079	144.30
81	劳合社（中国）	1.381	1.056	130.78
82	黄河财险	0.818	0.709	115.37
每 100 元薪酬支出创造的营业收入 100 元以下的公司 4 家				
83	太平科技	0.600	0.606	99.01
84	汇友相互	0.311	0.395	78.73
85	融盛财险	0.274	0.418	65.55
86	瑞再企商	0.317	0.508	62.40
行业整体		10817.515	1162.190	930.79

2. 薪酬·保费价值率战绩

薪酬·保费价值率即单位薪酬所创造的保险业务收入多少，用公式表示为：薪酬·保费价值率 = 保险业务收入 / 薪酬 ×100%。2018 年，行业整体薪酬·保费价值率为 1000.39%，高于行业整体的有 25 家，其余低于行业整体。各财险公司薪酬·保费价值率战绩情况详见下表：

薪酬·保费价值率排名

排名	公司简称	保险业务收入（亿元）	薪酬支出（亿元）	薪酬·保费价值率（%）
每100元薪酬支出创造的保险业务收入2000元以上的公司7家				
1	中铁自保	11.868	0.224	5298.21
2	爱和谊（中国）	11.779	0.258	4565.50
3	中石油专属	8.581	0.265	3238.11
4	国泰产险	38.486	1.240	3103.71
5	易安财险	12.937	0.594	2177.95
6	英大财险	77.602	3.645	2129.00
7	富德财险	23.537	1.170	2011.71
每100元薪酬支出创造的保险业务收入1000—2000元的公司20家				
8	华农财险	21.821	1.141	1912.45
9	众安在线	112.631	6.627	1699.58
10	安联财险（中国）	12.410	0.763	1626.47
11	中远自保	4.316	0.266	1622.56
12	劳合社（中国）	15.552	1.056	1472.73
13	平安财险	2475.256	168.585	1468.25
14	国元农险	58.383	4.158	1404.11
15	史带财险	9.156	0.742	1233.96
16	众惠相互	3.840	0.314	1222.93
17	华泰财险	84.937	6.989	1215.30
18	乐爱金（中国）	1.365	0.113	1207.96
19	利宝保险	19.598	1.662	1179.18
20	太保财险	1178.083	103.133	1142.29
21	阳光农险	34.708	3.176	1092.82
22	三井住友（中国）	13.966	1.284	1087.69
23	泰康在线	29.526	2.751	1073.28

续表

排名	公司简称	保险业务收入（亿元）	薪酬支出（亿元）	薪酬·保费价值率（%）
24	前海联合	15.415	1.449	1063.84
25	安盛天平	63.430	6.082	1042.91
26	人保财险	3887.693	382.344	1016.81
27	北部湾财险	28.335	2.816	1006.21
每 100 元薪酬支出创造的保险业务收入 500—1000 元的公司 44 家				
28	现代财险（中国）	1.819	0.182	999.45
29	东京海上（中国）	11.452	1.176	973.81
30	诚泰财险	12.167	1.267	960.30
31	鼎和财险	44.893	4.682	958.84
32	大地财险	426.224	44.416	959.62
33	三星财险（中国）	9.925	1.039	955.25
34	苏黎世（中国）	6.671	0.699	954.36
35	中银保险	60.497	6.520	927.87
36	鑫安车险	6.665	0.733	909.28
37	日本财险（中国）	6.343	0.708	895.90
38	安心财险	15.306	1.766	866.70
39	锦泰财险	20.366	2.364	861.51
40	中意财险	7.562	0.890	849.66
41	安华农险	50.818	6.030	842.75
42	华安财险	123.756	14.744	839.37
43	永诚财险	62.838	7.525	835.06
44	安信农险	12.489	1.503	830.94
45	中华财险	423.130	52.415	807.27
46	众诚车险	15.208	1.900	800.42

续表

排名	公司简称	保险业务收入（亿元）	薪酬支出（亿元）	薪酬·保费价值率（%）
47	国寿财险	691.545	89.405	773.50
48	中路财险	7.992	1.057	756.10
49	粤电自保	0.597	0.079	755.70
50	中原农险	16.792	2.224	755.03
51	燕赵财险	8.184	1.101	743.32
52	中煤财险	14.494	1.959	739.87
53	安达保险	8.618	1.177	732.20
54	永安财险	104.657	15.009	697.29
55	中航安盟	23.489	3.379	695.15
56	阳光财险	363.254	52.327	694.20
57	美亚保险	18.524	2.692	688.11
58	渤海财险	40.026	5.892	679.33
59	太平财险	243.915	36.372	670.61
60	国任财险	41.102	6.143	669.09
61	天安财险	151.468	22.714	666.85
62	恒邦财险	7.281	1.116	652.42
63	久隆财险	1.675	0.258	649.22
64	华海财险	20.518	3.178	645.63
65	紫金财险	55.681	8.991	619.30
66	亚太财险	37.841	6.262	604.30
67	瑞再企商	2.987	0.508	587.99
68	浙商财险	44.280	7.573	584.71
69	长江财险	7.687	1.434	536.05
70	富邦财险	10.039	1.883	533.14

续表

排名	公司简称	保险业务收入（亿元）	薪酬支出（亿元）	薪酬·保费价值率（%）
71	安诚财险	41.173	7.853	524.30
每100元薪酬支出创造的保险业务收入100—500元的公司12家				
72	合众财险	2.089	0.440	474.77
73	日本兴亚（中国）	0.649	0.145	447.59
74	珠峰财险	4.672	1.048	445.80
75	海峡金桥	4.448	1.014	438.66
76	泰山财险	17.395	4.156	418.55
77	长安责任	30.102	7.193	418.49
78	都邦财险	38.473	9.458	406.78
79	黄河财险	2.615	0.709	368.83
80	建信财险	3.841	1.050	365.81
81	东海航运	1.890	0.526	359.32
82	信利保险（中国）	0.349	0.124	281.45
83	阳光信保	2.520	0.916	275.11
每100元薪酬支出创造的保险业务收入100元以下的公司3家				
84	汇友相互	0.355	0.395	89.87
85	太平科技	0.468	0.606	77.23
86	融盛财险	0.185	0.418	44.26
行业整体		11647.210	1162.190	1002.18

3. 薪酬·利润价值率战绩

薪酬·利润价值率即单位薪酬支出所创造的净利润多少，用公式表示为：薪酬·利润价值率 = 净利润 / 薪酬 ×100%。2018 年，行业整体薪酬·利润价值率为 27.50%，高于行业整体的有 26 家，其余低于行业整体。各财险公司薪酬·利润价值率战绩情况详见下表：

薪酬·利润价值率排名

排名	公司简称	净利润（亿元）	薪酬（亿元）	薪酬·利润价值率（%）
每 100 元薪酬支出创造的净利润 500 元以上的公司 2 家				
1	中石油专属	3.146	0.265	1228.91
2	中铁自保	2.067	0.224	922.77
每 100 元薪酬支出创造的净利润 100—500 元的公司 6 家				
3	中远自保	0.970	0.266	364.66
4	粤电自保	0.192	0.079	243.04
5	英大财险	6.037	3.645	165.62
6	爱和谊（中国）	0.388	0.258	150.39
7	鑫安车险	0.961	0.733	131.11
8	现代财险（中国）	0.233	0.182	128.02
每 100 元薪酬支出创造的净利润 50—100 元的公司 10 家				
9	鼎和财险	4.445	4.682	94.96
10	安信农险	1.367	1.503	90.95
11	乐爱金（中国）	0.100	0.113	88.50
12	日本财险（中国）	0.560	0.708	79.10
13	三井住友（中国）	1.013	1.284	78.89
14	平安财险	131.316	168.585	77.89
15	阳光农险	2.224	3.176	70.03
16	史带财险	0.508	0.742	68.46
17	劳合社（中国）	0.673	1.056	63.73
18	美亚保险	1.390	2.692	51.63
每 100 元薪酬支出创造的净利 10—50 元的公司 19 家				
19	三星财险（中国）	0.518	1.039	49.86
20	苏黎世（中国）	0.326	0.699	46.64
21	安联财险（中国）	0.327	0.763	42.86

续表

排名	公司简称	净利润（亿元）	薪酬（亿元）	薪酬·利润价值率（%）
22	人保财险	162.683	382.344	42.55
23	北部湾财险	1.002	2.816	35.58
24	太保财险	35.923	103.133	34.83
25	中银保险	2.051	6.520	31.46
26	阳光信保	0.280	0.916	30.57
27	大地财险	10.156	44.416	22.87
28	中华财险	11.382	52.415	21.72
29	国元农险	0.851	4.158	20.47
30	阳光财险	10.608	52.327	20.27
31	东京海上（中国）	0.230	1.176	19.56
32	诚泰财险	0.239	1.267	18.86
33	华海财险	0.547	3.178	17.21
34	中原农险	0.297	2.224	13.35
35	日本兴亚（中国）	0.019	0.145	13.10
36	永安财险	1.948	15.009	12.99
37	中航安盟	0.348	3.379	10.30
每100元薪酬支出创造的净利润1—10元的公司13家				
38	太平财险	2.839	36.372	7.81
39	华泰财险	0.536	6.989	7.67
40	华农财险	0.075	1.141	6.57
41	恒邦财险	0.071	1.116	6.36
42	久隆财险	0.016	0.258	6.20
43	亚太财险	0.343	6.262	5.48
44	安诚财险	0.346	7.853	4.41

续表

排名	公司简称	净利润（亿元）	薪酬（亿元）	薪酬·利润价值率（%）
45	众诚车险	0.063	1.900	3.32
46	天安财险	0.707	22.714	3.11
47	紫金财险	0.153	8.991	1.70
48	锦泰财险	0.038	2.364	1.61
49	泰山财险	0.064	4.156	1.54
50	国寿财险	1.207	89.405	1.35
每 100 元薪酬支出亏损 0—50 元的公司 14 家				
51	安达保险	—0.106	1.177	—9.01
52	都邦财险	—0.892	9.458	—9.43
53	华安财险	—2.321	14.744	—15.74
54	富邦财险	—0.328	1.883	—17.42
54	渤海财险	—1.120	5.892	—19.01
56	中意财险	—0.218	0.890	—24.49
57	中煤财险	—0.504	1.959	—25.73
58	瑞再企商	—0.138	0.508	—27.17
59	国任财险	—1.713	6.143	—27.89
60	永诚财险	—2.586	7.525	—34.37
61	利宝保险	—0.656	1.662	—39.47
62	国泰产险	—0.505	1.240	—40.73
63	安盛天平	—2.746	6.082	—45.15
64	浙商财险	—3.761	7.573	—49.66
每 100 元薪酬支出亏损 50—100 元的公司 5 家				
65	安华农险	—3.287	6.030	—54.51
66	汇友相互	—0.220	0.395	—55.70

续表

排名	公司简称	净利润（亿元）	薪酬（亿元）	薪酬·利润价值率（%）
67	东海航运	−0.323	0.526	−61.41
68	建信财险	−0.998	1.050	−95.05
69	富德财险	−1.152	1.170	−98.46
每100元薪酬支出亏损100—200元的公司11家				
70	海峡金桥	−1.124	1.014	−110.85
71	信利保险（中国）	−0.157	0.124	−126.61
72	太平科技	−0.780	0.606	−128.71
73	泰康在线	−3.556	2.751	−129.26
74	长江财险	−1.946	1.434	−135.70
75	中路财险	−1.462	1.057	−138.32
76	珠峰财险	−1.499	1.048	−143.03
77	黄河财险	−1.038	0.709	−146.40
78	前海联合	−2.213	1.449	−152.73
79	合众财险	−0.679	0.440	−154.32
80	燕赵财险	−1.836	1.101	−166.75
每100元薪酬支出亏损200元以上的公司6家				
81	融盛财险	−0.862	0.418	−206.22
82	众安在线	−15.308	6.627	−230.99
83	长安责任	−18.333	7.193	−254.87
84	安心财险	−4.877	1.766	−276.16
85	众惠相互	−0.944	0.314	−300.64
86	易安财险	−1.994	0.594	−335.69
行业整体		321.601	1162.190	27.73

第四部分　表彰奖励

对于一场或是一次赛事，表彰奖励是必需和必要的。本次比赛共设有十大奖项，其中，组委会共设有7个奖项，主要是根据财产保险公司的特点，认为这些奖项对于财险公司非常重要，突出收入、利润、赔款、支出等关键指标。然而表彰奖励也是有局限性的，第一，时点性，不能动态跟踪或全程奖励；第二，个别性，只能硬性排名，对于相当或相近的只能割舍，非常遗憾；第三，奖项少，只能选择主要指标，容易挂一漏万，忽略多数。好在除了组委会奖（第一项至第七项），还有官方的奖项（第八项至第九项）及综合杂项奖（第十项）。然则，奖励不是目的，过程更为重要，荣誉也是暂时的，保持或发扬更为重要。望获奖者再接再厉，更进一步；未获奖者励精图治，力争上游。

一、收入贡献奖

（1）获奖条件：营业收入与保险业务收入算术平均值排名前五者（注：营业收入和保险业务收入以保险公司利润表为准）。

（2）获奖名单：人保财险、平安财险、太保财险、国寿财险、中华财险。

（3）获奖成绩如下表所示：

名次	获奖公司	营业收入（亿元）	保险业务收入（亿元）	算术平均值（亿元）
1	人保财险	3668.216	3887.693	3777.955
2	平安财险	2246.262	2475.256	2360.759
3	太保财险	1046.940	1178.083	1112.512

续表

名次	获奖公司	营业收入（亿元）	保险业务收入（亿元）	算术平均值（亿元）
4	国寿财险	656.109	691.545	673.827
5	中华财险	414.660	423.130	418.895

（4）颁奖词。

首先，向获奖的公司表示祝贺！

业务规模是衡量公司实力的重要指标，保险公司发展由承保业务和投资业务两大要素驱动，保费收入和投资收益是两大主要利润来源。在保险公司利润表中通常有两个收入指标，一个是营业收入，一个是保险业务收入，这两个指标都是核算指标。保险业务收入是保险公司履行赔偿责任和保险投资最主要的资金来源，保费业务收入反映公司保单获取能力；营业收入主要来自保费收入和投资收益，因此，将营业收入和保险业务收入统一考虑，通过算术平均的办法计算出平均收入用以体现保险公司的规模实力和综合实力。两个收入指标中最重要的是保险业务收入，它是保险企业重要的核算指标，是营业收入的主要来源。

保险业务收入包括原保费收入和分保费收入，其中原保费收入是国际上通用的衡量一国或地区保险业市场规模的指标，除原保费收入外，保险深度和保险密度也是其重要的衡量指标，原保费收入用于衡量保险业发展的总量水平，保险密度和保险深度用于衡量保险业发展程度，而保险深度和保险密度都与原保费收入正向相关。2018 年中国财险公司实现原保费收入 11755.69 亿元，同比增长 11.52%，5 家获奖公司贡献了总保费的 73.51%，可谓功不可没。

序号	公司名称	原保费收入（亿元）	占比（%）
1	人保财险	3880.03	33.01
2	平安财险	2474.44	21.05
3	太保财险	1173.80	9.98
4	国寿财险	691.06	5.88
5	中华财险	422.32	3.59
合计		8641.65	73.51

中国保险业成就了他们，他们影响或改写了中国保险业的历史。他们一路披荆斩棘，开疆扩土，历史给了他们机会，他们抓住了机会，创造了历史。

（5）获奖公司特点。

①成立时间长：20 年以上。

②注册资本多：100 亿元以上。

③当年经营实现盈利：10 亿元以上（国寿财险除外）。

④都隶属于保险集团公司。

以下梳理了获奖公司成立时间、注册资本、净利润等信息，以供参考。

名次	获奖公司	成立时间（集团或本公司）	注册资本（亿元）	净利润（亿元）	集团公司
1	人保财险	1949-10-20	222.4277	162.683	中国人保
2	平安财险	1988-05-27	210	131.316	中国平安
3	太保财险	1991-05-13	194.7	35.923	中国太保
4	国寿财险	1996-08-22	188	1.207	中国人寿
5	中华财险	1986-07-15	146.4	11.382	中华保险

二、效益贡献奖

（1）获奖条件：综合效益排名前五且净利润为正值者（注：综合效益 = 净利润 ×70%+ 赔付支出 ×30%，作者自定，未必合理）。

（2）净利润和赔付支出以保险公司利润表为准。

（3）获奖名单：人保财险、平安财险、太保财险、国寿财险、中华财险。

（4）获奖成绩（单位：亿元）如下表所示：

名次	获奖公司	净利润	权重 70%	赔付支出	权重 30%	综合效益
1	人保财险	162.683	113.877	2327.345	698.204	812.081
2	平安财险	131.316	91.921	1189.315	356.795	448.716

续表

名次	获奖公司	净利润	权重 70%	赔付支出	权重 30%	综合效益
3	太保财险	35.923	25.146	647.759	194.328	219.474
4	国寿财险	1.207	0.845	417.953	125.386	126.231
5	中华财险	11.382	7.967	268.053	84.416	92.383

（5）颁奖词。

首先，向获奖的公司表示祝贺！

实现效益最大化是企业追求的根本目标，效益可分为经济效益（自身效益）和社会效益，经济效益是企业在经济活动中所取得的收益性成果，社会效益则是在经济效益之外对社会有益的效果。经济效益是实现社会效益的基础，而追求社会效益又是促进经济效益的重要条件。追求效益最大化就是实现最佳的经济效益和最佳的社会效益。

经济效益和社会效益可以运用若干指标来体现。衡量财产保险公司效益的指标有很多，但净利润和赔付支出无疑是两个关键的指标。净利润是保险公司经营的最终成果，反映保险企业多方面综合情况，净利润是投资者获得投资回报的直接来源，是评价企业盈利能力、管理能力、偿债能力的一个重要依据，是企业永续经营的根本保证。赔付支出是保险公司履行赔偿责任、提供风险保障的最直接体现，保险姓保，是通过数据说话，而非概念和口号。赔款支出的多少也是保险公司综合实力和能力的反映。保险公司在追求利润中，可以增强公司的实力和公司价值，同时在履行赔付支出中得到社会认可，满足消费者风险保障需求。因此，选取净利润和赔付支出两个指标来体现经济效益和社会效益，以两者加权的结果视为综合效益，并以综合效益排名居前者视为效益贡献大。至于权重设置各占多少合适，并没有固定的标准，只是想通过权重的设定，强调保险公司要兼顾这两个方面，平衡两种利益，实现保险公司的价值。

2018 年，86 家财险公司（不含中国信保、安邦财险）共实现净利润 321.601 亿元，以上获奖公司共实现净利润 342.511 亿元，超过行业整体的净利润，占比高达 106.50%。86 家财险公司共支付赔款 6369.225 亿元，以上获奖公司共支付赔款 4850.425 亿元，占财险公司总赔款的 76.15%。

名次	获奖公司	净利润（亿元）	占比（%）	赔付支出（亿元）	占比（%）
1	人保财险	162.683	51.28	2327.345	36.61
2	平安财险	131.316	41.39	1189.315	18.71
3	太保财险	35.923	11.32	647.759	10.19
4	国寿财险	1.207	0.38	417.953	6.57
5	中华财险	11.382	3.53	268.053	4.22
小计		342.511	106.50	4850.425	76.15
行业总计		321.601	100	6369.225	100

以上获奖者，兼顾了自身效益和社会效益，力争效益最大化，努力践行保险姓保、回归本原的初心与使命，为广大客户提供了较好的风险保障，为中国财险业做出了应有的贡献。

（6）获奖者特点。

①成立时间长：20 年以上。

②注册资本多：100 亿元以上。

③当年经营实现盈利：10 亿元以上（国寿财险除外）。

④都隶属于保险集团公司。

三、资本价值奖

1. 资本 · 营收奖

（1）获奖条件：资本 · 营收价值率排名前五者（注：资本 · 营收价值率 = 营业收入 / 注册资本）。

（2）获奖名单：人保财险、平安财险、安盛天平、阳光财险、众安在线。

（3）获奖成绩如下表所示：

名次	获奖公司	营业收入（亿元）	注册资本（亿元）	资本·营收价值率（%）
1	人保财险	3668.216	222.4277	1649.2
2	平安财险	2246.262	210	1069.6
3	安盛天平	67.674	8.4622	799.7
4	阳光财险	340.654	50.88	669.5
5	众安在线	91.310	14.6981	621.2
小计		6414.116	506.468	1266.44
行业整体		10817.515	2649.4528	408.29

注：资本·营收价值率含义是每100元注册资本所创造的营业收入数值

（4）颁奖词。

首先，向获奖的公司表示祝贺！

营业收入是保险公司业务能力、运营能力的综合体现，与多种资源要素相关，如企业经营管理的水平、产品的销售和市场情况等。注册资本和企业的收入一般是没有什么直接关系的，注册资本多说明投资者投入的资本较大，企业规模应该也就大些。企业的注册资本是不会经常改变的，但由于保险业务的特殊性，营业收入与注册资本关系很大，第一，注册资本在很大程度上体现了保险公司的偿付能力，虽然不同的业务对于资本的要求不同，但是资本的多少会对业务规模有相当大的影响，资本越多其偿付能力越强，因此，为了扩大业务规模，保险公司会尽量增加注册资本，以提高偿付能力充足率。但是，同样的注册资本对于不同的公司发挥的效用不尽相同，甚至有的公司注册资本并没有完全发挥作用，资本的价值没有充分利用或释放，部分资本处于浪费或闲置状态，非常可惜。第二，保险公司营业收入包括保险业务收入和投资收入，而投资收入很大一部分是利用注册资本进行投资所获得。资本·营收价值率反映了注册资本在获取保险业务收入和投资收入上所发挥的效用，即注册资本所创造的营业收入的多少，体现出公司业务收入与注册资本的对比关系。以上获奖公司的注册资本利用率比较高，资本的作用得到充分发挥，资本的价值得以充分释放，创造的营业收入比较可观。

（5）获奖公司特点。

①获奖者偿付能力充足率一般都不会过高。由于获奖者注册资本得到充分

利用，偿付能力一般处于行业平均水平线上下，做到充足且不浪费（注：2018年四季度财产险行业综合偿付能力充足率为274%）。

序号	公司简称	2018年四季度		
		核心偿付能力充足率（%）	综合偿付能力充足率（%）	风险综合评级
1	人保财险	228.58	275.40	B
2	平安财险	201.53	223.76	B
3	安盛天平	296.28	301.23	A
4	阳光财险	140.55	200.05	B
5	众安在线	599.59	599.59	B

②获奖与公司成立时间长短无关。获奖者既有成立时间30年以上的人保财险和平安财险，也有成立10年多的安盛天平和阳光财险，更有成立仅有5年的众安在线。

③获奖者各有代表性。人保财险、平安财险代表传统大型险企，阳光财险代表中型公司，安盛天平代表外资公司，众安在线则是大黑马，代表互联网时代的科技险企。

2. 资本·利润奖

（1）获奖条件：资本·利润价值率排名前五者（仅限商业保险公司，注：资本·利润价值率=净利润/注册资本）。

（2）获奖名单：人保财险、平安财险、阳光财险、三井住友（中国）、安信农险。

（3）获奖成绩如下表所示：

序号	公司简称	净利润（亿元）	注册资本（亿元）	资本·利润价值率（%）
1	人保财险	162.683	222.4277	73.14
2	平安财险	131.316	210	62.53

续表

序号	公司简称	净利润（亿元）	注册资本（亿元）	资本·利润价值率（%）
3	阳光财险	10.608	50.88	20.85
4	三井住友（中国）	1.013	5	20.26
5	安信农险	1.367	7	19.53
小计		306.987	495.3077	61.98
行业整体		321.601	2649.4528	12.14

注：资本·利润价值率的含义是每100元注册资本所创造的净利润数值

（4）颁奖词：

首先，向获奖的公司表示祝贺！

注册资本是股东设立企业时履行的出资义务，所有出资总计就是注册资本金。企业经营效益关键的指标是净利润，净利润的高低直接反映企业经营状况，净利润是股东获得投资回报大小的基本因素，是股东最关心的。因此，即使注册资本与净利润没有直接关系，但是，股东是根据出资额的多少和股份比例分配净利润的，从这个角度来说，净利润和注册资本对于股东是有实在意义的，因此，资本·利润价值率即单位注册资本所带来的净利润的多少就显得非常重要了。

对于财产保险公司，有的公司注册资本很多，净利润也多；有的公司注册资本很多，但净利润很少，甚至亏损；而有的公司注册资本不多，但能够保持盈利或较多的盈利。以上获奖公司虽然注册资本相差悬殊，但单位注册资本效益都比较高，实现了较高的注册资本价值率，集中反映了公司具有较强的盈利能力、管理能力等多方面的综合能力。市场上，经常遇到财险公司高管们探讨公司战略、经营、定位等，是做大而强还是小而美，是讲求质量效益还是规模优先，最后往往是亦步亦趋、左右摇摆。组委会通过设置资本·利润奖项，希望对财险公司掌权者或高管们有所启发。此奖项获奖者限定为必须是商业性财险公司，因为商业性公司追求利润天经地义，而对于政策性公司或相互制公司就不一定要求盈利，或追求盈利不是其主要目的。因此，对于商业性财险公司来说，做出特色，走自己的路，争取资本·利润最大化是正确的选择。

（5）获奖者特点。

①获奖与注册资本多少无关。获奖者既有注册资本 200 万元以上的人保财险和平安财险，也有注册资本 50.88 亿元的中型公司阳光财险，更有注册资本不到 10 亿的三井住友（中国）和安信农险。

②获奖与业务规模大小无关。获奖者既有保险业务收入 2000 亿以上的人保财险和平安财险，也有保险业务收入 360 多亿的中型公司阳光财险，更有保险业务收入 10 多个亿的三井住友（中国）和安信农险。

获奖公司	人保财险	平安财险	阳光财险	三井住友（中国）	安信农业
保险业务收入（亿元）	3887.69	2475.26	363.25	13.97	12.49

③获奖者各有代表性。人保财险、平安财险代表传统大型险企，阳光财险代表中型公司，三井住友（中国）代表外资公司，安信农险代表专业农险公司。

四、支出价值奖

1. 支出 · 收入奖

（1）获奖条件：支出 · 收入价值率排名前五者（注：支出 · 收入价值率 = 营业收入 / 营业支出）。

（2）获奖名单：中远自保、劳合社（中国）、中石油专属、乐爱金（中国）、鑫安车险。

（3）获奖成绩如下表所示：

名次	获奖公司	营业收入（亿元）	营业支出（亿元）	支出·收入价值率（%）
1	中远自保	1.336	0.042	3180.95
2	劳合社（中国）	1.381	0.484	285.33
3	中石油专属	8.731	5.070	172.21
4	乐爱金（中国）	0.350	0.214	163.55

续表

名次	获奖公司	营业收入（亿元）	营业支出（亿元）	支出·收入价值率（%）
5	鑫安车险	4.494	3.244	138.53
小计		16.292	9.054	179.42
行业整体		10817.515	1027.992	105.23

注：支出·收入价值率的含义是每100元营业支出所创造的营业收入数值

（4）颁奖词。

首先，向获奖的公司表示祝贺！

营业收入与营业支出具有对应关系，营业收入减去营业支出即为营业利润，如果不考虑营业外支出和营业外收入，营业利润即为利润总额，利润总额扣除所得税就是净利润，因此，只有当营业收入大于营业支出时，企业才有利润；当支出·收入价值率大于100%时，企业才能盈利，而且，支出·收入价值率越大，盈利越多。反过来说就是，营业支出创造的营业收入越多，企业的盈利就越多。组委会设置此奖项，是为了提示保险同仁，要关注营业支出如何才能带来更多的营业收入，而不只是保险业务收入，营业收入与保险业务收入不是一一对应的关系，保险业务收入转化成营业收入是和业务结构、自留保费、分入分出、责任准备金的提取等密切相关的，因此，关注营业收入比单一关注保险业务收入更有效。如何以最小的支出产生更多的营业收入，或创造相同的营业收入消耗更少的成本支出，本奖项获奖者也许会给你答案或提示。

（5）获奖者特点。

①本奖项获奖者都是小公司，营业收入最多的中石油专属仅有8.7307亿元，最小的乐爱金（中国）只有3504万。

②除了两家外资公司劳合社（中国）和乐爱金（中国）外，三家中资公司中有两家是自保公司，一家是车险公司，都不是传统的公司。

③获奖的公司虽然营业收入少，但都实现了连续盈利。

以下是梳理的获奖公司近三年的营业收入及净利润情况，以供参考。

名次	获奖公司		2016 年	2017 年	2018 年
1	中远自保	营业收入（亿元）		0.7812	1.3360
		净利润（亿元）		0.4666	0.9698
2	劳合社（中国）	营业收入（亿元）	0.9354	1.1647	1.3811
		净利润（亿元）	0.4862	0.6021	0.6731
3	中石油专属	营业收入（亿元）	6.6244	7.7658	8.7307
		净利润（亿元）	2.8285	3.6362	3.1455
4	乐爱金（中国）	营业收入（亿元）	0.3915	0.3412	0.3504
		净利润（亿元）	0.1161	0.0285	0.1003
5	鑫安车险	营业收入（亿元）	3.9985	4.0450	4.4944
		净利润（亿元）	0.3927	0.5594	0.9615

2. 支出 · 利润奖

（1）获奖条件：支出 · 利润价值率排名前五者（仅限商业保险公司，注：支出 · 利润价值率 = 净利润 / 营业支出）。

（2）获奖名单：中远自保、粤电自保、劳合社（中国）、中石油专属、乐爱金（中国）。

（3）获奖成绩如下表所示：

名次	获奖公司	净利润（亿元）	营业支出（亿元）	支出 · 利润价值率（%）
1	中远自保	0.970	0.042	2309.52
2	粤电自保	0.192	0.122	157.38
3	劳合社（中国）	0.673	0.484	139.05
4	中石油专属	3.146	5.070	62.05
5	乐爱金（中国）	0.100	0.214	46.73
小计		5.081	5.932	85.65
行业整体		321.601	10279.992	3.13

注：支出 · 利润价值率的含义是每 100 元营业支出所创造的净利润数值

（4）颁奖词。

首先，向获奖的公司表示祝贺！

企业要获取利润就要消耗资源，体现在现金价值上就是成本支出，如材料、人力、各种费用、税金、资产减值、准备金提取等，对于保险行业还存在赔付支出、分保支出等，这些都是营业支出。没有成本支出就不会有业务，也就谈不上利润。成本支出是否都能带来利润，以及带来多少利润是保险企业非常关注的问题，对于这个问题可以通过利润与支出的比较来分析和观察。支出·利润价值率可以直观地反映出企业每单位营业支出所带来的净利润多少，或净利润与营业支出的对比关系，以及营业支出在利润创造中发挥的效用。通过支出·利润价值率的观察，我们很容易地看到，很多财险公司大量的营业支出不但没有带来很多的净利润，甚至还有几十家在亏损，实在令人费解。支出大量的成本究竟是为了什么？作者认为可能有的公司是从战略考虑，放长线看未来，不计较短期盈利，也就是不想盈利；有的公司可能是不太会做财险企业；有的可能是盲目求大求快；有的可能是没有计划走哪算哪；有的是脚踏两只船又想上江北又想上江南，结果哪都没去成，掉到江里去了。诚然，事情不能那么绝对，但公司无大小，只要有价值就值得表彰奖励，就值得尊敬。佛说：一花一世界，一叶一菩提。公司再小，也有他们的内心世界，也有动人的故事，更有自己的价值取向。不同的结果也可能是公司文化的深层影响。以上获奖公司诠释了什么是企业价值，什么是公司目标。

（5）获奖者特点。

①获奖者中有两家外资公司，劳合社（中国）和乐爱金（中国）；三家自保公司，中远自保、粤电自保和中铁专属。没有一家传统的中资公司。

②获奖者都是小公司，营业收入最多的中石油专属仅有8.731亿元，粤电自保只有1140万元，没有一家大公司。

名次	获奖公司	净利润（亿元）	营业收入	利润率（%）
1	中远自保	0.970	1.336	72.60
2	粤电自保	0.192	0.114	168.42
3	劳合社（中国）	0.673	1.381	48.73

续表

名次	获奖公司	净利润（亿元）	营业收入	利润率（%）
4	中石油专属	3.146	8.731	36.03
5	乐爱金（中国）	0.100	0.350	28.57

注：粤电自保2018年有2500万元营业外收入，故存在利润率大于100%的情况

五、薪酬价值奖

1. 薪酬·保费奖

（1）获奖条件：薪酬·保费价值率排名前五者（注：薪酬·保费价值率=保险业务收入/薪酬支出）。

（2）获奖名单：中铁自保、爱和谊（中国）、中石油专属、国泰产险、易安财险。

（3）获奖成绩如下表所示：

名次	获奖公司	保险业务收入（亿元）	薪酬支出（亿元）	薪酬·保费价值率（%）
1	中铁自保	11.868	0.224	5298.21
2	爱和谊（中国）	11.779	0.258	4565.89
3	中石油专属	8.581	0.265	3238.11
4	国泰产险	38.486	1.240	3103.71
5	易安财险	12.937	0.594	2177.95
小计		83.651	2.581	3241.07
行业整体		11647.210	1162.190	1002.18

注：薪酬·保费价值率的含义是每100元薪酬支出所创造的保险业务收入数值

（4）颁奖词。

首先，向获奖的公司表示祝贺！

职工薪酬是公司为获得职工提供的服务而给予的各种形式的报酬或补偿，

包括工资、奖金、津贴和补贴、职工福利费、医疗保险费、工伤保险费、生育保险费、住房公积金、工会和教育经费、短期带薪缺勤等。本书的薪酬均指公司现金流量表中（经营活动产生的现金流量项下）支付给职工以及为职工支付的现金。企业向员工发放薪酬，通过员工付出劳动而获得收入和利润，而员工的工作业绩与效率，直接影响到企业的收入和利润。因此，一般来讲，企业一方面将员工绩效考核结果与薪酬挂钩，通过薪酬的有效激励，促使员工做出更高绩效，另一方面，员工绩效的提升会使企业获得更多的收益，从而有能力给予员工更多的薪酬，因此，薪酬与员工绩效、企业收益存在紧密的关系。薪酬·保费价值率体现薪酬与保费的对比关系，即每单位薪酬支出所创造的保险业务收入多少，数值越大，说明薪酬对保险业务收入的效用越大，薪酬的价值越高。员工薪酬不是越高越好，也不是越低越好，过高或过低，或者大锅饭、平均主义都会对员工的积极性产生不利影响，员工薪酬要结合绩效因素，体现薪酬的激励性。保险行业有一个重要的监控指标即薪保比（员工薪酬/保险业务收入），用于反映薪酬在收入中所占的比重，其效果与薪酬·保费价值率是一样的，只是从不同角度考虑而已。以上获奖者的薪酬·保费价值率都超过2000%，即公司每支付100元薪酬就能为公司创造2000元以上的业务收入，最高可达到5000多元。以上获奖者较高的薪酬·保费价值率一定有其内在的道理。

（5）获奖者特点。

①获奖者比较分散。有2家自保公司中铁自保和中石油专属，1家外资公司爱和谊（中国），1家中外合资公司国泰产险，1家互联网保险公司易安财险。

②获奖者并不都有利润。中铁自保、爱和谊（中国）和中石油专属3家公司盈利，另外2家国泰产险和易安财险亏损。

获奖公司	中铁自保	爱和谊（中国）	中石油专属	国泰产险	易安财险
保险业务收入（亿元）	11.868	11.779	8.581	38.486	12.937
净利润（亿元）	2.067	0.388	3.146	−0.505	−1.994

至于亏损，可能是公司战略、业务导向、业务结构或是其他费用支出的问题，这就要从公司全局去考虑，而不应该是销售能力或薪酬效率的问题了。

2. 薪酬·利润奖

（1）获奖条件：薪酬·利润价值率排名前五者（仅限商业保险公司，注：薪酬·利润价值率＝净利润／薪酬）。

（2）获奖名单：中石油专属、中铁自保、中远自保、粤电自保、英大财险。

（3）获奖成绩如下表所示：

名次	获奖公司	净利润（亿元）	薪酬（亿元）	薪酬·利润价值率（%）
1	中石油专属	3.146	0.265	1187.17
2	中铁自保	2.067	0.224	922.77
3	中远自保	0.970	0.266	364.66
4	粤电自保	0.192	0.079	243.04
5	英大财险	6.037	3.645	165.62
小计		12.412	4.479	277.12
行业整体		321.601	1162.190	27.67

注：薪酬·利润价值率的含义是每100元薪酬支出所创造的净利润数值

（4）颁奖词。

首先，向获奖的公司表示祝贺！

在上一个奖项（薪酬·保费奖）的颁奖词中，已经对薪酬与业务收入、薪酬与利润做了比较多的论述，其道理基本是相同的。但是，薪酬·保费价值率和薪酬·利润价值率是不一样的，这里存在两种情况，一种是薪酬·保费价值率高，同时薪酬·利润价值率也高，体现了二者的强正向关系，说明单位薪酬所创造的业务收入品质好，产生了相应的利润。另一种是，薪酬·保费价值率高，而薪酬·利润价值率很低，体现了二者的弱正向关系或反向关系，说明单位薪酬所创造的业务收入品质一般或很差，没有产生与业务相应的利润，或是造成了亏损，这是值得注意的。公司支付薪酬获得了员工提供的劳动和努力，非但没有产生较好的利润，反而出现了亏损，这是企业所不愿看到的，但事实是残酷的，这种现象大量存在，无须回避。上个奖项的获奖公司有两个即是这样，薪酬·保费价值率排名前五，但公司处于亏损，其薪酬·利润价值率分别为—40.73%（排名62位）和—335.69%（排名86位垫底）。

本奖项获奖者其薪酬·利润价值率从165.62%—1228.91%不等，即公司每支付100元薪酬就能为公司创造165.62元—1228.91元的净利润，而尚有36家公司，同样支付薪酬，却处于亏损，公司每支付100元薪酬可最多造成336元亏损（可参考第三部分中的“薪酬·利润价值率战绩”），差距竟如此之大。需要思考的是，我们支付的薪酬是否都必要、有效，是否可以考虑绩效工资、奖金、超产奖等与利润挂钩，同时使用培训学习、休假、荣誉勋章、给予更好的工作环境、赋予更多的职责等非现金奖励。如何实现薪酬对利润价值的最大化？希望从本奖项获奖者身上能得到一些有益启发。

（5）获奖者特点。

①获奖者都是中资公司。虽然薪酬·利润价值率排名前20名中有10家外资公司（可参考第三部分中的“薪酬·利润价值率战绩”），但是无一家外资公司进入前5名，这一点还是有些意外的。

②专业自保公司全部获奖。中国财险市场只有4家专业自保公司，薪酬·利润价值率全部进入前5名，全部获奖，实现满堂红。可见自保公司薪酬价值有多高。

③英大财险获奖实属不易。英大财险的薪酬·利润价值率排名进入前5名，是传统综合性财险公司的唯一代表，虽然仅排在第5位，薪酬·利润价值率为165.62%，但已很不容易。“老三家”公司薪酬·利润价值率分别是平安财险77.25%、人保财险42.55%、太保财险34.33%，相差还是挺大的。英大财险获此殊荣可能与其企业文化有关，其公司文化中有几个关键词即效益、专注、精品，特别重要。

英大财险企业文化部分内容

核心价值观	以客户为中心、专业专注、持续改善
经营理念	效益争先，服务创优，诚信树标，品牌求胜
基本方针	效益优先、兼顾规模
战略目标	做强电网、做优车险、做专特色、做精团队
公司愿景	打造中国保险业的精品公司

六、客户满意奖

（1）获奖条件：2018年全年无客户有效投诉且开业一年以上者（注：有效投诉即中国银保监会机关及各监管局（含原中国保监会机关及各保监局）接收的涉及保险公司的保险消费投诉）。

名次	获奖公司	保险业务收入（亿元）	第一大险种	车险业务收入（亿元）
1	劳合社（中国）	15.552	企财险	0.128
2	爱和谊（中国）	11.779	企财险	/
3	中石油专属	8.581	企财险	0.981
4	中远自保	4.316	船舶险	/
5	瑞再企商	2.987	责任险	/
6	乐爱金（中国）	1.365	企财险	/
7	粤电自保	0.597	企财险	/

（2）获奖名单：粤电自保、乐爱金（中国）、瑞再企商、中石油专属、中远自保、劳合社（中国）、爱和谊（中国）。

（3）颁奖词。

首先，向获奖的公司表示祝贺！

2018年全年无客户有效投诉的公司共有10家，其中3家开业未满1年，剩余的7家获此殊荣。为了妥善解决消费者投诉问题，原保监会开通了12378保险消费者投诉维权热线，消费者有任何保险方面的维权事宜，如服务不周、理赔太慢、销售误导都可以拨打这个热线投诉。诚然，投诉有正当的，亦有误解的，甚或是恶意的，但不管什么情况，只要形成了有效投诉，就会记录在案，保险监管机构会对有关公司及责任人员发出警告、进行监管谈话或下发监管函，帮助消费者维护权益。目前，保险消费者遇到保险维权问题，在和保险公司沟通不成功的情况下，通常都不会与保险公司发生冲突，而是直接向保险监管机构投诉解决，于是大大增加了保险公司被投诉的概率。2018年，保险监管机构共接收涉及财产保险公司的保险消费投诉48633件，其中，理赔投诉占投诉总量的80%，机动车辆理赔投诉占投诉总量的近60%。按保费量计算，亿元保费投诉量行业平均值为4.14件/亿元，中小公司投诉率相对较高，最高的前5名分别为106.79件/亿元、47.89件/亿元、19.1件/亿元、17.33件/亿元、16.59件/亿元，稍不留意，被有效投诉的可能性就很大。

本奖项获奖公司在危机管理、投诉处置、服务消费者意识、日常业务流程管理等各方面一定下了一番功夫，甚至在业务选择、服务对象选择、业务品质把控等诸方面都有精心的事前考量和安排。减少客户投诉较易，没有客户投诉很难，他们做到了，值得学习和借鉴。

（4）获奖者特点。

①获奖者中，外资公司4家，分别为劳合社（中国）、爱和谊（中国）、乐爱金（中国）和瑞再企商，中资公司3家，均为专业自保公司，分别为中石油专属、中远自保、粤电自保，没有一家传统中资公司。

②获奖者均为中小型公司，而且，7家获奖公司TOP5险种中，第一大险种均不是车险，或车险保费都相当少，甚至是干脆没有车险。由于车险投诉比较高，非车险投诉较少，外资公司、中资自保公司车险少，可能是没有投诉的主要原因。

七、遵守规则奖

（1）获奖条件：开业一年以上、2018年全年没有受到保险监管机构处罚且客户有效投诉少于3次者。

（2）获奖名单：劳合社（中国）、爱和谊（中国）、乐爱金（中国）、瑞再企商、中石油专属、中远自保、粤电自保、东京海上（中国）、汇友相互、日本财险（中国）、安达保险、三井住友（中国）、现代财险（中国）、信利保险（中国）、阳光信保、中铁自保、日本兴亚（中国）。

获奖公司	数量	无处罚 0 投诉	无处罚 1 次投诉	无处罚 2 次投诉
中资公司	6 家	中石油专属、粤电自保、中远自保	汇友相互、阳光信保、中铁自保	
外资公司	11 家	劳合社（中国）、爱和谊（中国）、乐爱金（中国）、瑞再企商	东京海上（中国）、日本财险（中国）、安达保险、三井住友（中国）、现代财险（中国）、信利保险（中国）	日本兴亚（中国）
合计	17 家	7 家	9 家	1 家

（3）颁奖词。

首先，向获奖的公司表示祝贺！

2018 年全年没有受到保险监管机构处罚的公司共有 45 家（不含中国信保和安邦财险），45 家中有效投诉少于 3 次的有 20 家，20 家中有 3 家开业未满 1 年，剩余的 17 家获此殊荣。

没有规矩不成方圆，在保险赛场服从裁判、遵守规矩天经地义，然而，一年下来，参赛者纵使收获满满，多数已经是伤痕累累，黄牌加身了。有的公司可能只是擦破皮毛，有的则也许是伤筋动骨了。据统计，2018 年，共有 41 家财险公司受到监管处罚，共收到 481 张行政处罚书，合计被罚 9852.8 万元，受处罚金额超过 1000 万元的公司有 3 家。虚列费用，编造或者提供虚假的报告、报表、文件、资料，给予或者承诺给予保险合同约定以外的利益，利用开展保险业务为其他机构或者个人牟取不正当利益，利用中介机构套取费用等违规行为均受到了应有的处罚。多数公司栽在了车险上，销售时加大投入，增加手续费与佣金以抢占市场，造成恶性竞争，受到处罚；农险业务的虚假承保、虚假理赔、档案不完整不真实等违规问题也受到惩处。警告、罚款、没收违法所得、限制业务范围、责令停止接受新业务、责令停业整顿、吊销业务许可证、撤销任职资格或从业资格，或者吊销资格证书、禁止进入保险业等多种行政处罚手段随时对准违规者，顶格处罚、快速处罚、回头再查、上罚一级直至总部等愈加严厉。小公司受罚，大公司也一样，2018 年，头部公司多地车险业务被暂停……监管机构对市场是了如指掌的，对主体行为是心明眼亮的，执法判罚是公开公正的。

在这样的高压监管态势下，存有侥幸心理是不可取的，到头来吃亏的一定是自己，决不能为了眼前利益而冒违规的风险，否则代价将会越来越沉重。违规者受罚，守法者受奖，对于遵规守法者必须给予表彰奖励，以扭转行业“合规等死”的不正常现象。守法者受益，违法者受损，要为依法合规的公司点赞，也要让本奖项的获奖者因依法合规而受益。

（4）获奖者特点。

①外资公司获奖多。17 家获奖公司中，外资公司有 11 家。中国保险市场外资公司共有 22 家，有 50% 获奖；中资公司获奖 6 家，占中国保险市场 66 家中资公司的 9.1%。充分说明外资公司的合规意识、守法意识普遍较强，对客户投诉的重视和预防处理效果较好。

②获奖的中资公司多为特色公司。中国市场仅有的 4 家自保公司全部获奖，占中资公司获奖总数的 67%；中国市场仅有的一家商业性信用保险公司阳光信保也获奖；中国市场共有 3 家相互保险公司，也有 1 家获奖。

③传统的财险公司、农险公司及车险公司无一获奖。业务越综合，涉及的产品越多，业务量越大，越容易违规，尤其是经营车险和农险的公司，违规有时是不容易避免的，只能是下大力气尽量减少。另外，获奖的公司也可能不是一点问题都没有，或者是未引起监管关注，或者是没有被监管检查到，这里就不深入分析了。

④获奖的公司中有 7 家 0 投诉，有 9 家被 1 次投诉，有 1 家被 2 次投诉。俗话说，只有再一再二，没有再三再四，即使是没有受到监管处罚，被有效投诉 3 次以上的也不符合获奖条件，没有获奖资格。

八、公众宣传奖

公众宣传奖是中国保险行业协会设定的奖项，奖励在 2018 年“保险行业公众宣传大比武”活动中表现突出者。12 月 26 日，中国保险行业协会在北京举行全国保险扶贫好事迹发布暨“7.8”活动总结会议，会上发布了 2018 年“保险行业公众宣传大比武”获奖单位名单，表彰活动中表现突出的单位。原保监会把每年的 7 月 8 日定为“全国保险公众宣传日”，目的是提高全民的保险意识，此活动自2013年启动以来，业已成为保险业普及保险知识、倾听公众心声的重要载体，现已举办了5年，2018年是第六年，也是中国银保监会组建以来的首个公众宣传日。每年的宣传日都有一个宣传主题。历年的宣传主题如下表所示：

年份	保险宣传日主题
2013	倾听由心，互动你我
2014	爱无疆，责任在行
2015	一键保险，呵护无限
2016	@保险，一切更简单
2017	远离贫困，从一份保障开始
2018	守护美好，从一份保障开始

2018年"7.8全国保险公众宣传日"活动分为筹备、开展和总结三个阶段。筹备阶段从5月初至6月20日，这一阶段主要是制订并印发全国活动方案、设计推送主题海报、召开动员大会等。6月21日至7月8日为开展阶段，这一阶段的主要活动是：①中国保险行业协会开发了"7.8保险扶贫健步走"微信小程序，开展保险扶贫健步走活动，生成保险扶贫项目。②中国保险行业协会设计制作了以"我为7.8点个赞"为主题的手指舞，并将手指舞模板视频、配套音频及教程推送给各会员单位，上传到视频类媒体平台。③组织"发现保障背后的故事"开放日活动，保险机构向公众开放本单位具有代表性的服务场所、基础设施或者服务场景、服务流程等。④组织开展了"三大主题中国保险大讲堂"全国巡讲活动，开展保险业务、资金运用、风险管理、金融科技、宏观经济等专题讲座等。⑤联合共青团中央等机构开展"中国大学生保险责任行2018年暑期商业保险社会调查"竞赛，组织广大青年学生深入基层，了解民生现状和各行业发展中的风险状况。⑥在7月8日当天举行了"7.8全国保险公众宣传日"新闻发布会，公开发布全国活动开展情况、"7.8保险扶贫健步走"项目落地情况，展示"守护美好，从一份保障开始"的年度主题。7月9日至年底是总结阶段，组织落实"7.8保险扶贫健步走"生成的扶贫项目，开展持续宣传推广和活动成果总结，召开"7.8"活动总结会议。

（1）获奖条件：在2018年“保险行业公众宣传大比武”活动中表现突出者（注：本奖项是中国保险行业协会官方所设奖项，本书只列明了获奖的财险公司，详细名单可查阅中国保险行业协会官网）。

（2）获奖名单。

①最佳活动奖：人保财险、平安财险、华安财险。

②优秀活动奖：中国信保、大地财险、太平财险、太保财险、中华财险、渤海财险、鼎和财险、永安财险、国任财险、亚太财险。

③网络人气奖：人保财险、太平财险、中华财险、大地财险。

④保险脱贫攻坚奖：人保财险、国寿财险、太保财险、平安财险、大地财险、中华财险、华安财险、天安财险、太平财险、华泰财险、永安财险、安盛天平、渤海财险、鼎和财险、浙商财险、安信农险、国元农险、长安责任、中煤财险、中路财险、恒邦财险、珠峰财险。

⑤爱心捐助奖：长安责任。

（3）颁奖词。

首先，向获奖的公司表示祝贺！

2018年的“7.8全国保险公众宣传日”活动，各地方行业协会在各地监管部门的指导支持下，积极组织辖区内的各保险机构扎实开展“7.8保险扶贫健步走”“给7.8点个赞手指舞”“发现保障背后的故事”等一系列丰富多彩的活动，将保险理念和保险知识送入千家万户。活动期间，全行业开设专栏专题2000余个，新闻媒体及行业自有媒体报道30000余篇，3000余家保险机构联动开展保险宣传服务。近1877万人次参与“7.8保险扶贫健步走”公益行动，形成64个保险扶贫项目，覆盖全国31个省（自治区、直辖市），共为360800名贫困群众人提供保险保障93.6亿元。充分展示了保险业有价值、有担当、有温度的行业形象。

各获奖保险公司积极参与“7.8全国保险公众宣传日”活动，组织员工带动社会公众开展保险扶贫健步走活动，生成保险扶贫项目，向当地建档立卡贫困人口定向捐赠保险，帮助贫困人口解决实际困难和问题，落实“7.8保险扶贫健步走”活动。组织公司员工带动社会公众进行创新创造，充分运用本单位微博、微信、网站等各类网络媒介进行宣传推广，充分借助抖音、微视等短视频社交软件开展广泛多元的线上传播，落实“我为7.8点个赞”活动。与公众进行良好互动，让广大人民群众更加直接、客观地认识保险行业的本质、价值及功能作用，深刻地认识到在一份保障背后凝聚着保险从业者的智慧、汗水和担当，承载着行业的科技、效率和便捷，落实“发现保障背后的故事”开放日活动，展示了行业良好形象，加深了公众对保险行业的认识，提升了保险的社会品牌形象。

（4）获奖者特点。

本奖项共有22家财险公司获奖。获得2个奖项的有5家公司，分别为人保财险、太平财险、中华财险、大地财险、长安责任，获得1个奖项的有17家公司。唯一获奖的外资公司是安盛天平，获得的是保险脱贫攻坚奖。专业公司获奖很少，其中自保公司及2016年以后成立的新公司无一获奖。爱心捐助奖只有1家公司（长安责任）获奖。

九、扶贫先锋奖

扶贫先锋奖是中国保险行业协会设定的奖项，用来奖励2018年“全国保险扶贫好事迹”。2018年12月26日，中国保险行业协会面向全社会发布了“全国保险扶贫好事迹”先锋榜。27个具有影响力和代表性的“保险扶贫好事迹”获得此项殊荣，个人好事迹19个、团队好事迹8个，其中，财险公司共获得17个奖。

此次评选活动重点聚焦保险行业奋战在扶贫一线的干部、驻村工作队、第一书记、扶贫志愿者等投身扶贫工作的感人事迹，记录他们的工作足迹和心路历程，展现他们热情投入、无私奉献的精神风貌。事迹的主人公既有监管干部，也有公司员工；既有高级管理人员，也有基层员工；既有即将退休仍然热情不减的“50后”，也有刚刚走上岗位即投身扶贫一线的“90后”……从不同角度展示保险扶贫的创新举措、扎实工作以及积极成效，推动和促进各保险机构进一步强化政治意识、大局意识，不断提高服务水平，切实为打赢脱贫攻坚战贡献力量。

此次行业协会发布的“保险扶贫好事迹”，是从130多个案例中精心挑选出来的，经过初选、复选、专家评审委员会评选及报银保监会审核等多个环节，在全行业具有重要的示范作用和影响力（注：本奖项是中国保险行业协会所设奖项，本书只列明了获奖的财险公司，详细名单可查询中国保险行业协会官网）。

获奖名单（按照扶贫工作开始时间排序）：

（1）中华财险。

获奖者：王刚，四川省三台县猫儿沟村驻村干部（中华财险绵阳中支农险部查勘员）。

颁奖词：王刚同志与5名队员一道，脚踏实地，务实创新，加强基层组织建设，激发脱贫攻坚合力；立足“保险姓保”，快赔赢得农心；打出“组合拳”，助力乡村振兴；“一户一策”制定精准帮扶措施，帮助该村29户贫困户摘掉了贫困的“帽子”。成为贫困群众脱贫致富的贴心人。

（2）人保财险。

获奖者：人保财险湖南分公司驻野猪桥村工作队。

颁奖词：驻村期间，野猪桥村扶贫工作队健全工作机制、拓宽帮扶思路，落实帮扶项目，带领全村整村脱贫。野猪桥村从过去扶贫工作“最难啃的硬骨头”到现在的省级示范村，村民从过去质疑扶贫干部为镀金而来，到现在授予扶贫工作队队长欧阳志国“终身荣誉瑶民”称号，他们在扶贫工作中的每一滴汗水，都变成了百姓的财富；他们在扶贫道路上每一个坚实的脚印，都铭刻在老乡的心头。

（3）安信农险。

获奖者：石践，保险扶贫业务创新带头人（安信农险总裁、执行董事）。

颁奖词：石践同志以农业保险为平台，开创“保险＋医疗健康帮扶”模式，使贫困农民看得起病、看得好病；开创“保险＋金融信贷帮扶”模式，有效解决40万贫困农户“贷款难、贷款贵”的难题；开创“保险＋价格收入帮扶”模式，有效解决“菜贱伤农”的问题。他将扶贫帮困模式推广至云南、贵州、新疆、青海、内蒙古等地，深入祖国的老少边穷地区，切实运用保险机制解决因灾因病致贫、返贫的问题。

（4）太保财险。

获奖者：尹江红，安徽省南陵县南山村第一书记（太保财险芜湖中支综合管理部高级经理兼工会副主席）。

颁奖词：驻村扶贫3年多以来，尹江红始终坚守在脱贫攻坚第一线。她认为“扶贫的重点不仅仅是一时的资金补助，而是要让被帮扶人重新获得对生活的信心”，基于这一质朴的工作理念，尹江红不但在生活上给予贫困群众无微不至的关怀，在生计上想方设法帮助贫困家庭增加收入来源，更是用真挚的信念鼓励贫困群众树立对生活的信心。她是南山村民们交口称赞的“尹大姐”，更是扶贫路上的“巾帼英雄”！

（5）太保财险。

获奖者：娄云观，黑龙江省龙江县北山村第一书记（太保财险黑龙江分公司农险部副总经理）。

颁奖词：脚下沾满泥土，心中装着群众。帮扶期满，他又主动申请延长一年。娄云观同志以勤劳务实为根，深扎贫困的乡村；以为民服务为干，走村串户排忧解难；以脱贫致富为果，为村民打开走向富裕的新世界。

（6）人保财险。

获奖者：王福峰，安徽省阜南县于沃村第一书记（人保财险阜南支公司副经理）。

颁奖词：精准，是脱贫攻坚战的核心要义；精准，也是王福峰同志在扶贫工作中的关键词。找问题精准，一个是吃水，一个是修路。前者事关村民身体健康，后者制约着村子的发展。王福峰同志对症下药，精准施策，补齐了这两大基础设施短板，剪除了发展经济的制约因素。

（7）人保财险。

获奖者：人保财险湖北省分公司驻两溪河村工作队。

颁奖词：“村有主导产业、户有致富门路，长短结合、标本兼治”，人保财险湖北分公司两溪河村驻村工作队提出的这一扶贫工作思路，成为稳健推动脱贫取得实效的重要保障。融入两溪河，成为地地道道的“宣恩人”，他们和贫困群众吃在一起、干在一起，与两溪河村民一起在脱贫攻坚的道路上奋战了900多个日日夜夜。2017年底两溪河村在内生动力、基础设施、公共服务和组织建设等方面均达到了脱贫标准。

（8）人保财险。

获奖者：郭志平，河北省广平县大庙村驻村干部（人保财险广平支公司业务骨干）。

颁奖词：顶烈日，冒酷暑，走泥泞，披风霜，克服各种困难，他义无反顾投入到脱贫攻坚的主战场。年近六十的郭志平每天奔波在村民农户之间，与村干部交心，宣导扶贫政策，多方筹措帮扶资金，用真诚温暖群众，用真情化解矛盾。2018 年，大庙村通过“美丽乡村”建设，无论是村容村貌还是村民的思想理念都发生了深刻变化。

（9）安信农险。

获奖者：安信农险青海保险扶贫队。

颁奖词：从上海到青海，地理环境的变化，给安信扶贫工作队队员们带来了极大的困难，也激发了他们巨大的勇气和毅力。安信扶贫工作队的小伙子们深入基层，了解实情，发挥保险扶贫的优势，创新研发国内首款藏系羊牦牛降雪量气象指数保险，为当地牧民的生活做了兜底保障，最大限度地发挥了保险扶贫的优势作用。

（10）人保财险。

获奖者：人保财险菏泽分公司扶贫工作队。

颁奖词：走村串户、深入群众，细致讲解党和国家惠农政策，集思广益帮助谋划发展出路，打牢脱贫基础。人保财险菏泽扶贫工作队全身心投入扶贫工作中，弯下身子，深入村头，为贫困户宣导新思想、寻找新产业、发展新项目，以真心真情真行动带动贫困户，改变贫困村的落后面貌。

（12）人保财险。

获奖者：殷竹峰，安徽省舒城县柯湾村第一书记兼工作队队长（人保财险六安市分公司员工）。

颁奖词：“殷书记是咱柯湾村受欢迎的人，他拿老百姓当亲人”，这是柯湾村乡亲对殷竹峰的评价。作为一名保险战线上的老兵，他欣然接受组织的信任和重托。开展驻村工作一年多来，温言暖语如同和煦的春风，耐心宣传政策，化解群众矛盾，狠抓产业兴村，打开致富大门。

（13）中华财险。

获奖者：刘前进，湖南省平江县茶塅村驻村干部（中华财险岳阳中支员工）。

颁奖词：“用一年的时间走遍全村 260 户”贫困户的家，刘前进用“脚板”一步步地走出精准扶贫路。他突出“精准”二字，深入贫苦户家中找准穷根；他改善农村基础设施，为脱贫攻坚打下坚实基础；他结合保险优势，引入金融资源，让意外伤害保险走进贫困户家中，筑起一道脱贫保障线。

（14）人保财险。

获奖者：向刘琴，云南省云龙县新荣村第一书记兼工作队队长（人保财险大理州分公司办公室副主任）。

颁奖词：向刘琴同志严谨踏实、稳扎稳打、深入群众，确保各项扶贫工作开展的“精”和“准”。作为扶贫驻村干部中为数不多的女同志，向刘琴在“访民情、听民意、解民忧、办实事、促和谐”等工作中，充分发挥自身优势，以其特有的温婉细腻，对村里家庭矛盾纠纷、贫困村民健康、入学就业困难等问题进行逐一化解，加强群众的获得感，为新荣村扶贫攻坚取得实效发挥了重要的推动作用。

（15）阳光财险。

获奖者：西藏保险业联合驻村工作队。

颁奖词：西藏保险业联合驻村工作队由监管系统援藏干部、不同保险机构员工组成。他们自愿放弃舒适的工作环境，阔别父母与妻儿，上高原、爬雪山，克服一切困难，深入扶贫一线，想办法、找门路，帮助贫困群众脱贫致富。驻村工作队以易地搬迁为契机，完善道路基础设施，改善生产条件，创造就业机会，培育特色产业，为海拔4000多米的梅巴村带来了发展的生机和活力。

（16）平安财险。

获奖者：平安财险内蒙分公司驻乌兰察布工作队。

颁奖词：阴山优麦项目，让1087户贫困户户均增收3700元。通过扶贫资金寄养奶牛，专门设计了奶牛、燕麦专属保险产品，为其降低养殖、种植风险，实现人、财、物等一揽子保障。为39820位贫困群众和1158位扶贫队驻村干部送去保险保障。通过他们的努力，帮助当地贫困群众脱贫致富的同时，最大限度减少返贫的可能，有效保障来之不易的脱贫成果。

（17）人保财险。

获奖者：张乾坤，安徽省阜南县徐大庄村驻村工作队副队长（人保财险阜南支公司焦陂三农营销服务部经理）。

颁奖词：扶贫路上，父子同心。张乾坤的父亲张连平也是一位驻村扶贫干部，就在阜南县徐大庄村，父亲帮扶工作完成后，张乾坤同志接过接力棒，深入扶贫一线，细致周到，真心实意为贫困群众排忧解难。在群众有难时，第一时间赶到现场，不顾个人生命安全，两入火场抢险救人，保障了群众的生命财产安全。他用实际行动赢得了人民群众的口碑。

十、综合杂项奖

综合杂项奖是财险公司在社会各界各种评选中所获得的奖励，此奖项范围广，数量大，无法全面、无遗漏地一一列出，本书只是根据各队员在自己公司官网上的相关获奖报道收集整理所得，为2018年1月1日至2018年12月31日期间报道的获奖信息，因此，队员公司虽获得某个奖项，但公司官网没有报道或报道日期不在上述时间段的没有收录其中，另外，由于有的公司官网设置的原因，查找起来非常不易，也可能存在遗漏。无论什么原因的遗漏，都是遗憾的，在此表示歉意。

获奖公司	奖项名称	报道时间	颁奖机构
人保财险	国家网络与信息安全信息通报工作先进单位	2018-01-02	国家网络与信息安全信息通报中心
	高质量发展保险公司方舟奖	2018-06-29	证券时报
	2018年度扶贫先锋企业	2018-11-26	国际金融报
国寿财险	中国最佳客服中心客户体验奖	2018-10-19	呼叫中心行业CTI论坛
平安财险	蝉联C-NPS车险、财产险客户推荐度第一品牌	2018-01-12	中国品牌评级权威机构Chnbrand
	精准扶贫“要素投入模式”推荐案例（三村工程）	2018-09-20	人民日报社与中国扶贫基金会
大地财险	2018中国保险业科技创新先锋榜（筋斗云系统）	2018-08-22	证券时报
	AITA最佳数字化转型奖	2018-09-19	赛讯(Celent)和Asia Insurance Review
华安财险	2018金牌保险产品方舟奖（美途无忧”境外旅游险）	2018-06-27	证券时报

续表

获奖公司	奖项名称	报道时间	颁奖机构
太平财险	全国文明单位（宜昌中心支公司）	2018-01-22	中央文明办
	金诺品牌杰出社会责任传播案例（江西兴国县老营盘村精准扶贫项目传播案例）	2018-05-25	中国保险报
	全国五一劳动奖章（刘玉华）	2018-06-06	中华全国总工会
华泰财险	惠誉财务实力评级“A”	2018-05-22	惠誉——国际著名信用评级机构
	“金理财”年度保险服务卓越奖	2018-12-18	上海证券报社
天安财险	浦东新区“2017 年经济突出贡献奖”	2018-04-02	浦东新区人民政府
史带财险	中国改革友谊奖章（莫里斯·格林伯格先生）	2018-12-18	中共中央、国务院
永诚财险	中国保险风云榜“优秀财产保险公司”	2018-07-11	每日经济新闻
中银保险	标准普尔“A—”信用评级	2018-02-07	标准普尔
安盛天平	2018 年亚洲保险奖“中国年度数字化保险创新奖”	2018-07-20	《亚洲银行与财经》与亚洲保险杂志
都邦财险	中国保险风云榜“优秀财产保险公司”	2018-07-09	《每日经济新闻》
	金融宣传传播奖	2018-11-15	北京保险行业协会
日本财险（中国）	标准普尔评级为 A	2018-11-16	标准普尔
	全亚洲保险公司竞争力排名日本财险（中国）名列非寿险第四	2018-12-17	21 世纪经济报道
中航安盟	2018 年度中国保险行业信息化建设典型案例优选示范活动优秀奖	2018-10-19	中国保险行业协会
富邦财险	维护消费者权益诚信服务满意单位	2018-03	中国保护消费者基金会
安华农险	优秀财产保险公司奖	2018-07-07	《每日经济新闻》
	年度最佳农险服务保险公司	2018-12-17	《金融时报》

续表

获奖公司	奖项名称	报道时间	颁奖机构
国元农险	两项扶贫项目入选《保险业助推脱贫攻坚优秀成果集》	2018-06-11	中国保险行业协会
长安责任	值得信赖保险公司奖	2018-02-02	金融界网站
	优秀财产保险公司奖	2018-07-07	《每日经济新闻》
	2018 最具成长价值奖	2018-07-26	中国财经峰会
	年度卓越价值经营保险公司奖	2018-10-31	每日经济新闻
华农财险	中国价值成长性十佳保险公司	2018-10-31	中央财经大学
	2018HR 风尚奖	2018-12-14	猎聘
东京海上（中国）	2018 年标准普尔信用评级为“A”	2018-11-02	标准普尔
国泰产险	上海金融创新成果奖三等奖（骑行无忧意外伤害险）	2018-11-27	上海市政府
众诚车险	“十优消费者信赖金融机构奖	2018-06-27	广东省金融智库联合会、南方报业传媒集团等
	最佳金融服务窗口	2018-06-27	广州金融协会主办
北部湾财险	“2017-2018 年度全国优秀企业家”称号（北部湾财险党委书记蒙坤伟）	2018-06-07	中国企业联合会、中国企业家协会、全国各地企联
众安在线	2018 智慧医疗创新大赛优胜奖	2018-07-07	中南大学湘雅医院、移动医疗教育部等
	胡润新金融百强榜 50 强企业	2018-01-20	胡润百富
富德财险	2018 年度最佳企业文化奖	2018-11-08	《保险文化》杂志社
	时代创变榜 2018 年度影响力企业	2018-12-12	中国财经峰会
中路财险	最佳志愿服务组织（单位）	2018-10-15	青岛市文明办
苏黎世（中国）	优秀外资保险公司	2018-07-23	《每日经济新闻》
	2018 中国保险爱心企业榜十强	2018-11-13	《保险文化》杂志社

续表

获奖公司	奖项名称	报道时间	颁奖机构
华海财险	2018 中国保险风云榜新锐保险公司	2018-07-08	每日经济新闻报社
	2018 杰出品牌形象奖	2018-08-08	中国财经峰会
燕赵财险	保险业口碑榜“年度社会责任金奖”	2018-12-07	河北日报
中原农险	保险好新闻	2018-06-07	中国保险行业协会
泰康在线	优秀互联网保险平台	2018-07-06	《每日经济新闻》
	互联网保险满意度排行榜摘得头名	2018-09-27	中国质量万里行消费投诉平台
	2018 年度互联网保险创新奖	2018-12-12	21 世纪经济报道
	杰出保险科技创新公司	2018-12-14	《金融界》
	金融科技 50 强	2018-12-27	《经济观察报》
	2018 年度金融行业产品创新突出贡献奖——“反飞蛾”区块链项目	2018-12-20	《金融电子化》杂志
珠峰财险	优秀新锐保险公司	2018-07-09	《每日经济新闻》
	年度最具投资价值奖	2018-12-11	中国财经峰会
阳光信保	领航中国·互联网保险创新奖	2018-02-09	金融界网站
	2018 年度杰出保险科技创新公司	2018-12-14	《21 世纪经济报道》
易安财险	中国保险业信息化建设典型案例一等奖（产品工厂）	2018-09-19	中国保险行业协会
海峡金桥	网络安全技能竞赛优秀组织奖	2018-12-14	福建总工会、银保监局
建信财险	最佳原创服务号奖（微信服务号）	2018-06-11	中国保险行业协会
	保险风云榜新锐保险公司	2018-07-10	每日经济新闻报社

通过这份并不十分全面的杂项奖获奖名单，可以粗略了解中国财险公司在各方面的进步与成绩，在此，向各获奖的财险公司表示衷心的祝贺，祝愿中国财险公司再接再厉，越来越好；中国财险行业健康、蓬勃发展，再传捷报！

开悟

第五部分　队员分析

2018 年赛事偃旗息鼓，成绩单已经公布，表彰奖励已经完成，但新的比赛还会继续，永无休止。你起，受人追捧；你落，遭人白眼，比赛就是如此残酷。为了更好地进行以后的比赛，取长补短，扬长避短，全面提高战绩，有必要进行分析总结。分析总结可以有多种方式和视角，不同的方式和视角侧重点会有所不同，本书从队员的角度切入展开分析，把队员按照不同的划分标准进行分类，每一类都是 88 支队伍的不同组合（多数情况下不含中国信保和安邦财险），再根据以往比赛所产生的既有成绩进行对比分析。从队员类型的视角分析，既相对微观，又可以对这一类型队员有一个总体的归纳性结论，便于不同类型队员之间对标。

本书把队员分成四大类，第一类是中资公司与外资公司，第二类是商业性公司、相互制公司与政策性公司，第三类是独立保险公司和自保公司，第四类是综合性公司与专业性公司，并从公司数量、原保费收入、净利润和价值率 4 个维度进行分析。

一、中资公司与外资公司

按照资本结构属性，队员公司可分为中资财产保险公司和外资财产保险公司（外资公司含中外合资公司）。具体分析如下：

1. 从公司数量维度分析

2018 年，中国保险市场共有财险公司 88 家，其中中资公司 66 家，占比

75%，外资公司 22 家，占比 25%。自 2009 年至 2018 年 10 年间，中国保险市场的财险公司从 52 家增加到 88 家，10 年增加了 36 家。其中，中资公司由 34 家增加到 66 家，增加了 32 家，占比从 65.38% 增加到 75%；外资公司从 18 家增加到 22 家，仅增加 4 家，占比从 35.85% 降至 25%。尤其是最近四年，新增中资公司 20 余家，外资公司没有新增加，可见外资公司进入中国财险市场的速度相当缓慢。具体情况详见下表：

年份	公司总数	中资公司		外资公司	
		数量增、减变化	占比（%）	数量增、减变化	占比（%）
2009	52	34	65.38	18	34.62
2010	53	34	64.15	19（18+ 富邦）	35.85
2011	59	38（34+ 泰山 + 众诚 + 锦泰 + 长江）	66.41	21（19+ 劳合社 + 信利）	33.59
2012	62	41（38+ 诚泰 + 华信 + 鑫安）	66.13	21	33.87
2013	64	43（41+ 北部湾 + 众安）	67.19%	21（21+ 安盛保险—丰泰财险）	32.81
2014	65	43（43+ 华海 + 中油专属 + 富德—华信—大众—天平）	66.15	22（21+ 史带 + 安盛天平）	33.85
2015	73	51（43+ 恒邦 + 合众 + 燕赵 + 中原 + 中路 + 中铁 + 泰康 + 安心 + 亚太—民安）	69.86	22（22+ 瑞再企商—太阳联合）	30.14
2016	81	59（51+ 阳光信保 + 易安 + 东海航运 + 久隆 + 前海联合 + 珠峰 + 海峡金桥 + 建信）	72.84%	22（22+ 安达—丘博）	27.16
2017	85	63（59+ 众惠 + 中远 + 汇友 + 粤电自保 + 国任—信达）	74.12%	22	25.88
2018	88	66（63+ 黄河财险 + 太平科技 + 融盛）	75	22	25

注：每年增减公司在（　）内标注，“+“为增加，“—”为减少。对于改名的公司，新名为“+”，原名为“—”

自2013年，中国保险市场共有8家财险公司合并或改名，其中改名的7家，合并的1家，具体情况如下：

年份	合并公司或改名公司
2013	丰泰财险（改名）→安盛保险
2014	华信财险（改名）→富德财险；大众财险（改名）→史带财险；天平车险（合并）→安盛天平
2015	民安保险（改名）→亚太财险；太阳联合（改名）→瑞再企商
2016	丘博保险（改名）→安达保险
2017	信达财险（改名）→国任财险

保险业是我国金融业中开放度最高和最早的行业，自2001年中国加入WTO后，保险行业率先开放，但外资在中国财险市场的数量增加却比较缓慢，可能存在以下原因：第一，政策限制，如市场准入、股份占比、公司形式等方面的规定。现行的《中华人民共和国外资保险公司管理条例》是自2013年8月1日起施行的，《条例》明确要求，外国保险公司在中国申请设立外资保险公司，应当具备经营保险业务30年以上、在中国境内已经设立代表机构2年以上、提出设立申请前1年年末总资产不少于50亿美元、符合所在国家或者地区偿付能力标准等条件。2018年4月以来，我国进一步扩大保险业的开放程度，进一步放宽市场准入条件，如取消或放宽外资进入中国保险市场一些数量性的条件限制，包括规模、年限、股东类型、持股比例等，吸引具有专业特色的外资保险进入中国市场。随着保险行业进一步对外开放，外资公司进入中国财险的数量或将较快增加。第二，外资对进入中国财险市场比较谨慎。2018年，在全国财产保险监管工作会上，银保监会分析了中国财险行业面临的形势和问题，认为财险市场有八大乱象，一是产品背离本源，二是经营管理激进，三是市场竞争失序，四是经营数据失真，五是公司治理失效，六是合规意识淡漠，七是公司内控薄弱，八是激励机制扭曲。中国财险市场存在的乱象以及市场机制不够健全、契约精神较差、法制环境不完善等因素，在一定程度上使外资对进入中国财险市场持较为谨慎的态度。同时，中国市场已有的外资险企近年来业务发展缓慢，也在一定程度上降低了其他外资公司进入中国市场的意愿。

2. 从保费收入维度分析

外资公司在中国财险市场的份额一直很小，基本不足2%，最高的2014年市场份额为2.22%（2014年，有两家中资财险公司转为外资财险公司，即大众财险转为史带财险，天平车险转为安盛天平），然后逐年下降，2018年降到1.94%。可见，外资公司的市场份额有限，在中国财险市场的发展相当缓慢。最近10年外资公司的保费收入及市场占比情况详见下表：

年份	原保费收入（亿元）	中资公司		外资公司	
		保费收入（亿元）	占比（%）	保费收入（亿元）	占比（%）
2009	2992.90	2961.14	98.94	31.71	1.06
2010	4026.89	3984.06	98.93	42.83	1.07
2011	4779.06	4726.95	98.91	47.79	1.09
2012	5529.88	5462.73	98.79	67.15	1.21
2013	6481.16	6398.15	98.72	83.01	1.28
2014	7544.40	7376.56	97.78	167.84	2.22
2015	8423.26	8248.75	97.93	174.52	2.07
2016	9266.17	9076.96	97.96	189.20	2.04
2017	10541.38	10334.99	98.04	206.39	1.96
2018	11755.70	11527.90	98.06	227.79	1.94

外资公司的保费增幅也比较小，除2013、2014年同比增幅大于整个财险市场增幅，其他年份外资公司保费增幅均低于市场整体增幅。

年份	2013	2014	2015	2016	2017	2018
外资公司原保费（亿元）	83.01	167.84	174.52	189.20	206.39	227.79
外资公司同比（%）	23.62	102.93	3.98	8.41	9.09	10.37
财险市场增幅（%）	17.20	17.92	11.65	10.01	13.76	11.52
相差（%）	6.42	+85.01	−7.67	−1.60	−4.67	−1.15

外资财险公司在中国业务发展缓慢可能存在以下原因：第一，外资公司注重细分市场，不盲目求大，不迅速扩张。第二，外资公司注重品质、严控风险，经营偏保守，偏好稳健发展。第三，外资公司依法合规经营意识较强，不冒被监管处罚的风险。第四，中国地域差异较大，发展变化大，外资公司已有的成熟经验难于大范围复制。第五，外资公司较少涉足车险领域，等于放弃了 70% 的财险市场。第六，外资公司的原有目标客户在中国发展不够景气。第七，存在文化理念差异、决策层沟通障碍等。随着财险行业的发展、市场的进一步规范，未来外资公司的市场发展速度和市场份额或将提升。

3. 从净利润维度分析

2018 年 86 家财险公司（不含中国信保、安邦财险）共实现净利润 320.496 亿元，盈利 50 家，亏损 36 家，其中，64 家中资财险公司有 36 家盈利，有 28 家亏损，中资公司净利润为 318.716 亿元；22 家外资财险公司中有 14 家盈利，有 8 家亏损，外资公司净利润 1.78 亿元。具体情况如下：

公司	盈利		亏损		净利润（亿元）	占比（%）
	数量	金额（亿元）	数量	金额（亿元）		
中资公司	36	397.15	28	−77.328	319.822	99.45
外资公司	14	6.633	8	−4.854	1.779	0.54
合计	50	403.783	36	−82.182	321.601	100

从净利润占比上看，中资公司占比 99.45%，占据绝对优势；从盈利公司数量占比上看，中资公司盈利数量占中资公司总数比 56.25%，亏损公司占比 43.75%，外资公司盈利数量占外资公司总数比 63.64%，亏损公司数量占比 36.36%，外资公司略显优势。据报道，2018 年，财产险行业综合费用率为 40.74%，综合赔付率为 59.39%，综合成本率为 100.13%，这是财产行业 9 年以来的首个经营拐点，结束了此前连续 8 年的承保盈利，财产险行业承保利润同比下降 85.75%。财险公司利润缩减，有车险费改的原因，更有经营不善、成本控制不好的原因。第一，以车险业务为主业的公司因为车险费改受到影响。监

管机构商车费改的初衷是将产品定价权交由市场主体，能够自主确定产品价格，倒逼保险公司压缩市场费用，但从市场表现来看，似乎并没有达到初衷。第二，有的公司冒进选择新业务，风险控制没有做好。例如，信用保证保险“爆雷”，互联网险企前期投入较大，业务领域对逆选择和道德风险控制不足，等等。第三，费用高企。2018 年，手续费及佣金支出增加的公司 64 家，支出下降的公司仅 21 家，支出同比增长超过 50% 的有 12 家，超百亿规模的财险公司中，该项支出也大部分呈现两位数增长。虽然 2018 年发展规模放缓，承保利润下滑，但业务结构在发展中调整，为社会提供的保障水平显著提高，随着财险行业的发展和市场的进一步规范，无论是中资公司还是外资公司，盈利能力都将会得到提升。

4. 从价值率维度分析

（1）从资本价值率角度分析。

这里从资本·保费价值率和资本·利润价值率两个维度分析，资本·保费价值率和资本·利润价值率即 100 元注册资本所创造的保险业务收入多少和净利润多少。2018 年，中资财险公司和外资财险公司资本价值率具体情况见下表：

公司类别	注册资本（亿元）	保险业务收入（亿元）	净利润（亿元）	资本·保费价值率（%）	资本·利润价值率（%）
中资公司	2453.561	11362.480	319.822	463.10	13.04
外资公司	195.8918	284.73	1.779	150.17	0.91
行业整体	2649.4528	11647.210	321.601	439.61	12.14

从上表中可以看出，中资公司的资本价值率远远高于外资公司，外资公司不但资本·保费价值率低于中资公司 313.05%, 而且资本·利润价值率低于中资公司 12.08%。从这点上看，外资对于投资中国财险市场愿望不会很强烈。

（2）从支出价值率角度分析。

这里从支出·营收价值率和支出·利润价值率两个维度分析，支出·营收价值率和支出·利润价值率即 100 元营业支出所创造的营业收入多少和净利润多少。2018 年，中资财险公司和外资财险公司支出价值率具体情况见下表：

公司类别	营业支出（亿元）	营业收入（亿元）	净利润（亿元）	支出·营收价值率（%）	支出·利润价值率（%）
中资公司	10062.397	10596.094	319.822	105.30	3.18
外资公司	217.595	221.421	1.779	101.76	0.82
行业整体	10279.992	10817.515	321.601	105.23	3.13

从上表可以看出，外资在支出·营收价值率方面与中资公司基本持平，而支出·利润价值率方面则远远低于中资公司，在这种情况下，外资对进一步做大中国财险市场也不会有强烈的愿望和主动性，甚至对于在中国财险市场获利缺少必要的信心。前些年，我们一直恐惧“狼来了”，但事实证明，中国市场的特殊性，对于外资公司来讲依然要有很长的适应期，反过来讲，中国财险市场的游戏规则尚需进一步规范，否则，非常容易产生劣币驱逐良币效应。

（3）从薪酬价值率角度分析。

这里从薪酬·保费价值率和薪酬·利润价值率两个维度分析，薪酬·保费价值率和薪酬·利润价值率即 100 元薪酬支出所创造的保险业务收入多少和净利润多少。2018 年，中资财险公司和外资财险公司薪酬价值率具体情况见下表：

公司类别	薪酬支出（亿元）	保险业务收入（亿元）	净利润（亿元）	薪酬·保费价值率（%）	薪酬·利润价值率（%）
中资公司	1134.388	11362.480	319.822	1001.64	28.19
外资公司	27.802	284.73	1.779	1024.13	6.40
行业整体	1162.190	11647.210	321.601	1002.18	27.67

从上表可以看出，外资公司的薪酬·保费价值率高于中资公司，但差距不大，说明外资公司的薪酬总量控制还是很严的，外资公司的钱也不是好挣的。但外资公司的薪酬·利润价值率还是远远低于中资公司的，基本上无利可图，越是无利可图的地方就越不会增加投入，包括资本、人力等，在这种情况下，虽然中国进一步加快开放保险市场，但由于外资在中国财险市场的惨淡经营，可能短期内不会出现有大量外资公司涌入的情况。

二、商业公司、相互公司和政策性公司

按照公司经营性质，队员公司可分为商业性保险公司、相互制保险公司和政策性保险公司。商业性公司包括股份有限公司和有限责任公司，相互制公司包括相互保险公司和相互保险社。具体分析如下：

1. 从公司数量维度分析

2018 年，中国财险市场 88 家公司中，有商业性保险公司 84 家、相互制保险公司 3 家、政策性保险公司 1 家。相互制公司和政策性公司数量少，成立时间晚。具体情况详见下表：

公司类别	商业性保险公司		相互制保险公司	政策性保险公司	公司总数
	股份有限公司	有限责任公司			
数量（家）	54	30	3	1	88
占比（%）	61.36	34.09	3.41	1.14	100

商业保险是中国财产保险业的主流，中国保险历史虽然不长，却是以商业保险发端。最早的中国民族资本的保险公司仁济和就是学习西方的商业保险，中华人民共和国成立后的人民保险也是遵照商业保险的基本逻辑，从改革开放直至今日都是以商业保险的模式构建中国保险体系，因此，商业保险是中国保险的主要基因，少有相互制保险和政策性保险的成分。20 世纪 80 年代，我国相互保险在民间开始实践探索，1984 年，中国船东互保协会成立，1993 年，中国职工保险互助会创办，1994 年，中国船东互保协会改为中国渔业互保协会，主要在沿海与内陆重点渔区开展渔业相互保险，但这种互助组织及业务并不是真正意义的相互保险，也不受保险监管机构监管，尚属于民间互助组织，而我国真正的相互保险公司是 2005 年才成立的阳光农业相互保险公司，以农险为主营业务。

相互保险最能体现风险共担的思想，其诞生远早于商业保险。古时候一些面临同样风险的人自愿组织起来，预交风险损失补偿分摊金，以备意外和特殊

事件互助之用，这种形式曾存在于古今各种以经济补偿为目的的互助组织之中，如古埃及建造金字塔的石匠中的互助基金组织、古罗马的丧葬互助会、中世纪的工匠行会、商人行会、村落行会等，这被认为是早期的互助保险雏形。现代相互保险公司产生于18世纪，20世纪80年代后期达到发展的巅峰，并在国际上保持稳定的发展，一直是国际保险市场的重要组成部分。目前，我国财险市场只有两类3家相互保险机构，第一类是相互保险公司，现有阳光农业相互保险公司一家，第二类是相互保险社，2015年原保监会《相互保险组织监管试行办法》颁布，次年汇友建工财产相互保险社和众惠财产相互保险社两家机构获批筹建，2017年相继正式开业。

政策性保险是政府出于某种政策上的目的，以实施或促进某些社会政策或经济政策为目标，运用商业保险的原理而开办的保险。政策性保险一般具有非盈利性即不以营利为目的，这类保险所承担的保险项目一般经营风险较高，若经营发生亏损，将由国家政策给予补偿。政策性保险一般由国家投资设立的政策性保险公司经营，国家从宏观经济利益出发，对某些关系国计民生的行业实施保护政策而开办政策性保险，包括出口信用保险、农业保险、巨灾保险等，政府提供补贴与免税以及立法保护等。目前，中国出口信用保险公司是我国财险市场唯一一家政策性保险公司，成立于2001年，是由国家出资设立，以支持中国对外经济贸易发展与合作为设立宗旨。

目前，我国相互保险公司（相互保险社）、政策性保险公司明细如下：

公司类别	序号	公司全称	注册资本（亿元）	成立时间
相互保险公司（相互保险社）	1	阳光农业相互保险公司	10	2005-01-10
	2	众惠财产相互保险社	10	2017-02-14
	3	汇友建工财产相互保险社	6	2017-06-28
政策性保险公司	1	中国出口信用保险公司	约300	2001-12-18

中国出口信用保险公司是承办出口信用保险业务的政策性保险公司，于2001年12月18日正式运营，公司资本金约300亿元，资本来源为出口信用保险风险基金，由国家财政预算安排。2011年5月14日，国务院进一步明确了中

国信保的政策性定位，2011 年 11 月，经中央政治局常委会批准，中国信保领导班子列入中央管理，2012 年 3 月 17 日，升级副部级央企。

2. 从保费收入维度分析

相互保险公司在中国财险市场一直只有阳光农业相互保险公司一家，直到 2017 年才新设两家相互保险社，保费规模一直很小，市场份额不足 1%，最高的 2009 年市场份额为 0.51%，然后逐年下降，2018 年降到 0.33%。

政策性保险公司在中国财险市场一直只有中国信保一家，市场份额不足 3%，最高的 2012 年市场份额为 2.58%，然后逐年下降，2018 年降到 1.66%。

可见，中国财险市场仍是商业公司一枝独秀，市场份额一直没有低于 97%。具体情况详见下表：

年份	原保费收入（亿元）	商业保险公司		相互保险公司		政策性保险公司	
		保费收入（亿元）	占比（%）	保费收入（亿元）	占比（%）	保费收入（亿元）	占比（%）
2009	2992.90	2950.59	98.59	15.13	0.51	27.19	0.91
2010	4026.89	3923.72	97.44	14.10	0.35	89.08	2.21
2011	4779.06	4660.10	97.51	16.92	0.35	102.34	2.14
2012	5529.88	5364.98	97.02	22.58	0.41	142.60	2.58
2013	6481.16	6313.31	97.41	27.54	0.42	140.31	2.16
2014	7544.40	7336.10	97.24	27.12	0.36	181.18	2.40
2015	8423.26	8232.57	97.74	25.82	0.31	164.88	1.96
2016	9266.17	9062.78	97.81	30.31	0.33	173.08	1.87
2017	10541.38	10323.14	97.93	33.35	0.32	184.89	1.75
2018	11755.70	11521.86	98.01	38.44	0.33	195.40	1.66

据报道，目前，全球十大保险组织中，相互保险组织占据 3 席，根据国际相互合作保险组织联盟（ICMIF）的统计数据显示，2016 年，在美国、日本、法国、德国、荷兰等保险业发达国家，相互保险占有市场份额都高达 35%—50%，

全球相互保险保费收入占全球保险市场总份额的 27%。如果按照 27% 的平均水平，中国财险市场应该有近 3000 亿元的相互保险保费规模，若以每一家公司 50 亿—70 亿元的保费规模计算（相互制保险公司规模都不是特别大），中国市场可以有 40—60 家相互保险公司。从发展角度来看，未来 10 年，中国财险市场应有 40 多家相互保险公司才比较匹配。伴随着互联网的普及以及数字经济时代的到来，相互保险或将迎来新的发展机遇。作者对中国市场相互制财险公司发展设想如下：

相互保险公司发展设想	2030 年机构数	2018 年机构数	需发展数
	45 家	3 家	42 家

1994 年一年之内，我国设立了国家开发银行、中国进出口银行和中国农业发展银行 3 家政策性银行，作者认为，政策性保险风险较高、控制难度大、不以营利为主要目的，政府参与的程度高，因此，政策性保险不是一般商业保险公司所能经营的，在中国这样的大国，至少应设立 4—5 家政策性保险公司，比如政策性巨灾保险公司、政策性农业保险公司、政策性航天航空保险公司、政策性核电等特殊风险保险公司、政策性责任保险公司等，以服务国家大政方针、民生工程、特种行业、高风险领域等。使商业保险与政策性保险明显区分，政府的归政策公司，市场的归商业公司。作者对未来中国市场政策性财险公司发展设想如下：

政策性保险公司发展设想	2030 年机构数	2018 年机构数	需发展数
	5 家	1 家	4 家

今后，我国需建立起保险主体丰富、层次清晰、定位准确的保障体系，加快相互公司和政策性公司发展速度，制定相互公司法律法规，丰富财险市场主体，实现保险供给侧根本性改革，改变商业公司一枝独秀的现状，实现中国财险市场业务构成合理分布，均衡发展。作者对 10 年后的具体情况预期详见下表：

年份	原保费收入（亿元）	商业保险公司		相互保险公司		政策性保险公司	
		保费收入（亿元）	占比（%）	保费收入（亿元）	占比（%）	保费收入（亿元）	占比（%）
2030	20000	14000	70	4000	20	2000	10

3. 从净利润维度分析

2018 年，86 家财险公司（不含中国信保和安邦财险）共实现净利润 321.601 亿元，其中，83 家商业性财险公司（不含安邦财险）中 49 家盈利 401.559 亿元，34 家亏损 81.018 亿元，净利润为 320.541 亿元；3 家相互（互助）保险公司 1 家盈利 2.224 亿元，2 家亏损 1.164 亿元，净利润 1.06 亿元。具体情况详见下表：

公司类型	盈利		亏损		净利润（亿元）	占比（%）
	数量	金额（亿元）	数量	金额（亿元）		
商业保险公司	49	401.559	34	—81.018	320.541	99.67
相互保险公司	1	2.22	2	—1.16	1.06	0.33
合计	50	403.779	36	—82.178	321.601	100

（1）虽然中国信保未披露相关信息，不过也不会影响对其分析，因为，中国信保不是以盈利为目的。中国信保以“履行政策性职能，服务开放型经济”为己任，积极扩大出口信用保险覆盖面，为我国货物、技术、服务出口，以及海外工程承包、海外投资项目提供全方位风险保障，在支持“一带一路”建设、促进国际产能合作、培育国际经济合作和竞争新优势、推动经济结构优化等方面发挥了不可替代的作用。据其官网介绍，中国信保通过为对外贸易和对外投资合作提供保险等服务，促进对外经济贸易发展，重点支持货物、技术和服务等出口，特别是高科技、附加值大的机电产品等资本性货物出口，促进经济增长、就业与国际收支平衡，同时，中国信保在民营企业“走出去”过程中起到了重要的融资促进作用，通过不同的产品服务组合，提供风险和融资一站式解决方案，帮助民营企业转型升级，形成外贸竞争新优势。截至 2018 年年末，中

国信保累计支持的国内外贸易和投资规模超过4万亿美元，为超过11万家企业提供了信用保险及相关服务，累计向企业支付赔款127.9亿美元，带动200多家银行为出口企业融资超过3.3万亿元人民币。根据国际伯尔尼协会统计，2015年以来，中国信保业务规模连续在全球同业机构中排名第一。作为适应经济全球化和我国外经贸发展需要而成立的专业信用保险机构，中国信保紧紧围绕服务国家战略目标，努力把公司建设成为功能突出、技术领先、服务优良，管理科学、内控严密、运营高效，政策性作用充分发挥，可持续发展能力明显增强，国家信任、客户信赖、国际一流的专业信用保险机构，为服务国家新一轮高水平对外开放做新的更大贡献。通过中国信保的公司文化，可以清楚地看到作为政策性保险公司的定位与使命担当。

中国信保	公司使命	履行政策性职能，服务开放型经济
	企业精神	放眼世界，追求卓越
	经营理念	以政策为依据，以市场为导向，以客户为中心
	核心价值观	责任、诚信、专业、创新
	集团愿景	建设国内领先、国际一流综合金融保险集团

我国政府曾连续五年在政府工作报告中提出“进一步扩大出口信用保险覆盖面”，明确政策性出口信用保险在服务民营企业、促进对外贸易等方面的责任。

（2）互助保险是一群有共同要求和面临同样风险的人自愿组织起来，定义好风险补偿的规则，预交风险补偿分摊资金，从而保障每一个参与者的风险损失的机制，是参与互助保险的投保人相互之间的一种保障关系。对于相互保险组织，我们不以利润的多少来评价他们的经营结果，因为相互保险也是不以盈利为主要目的，投保人即是股东，不仅享有保障，还享有互助保险组织的所有权、管理权和监督权。公司的资金及运营所得归全体投保人所有，管理层由全体投保人选举和任免，重大事项由全体投保人共同决策，互助保险组织从模式上就决定了它的经营目的是为全体投保人的利益服务。公司即使有盈利也不分红，也不能进行员工激励，只能返还给投保人或作为基金，用以冲抵以后的赔款或亏损。

互助的使命主要是共济，带有强烈的帮扶、救助或慈善的性质，互助保险公司不能有丝毫的商业味道，高管们只是协助组织管理，也不需要过多的市场营销，主要是把会员的风险保障好。设立相互保险机构的出资人动机要纯，不要考虑赚钱，不能以挣钱的目的设立相互保险，更不能以相互制的名义行商业性之实。相互保险公司要多宣传互助，厘清互助保险与商业保险之区别，相互保险与商业保险是完全不同的两个物种，遵循的是完全不同的逻辑，不能按照商业性公司的逻辑去发展相互制保险。在某些商业保险不愿做、不能做的领域相互保险可能做得很好，因此，在很多领域应该以设立相互保险公司的形式解决风险保障问题，不要寄希望于商业保险，商业保险不是万能的，同时又是逐利的。相互保险与商业保险二者不是主辅关系、补充关系，而是平行、共生关系。中国保险市场正是由于缺少相互保险而显得供给不足，社会很多领域保险覆盖严重不足，但有的领域却竞争过度。由于经济发展不平衡，互助保险可以根据不同区域、不同产业、不同行业、不同企业的实际情况，完全依照自己的需求灵活确立险种和理赔方式，因此可以各具特色，形式多样，对于赔款，在一定的合理范围内，只要会员们无异议可多赔或少赔，有很大的变动性。当前我国的相互保险组织，只有 1 家相互保险公司和 2 家相互保险社，实在是少得可怜，建议在诸多领域设立不同的相互保险组织以更适合我国国情。

互助保险在资金筹集、保障水平确定、保障项目选择、资本金的保值增值及分配方面，都由参保者民主选举产生的领导民主决策，可以大大降低操作成本，成为低投高赔的实惠型保险。有人认为，相互保险公司存在资金权属不清、融资困难、会员身份不实、利润无法分配、业务扩张较难、无法进行股权融资等问题，其实这不是相互保险的问题，而是我们用商业保险的思维去套相互保险所得出的结论。相互保险的设置应小型、分散、多样、充足，在中国有几十家才比较合适。另外，相互保险与商业保险有着太多差异，所以要针对二者之间的不同点加以区别立法，可以借鉴日本、欧洲的做法，不能一味地将商业保险所适应的法律套用在相互保险上，更不能用商业保险的逻辑看待相互保险。

（3）商业保险的利润分析显得意义重大。商业保险公司就是以追求利润最大化为目标，当然也应该尽到自身分内的社会责任。就经营而言，商业保险应少标榜高尚而多说契约，少说慈善多说盈利。商业保险公司多年被社会所诟病，在一定程度上与自我标榜有关，实际并非如其所说。利润是衡量一个商业企业最重要的经济指标，投资者靠利润获得投资回报，企业靠利润壮大实力、彰显价值，维持永续经营，盈利是必须的选择，盈利也一定是投资者投资商业保险公司的初衷。商业保险公司要对股东负责，挣钱是目的，服务是手段；契约是基础，互助是形式。2018 年财险公司全年利润下滑，甚至有 34 家商业性财险公司存在亏损，令人匪夷所思，如果不是新公司、不是战略上的安排，实在说不过去。财险行业利润缩减有多种原因，例如有的公司盲目求大忽视风控，有的公司跟风投入大把撒钱，有的公司不知深浅硬闯红海……而其中最关键的是定位是否妥当，商业保险公司的一切工作都必须围绕盈利来开展，如果定位准确、方向对头，又不缺人力和资金，偶然的亏损那可能就是运气差了一点，毕竟保险是与风险打交道的行业，否则别无托词。商业保险公司的经营目的是为股东赚钱，所以在做任何决策的时候首先会考虑赚钱，为投保人提供保障是为赚钱服务的，既然选择做商业保险，就要坚守商业的逻辑和底线。没有盈利没有价值、只讲社会效益没有经济效益的公司是不可提倡的，而只要有盈利就无所谓公司大小。持续盈利一定是有价值的。

（4）政策性公司对国家负责，服务于政治大局和国家利益；互助公司对投保人负责，以安排投保人风险保障为核心，服务于投保人利益；商业公司对投资人负责，以追求利润最大化为宗旨，服务于出资人获取商业利益的目的。互助保险的范围比商业保险更广更灵活，因为后者要赚钱，所以凡是不好赚钱的、不太好卖的、可保数量少的风险通常都不予承保，而互助保险是一群面临共同风险的同类群体自发组织起来做保障，无论人数多少、保障风险的概率高低，只要大家都认同承保、理赔的标准，就可以运行。互助保险的保费支出一般也低于商业保险，这是因为互助保险主要是面向同类人群，他们天然具有较强的聚集性和行动的一致性，有利于产品的传播和销售，节省销售支出。而商业保险更多地需要专门的销售人员对客户推销，所花费的成本更高。另一方面，在同样的资金管理策略下，商业保险公司需要抽取一定的利益，而互助保险是将所有的利益都返还给投保人，所以互助保险的费用支出更低。互助保险和商业保险各有利弊，前者更有利于投保人的利益最大化，后者更有利于保险公司的生存和壮大。随着互联网时代的来临，无论是互助保险还是商业保险都面临着新的挑战和机遇。

4. 从价值率维度分析

（1）从资本价值率角度分析。

这里从资本·保费价值率和资本·利润价值率两个维度来分析，资本·保费价值率和资本·利润价值率即100元注册资本所创造的保险业务收入多少和净利润多少。2018年，商业性保险公司和相互制保险公司资本价值率情况详见下表：

公司类别	注册资本（亿元）	保险业务收入（亿元）	净利润（亿元）	资本·保费价值率（%）	资本·利润价值率（%）
商业保险公司	2625.4528	11608.307	320.541	442.14	12.21
相互保险公司	26	38.903	1.06	149.63	4.08
行业整体	2649.4528	11647.21	321.601	439.61	12.14

从上表中可以看出，无论是资本·保费价值率还是资本·利润价值率，相互制公司都远低于商业性公司，如果抛开成立时间等因素，这种结果是很正常的，完全符合各自的属性。相互制公司一般规模不大且不以盈利为目的，除了阳光农业相互保险公司，其他两家还刚刚成立，2018年是第一个完整年度，相互制保险公司还远没有形成气候，对于今后的发展还需时间观察。

（2）从支出价值率角度分析。

这里从支出·营收价值率和支出·利润价值率两个维度来分析，支出·营收价值率和支出·利润价值率即100元营业支出所创造的营业收入多少和净利润多少。2018年，商业性保险公司、相互制保险公司支出价值率情况详见下表：

公司类别	营业支出（亿元）	营业收入（亿元）	净利润（亿元）	支出·营收价值率（%）	支出·利润价值率（%）
商业保险公司	10248.481	10785.024	320.541	105.24	3.13
相互保险公司	31.511	32.491	1.060	103.11	3.36
行业整体	10279.992	10817.515	321.601	105.10	3.13

从上表中可以看出，商业公司与相互制公司的支出·营收价值率基本持平，说明相互制公司费用低于商业性公司的优势还没有充分显示出来。相互制公司的支出·利润价值率高于商业性公司，这主要是阳光农业的拉动，但是，该指标商业性公司低于相互制公司是很值得思考的，以利润为经营目的的商业性公司在利润体现上却不如相互制公司，说明商业性公司在支出创利上有很大问题，如果商业性公司不能尽快扭转整体性经营利润差的局面，很多亏损的商业性公司将面临被兼并、重组的局面。而相互制公司尤其是盈利较多的相互制公司，则需要考虑如何降低保费或加大保障，或者是把利润所得绝大部分返还给会员或拿出一部分来冲减下一年保费，扩大对会员的普惠，而不是谋求更多获利。

（3）从薪酬价值率角度分析。

这里从薪酬·保费价值率和薪酬·利润价值率两个维度来分析，薪酬·保费价值率和薪酬·利润价值率即100元薪酬支出所创造的保险业务收入多少和净利润多少。2018年，商业性保险公司、相互制保险公司薪酬价值率情况详见下表：

公司类别	薪酬支出（亿元）	保险业务收入（亿元）	净利润（亿元）	薪酬·保费价值率（%）	薪酬·利润价值率（%）
商业保险公司	1158.305	11608.307	320.541	1002.18	27.67
相互保险公司	3.885	38.903	1.060	1001.36	27.28
行业整体	1162.190	11647.21	321.601	1002.18	27.67

从上表中可以看出，相互制公司的薪酬·保费价值率和商业性公司、行业整体基本持平，而薪酬·利润价值率则低于商业性公司和行业整体水平，说明相互制公司的薪酬水平低于传统商业性公司的优势还不明显，这本应该是相互制公司的一大特点，即相互制公司的薪酬通常都低于商业性公司和行业平均水平，尤其是高管的薪酬远低于商业性公司，这是相互制公司的基本价值理念，但随着相互制公司的发展，这一点将逐渐显现出来。

三、独立公司与自保公司

按照公司归属性质，队员公司可分为独立公司和自保公司。自保公司是由非保险企业所拥有或控制的保险公司，其主要的目的是为母公司及其子公司的某些风险提供保险保障。根据我国相关监管规定，自保公司是指经中国保监会批准，由一家母公司单独出资或母公司与其控股子公司共同出资，且只为母公司及其控股子公司提供财产保险、短期健康保险和短期意外伤害保险的保险公司。独立公司是独立运营、不受或没有母公司控制、以开展非股东业务为主的商业性保险公司，独立公司是相对于自保公司而言的保险类型（注：行业本没有独立公司这一类型，作者为了方便分析，对商业性公司中除自保公司之外的公司赋予了这一称谓）。具体分析如下：

1. 从公司数量维度分析

截至 2018 年年底，中国财险市场共有商业性保险公司 84 家（政策性公司和相互制公司除外），其中独立公司 80 家、自保公司 4 家。自保公司包括专属保险公司和专业自保公司，自保公司在我国数量少，成立时间晚。

类别	独立公司	自保公司	商业公司（合计）
数量（家）	80	4	84
占比（%）	95.24	4.76	100

我国财险市场早期一直没有自保公司这一组织形式，直到 2013 年 12 月 26 日才成立第一家自保公司即中石油专属保险公司，然后，2015 年成立了中国中铁自保公司，2017 年又成立了中远海运自保公司和广东粤电自保公司。具体情况如下：

序号	公司类别	公司全称	成立时间
1	专属保险公司	中石油专属财产保险股份有限公司	2013-12-26
2	专业自保公司	中国铁路财产保险自保有限公司	2015-07-06
3		中远海运财产保险自保有限公司	2017-02-08
4		广东粤电财产保险自保有限公司	2017-11-10

实际上，目前中国有 7 家自保公司，且均由大型国企设立。其中，中远自保、中石油专属财险、中铁自保、粤电自保设在中国内地，另外 3 家中海石油保险、中广核保险、中石化保险设在香港地区。据报道，由于某些原因，世界上许多专业自保公司都设立在“离岸”地区，百慕大地区聚集了全球 1/3 以上的专业自保公司，这是因为该地除了无所得税和外汇管制外，还有发达的证券交易系统、稳定的政治环境、完备的商业法律体系、高度发达的司法和专业人才结构、便利的海空交通和高度发达的保险业等强大优势。除了百慕大，自保公司的聚集中心还有开曼群岛、佛蒙特、巴巴多斯、卢森堡、新加坡、中国香港等地。然而，由于法律框架和政治方面等原因，一些专业自保公司还是定位在国内组建。

我国自保公司数量少，有以下一些原因：一是我国保险业历史比较短，早期没有自保公司的顶层设计和相应法律法规；二是 2013 年 12 月有了《关于自保公司监管有关规定的通知》，但是进入门槛比较高（母公司资产总额不低于人民币 1000 亿元；主营业务突出；盈利状况良好；大型工商企业）；三是我国企业普遍缺少成立自保公司的意识和强烈愿望。

自保公司在 19 世纪中期就出现了，当时，由于投保人发现传统的保险险种和保险费率无法满足他们的保险需求，因而创建了自己的保险机构，到 20 世纪 60 年代初，专业自保公司快速发展起来。国际上越来越多的企业拥有了自己的专业自保公司，专业自保公司已成为国际保险市场上一支十分重要的力量。据资料显示，截至 2005 年年底，全球范围专业自保公司的数量已超过 5000 家。美国 500 强企业超过 90% 拥有自保公司，英国 200 强企业的 80% 拥有自保公司，瑞典 50 强企业的 90% 拥有自保公司，目前，在世界财富 500 强企业中有超过 70% 的企业设立了专业自保公司。2018 年世界 500 强中有 120 家中国公司，按照这个数字，我国自保公司应为 80 多家，而目前仅有 4 家，确实差距太大了。作者对中国财险市场的专业自保公司发展设想如下：

自保公司发展设想	2030 年机构数	2018 年机构数	需发展数
	50 家	4 家	46 家

2. 从保费收入维度分析

在中国商业财险市场，独立公司一枝独秀，份额一直没有低于99%，自保公司保费规模极小，尚未占有一席之地，占比不到商业财险保费的0.2%，基本可以忽略不计。可见，在中国商业财险市场，自保公司尚有广阔的发展空间。下表所示为自保公司最近4年原保费收入（单位：亿元）：

年份	中石油专属	中铁自保	中远自保	粤电自保	合计
2015	4.15	0.16	——	——	4.31
2016	3.8955	5.4218	——	——	9.3173
2017	4.9781	6.2272	1.9288	0.1010	13.2351
2018	5.2662	5.4946	4.0895	0.5874	15.4377

自保公司最近4年原保费收入在商业财险保费收入中占比情况表：

年份	商业公司保费收入（亿元）	自保公司		独立公司	
		保费收入（亿元）	占比（%）	保费收入（亿元）	占比（%）
2015	8232.57	4.31	0.05	8228.25	99.95
2016	9062.78	9.32	0.10	9053.46	99.90
2017	10323.14	13.24	0.13	10309.90	99.87
2018	11521.86	15.44	0.13	11506.42	99.87

自保公司保费收入少，是因为：第一，成立时间短，处于发展初级阶段；第二，根据我国监管规定，自保公司只为母公司及其控股子公司提供财产保险、短期健康保险和短期意外伤害保险的保险公司，业务范围受到严格限制；第三，由于资金、人力、技术、管理等多因素影响，目前自保公司暂难实现对母公司及各子公司风险全覆盖，母公司选择将大部分风险投保于其他公司。鉴于此，我国自保公司的优势还没有充分显现出来，为此，有必要对自保公司的优势多一些了解。

（1）自保公司可以满足企业个性化保险需求。在有些情况下，企业想购买保险而无法买到，或者是传统的保险市场从来就没有提供过，或者不存在具有合理规模的市场，包括罢工保险、产品召回风险保险、政府责任保险和其他被人认为不能保险的风险；在有些情况下，虽然可以购买传统的保险，但价格昂贵。对于高风险行业，往往其中一部分符合商业保险市场认定的"可保"风险，可以在普通商业市场上找到保险产品，而其他风险会因为各种原因无法在保险市场上得到充分的保险保障，或需要支付高额的保费。在传统的商业保险中，企业和保险公司经常就什么风险可以承保、什么风险不能承保争论不已。而自保公司是由母公司设立、拥有、控制并专为母公司及其子公司的风险提供保险保障，母公司直接影响并支配着该自保公司的运营，包括制定承保、索赔处理的政策等，自保公司的立足点是为企业提供充分的保险保障，可以为其不断变化着的、特定的投保需求提供承保范围更宽的保险服务。同时，自保公司是最了解本企业风险，可以根据企业自身的需要提供较传统商业保险更个性化的保险产品，量身定做不同的保险产品组合，能够根据母公司及旗下各子公司的风险水平和特定需求确定相应不同的保险费率、承保金额和自留额度等，具有很强的针对性和灵活性，为集团内的投保人提供市场上买不到的个性化保险保障。这一优势在风险形式千变万化的当今社会中尤为重要。

（2）自保公司可以降低企业保险成本。由于传统商业保险市场上通常有一个平均费率，即使低风险企业也不得不承担这个平均费率。企业比保险公司更清楚自己可能遭遇的损失赔偿风险，自保公司在承保定价上也更加精准、公平合理，能够充分发挥在定价方面的灵活裁量权，风险较小的企业，保险费率也会比较低。因此这些低风险的企业通过建立自己的专业自保公司，可以改变在传统保险市场中所处的不利地位。自保公司作为企业的一种风险管理工具，可以减少或者避免许多在传统商业保险市场上的花费，如佣金、保费的赋税、其他如董事会费的管理费用以及利润附加，而正是这些经营费用构成了传统商业保险保费组成中的附加保险费。据统计，美国和欧洲的传统商业保险公司都负担着20%—30%的附加费用率，在亚洲、非洲、拉丁美洲，这一比率可能还要高一些。由于专业自保公司的保费基本上只按照纯费率计算，不附加上述费用，因此能够厘定较低的保费率，从而为企业节约了大笔的保费支出。

（3）自保公司可以灵活保费收取方式。传统的保险公司提供的企业保险一般以一年为期限，投保企业在保单生效初始就缴纳保险费，而保险公司支付损失赔偿金往往会滞后一段时间，这就使企业丧失了可用现金流在这段时间内的投资收益，导致很高的机会成本。自保公司由母公司设立、拥有和控制，母公司直接支配着自保公司的运营和投资行为，当面临高收益的投资机会并对投资回报有良好的预期时，专业自保公司能够在最大限度内降低母公司的保费现金流出，允许母公司自由灵活地支付保费，有的甚至允许母公司在灾害事故发生后再支付保费。专业自保公司所提供的优惠的保费支付安排能够优化企业的现金流管理，有利于增加企业的投资收益，降低投保的机会成本。

（4）自保公司可以扩大风险分摊范围。企业购买保险，一般只能向直保公司购买，不能向再保公司购买，因为许多再保公司只与保险公司做交易，而不同非保险企业打交道。企业建立专业自保公司后，直接面对自己的自保公司，不用再向保险公司投保，自保公司代表企业直接参与广阔的再保险市场，企业为了避免风险集中于自保公司，选择将大部分风险进行分保，在再保合同谈判上更具发言权，既节省保费支出，有效降低保险成本，又使风险直接向全球分散，进一步提高了自己的承保能力，保障的范围就宽得多了。据报道，目前我国自保公司自留的风险额度大约处于 20%—30% 的区间内，大部分风险责任做了分保。

（5）自保公司可以参与企业防灾减损。自保公司有多种类型，由一家独立的企业拥有的自保公司被称为单亲自保公司，这种占了全球自保公司总数量的 75%，我国自保公司就属于这种类型。由多个彼此不相关企业参与共出保费、共担风险的被称为多亲专业自保公司，这种方式在美国十分流行。只承保其母公司业务的被称为纯粹专业自保公司，大多数自保公司属于此类。除了承保母公司业务之外，还承保其他公司风险的，被称为开放市场自保公司。大量自保公司掌握各类风险事故数据往往比专门管理安全生产的部门更加精准，更加全面，可以把这些数据进行分析和处理，与企业和社会共享，提供有效的信息支持，提升防灾防损和安全管理水平，提高风险管控能力，发挥其在企业和社会安全管理中的作用。

3. 从净利润维度分析

2018 年，79 家独立财险公司中 45 家盈利 394.081 亿元，34 家亏损 81.018

亿元，净利润为 313.063 亿元；4 家自保公司全部盈利，净利润 6.375 亿元，占商业财险公司净利润总额的 2%。具体情况如下：

公司类别	盈利		亏损		净利润（亿元）	占比（%）
	数量（家）	金额（亿元）	数量（家）	金额（亿元）		
自保公司	4	6.375	0	0	6.375	1.99
独立公司	45	395.184	34	81.018	314.166	98.01
商业公司整体	49	401.559	34	81.018	320.541	100

4 家自保公司全部实现盈利，利润额占比达到 2%，而且其保费规模占比只有 0.13%，可见，专业自保公司的盈利能力和效益水平比独立公司要好得很多。专业自保公司可以较少承担商业保险公司的社会负担，包括可以消除或减少保险费组成中的一些部分，降低成本支出，且自保公司业务来自母公司内部，可以不通过代理人和经纪人开展业务，大大降低了业务获取成本，节约了大笔的佣金，同时还能避免一般商业保险公司所需承担的庞大行政费用，如市场推广、宣传及运营开支等，大大降低了自保公司的运营成本，提高了公司的经济效益。另外，自保公司也可进行资金运用并产生收益。以上这些，都使得自保公司将比商业独立公司易于获取更多的营业利润。自保公司在我国具有广阔的发展空间。

4. 从价值率维度分析

（1）从资本价值率角度分析。

这里仅从资本·保费价值率和资本·利润价值率两个维度来分析，资本·保费价值率和资本·利润价值率即 100 元注册资本所创造的保险业务收入多少和净利润多少。2018 年，独立公司和自保公司资本价值率情况详见下表：

公司类别	注册资本（亿元）	保险业务收入（亿元）	净利润（亿元）	资本·保费价值率（%）	资本·利润价值率（%）
独立公司	2528.4528	11582.944	314.166	458.10	12.43
自保公司	95	25.363	6.375	26.70	28.11
商业公司整体	2623.4528	11608.307	320.541	442.48	12.22

从上表中可以看出，自保公司的资本·保费价值率远远低于独立公司，说明自保公司的注册资本相对比较充足，但单位资本对应的保费较少，可能与其业务范围仅局限在母公司及部分险种，而且自保公司车险较少有关。但自保公司的资本·利润价值率远远高于独立公司，说明自保公司盈利性较强，单位注册资本所产生的利润较多。

（2）从支出价值率角度分析。

这里仅从支出·营收价值率和支出·利润价值率两个维度来分析，支出·营收价值率和支出·利润价值率即100元营业支出所创造的营业收入多少和净利润多少。2018年，独立公司和自保公司支出价值率情况详见下表：

公司类别	营业支出（亿元）	营业收入（亿元）	净利润（亿元）	支出·营收价值率（%）	支出·利润价值率（%）
独立公司	10235.766	10764.523	314.166	105.17	3.07
自保公司	12.715	20.501	6.375	161.23	50.14
商业公司整体	10248.481	10785.024	320.541	105.24	3.13

从上表可以看出，自保公司的支出·营收价值率远远低于独立公司，支出所带来的营业收入较少，但自保公司的支出·利润价值率远远高于独立公司，说明自保公司以较少的投入获得了较好的经营利润。“支出·利润价值奖”的5个获奖者中就有中远自保、粤电自保和中石油专属3家。对于自保公司而言，需要扩大保费规模，为母公司提供更全面、更充分的保险保障，即使是利润低一些，也要尽可能全面覆盖母公司风险，发挥自保公司更了解本企业、本行业风险的优势，同时，不单是承保传统的业务，应该开发更多特色的保险产品或产品组合，敢于尝试承保一些高风险业务。

（3）从薪酬价值率角度分析。

这里仅从薪酬·保费价值率和薪酬·利润价值率两个维度来分析，薪酬·保费价值率和薪酬·利润价值率即100元薪酬支出所创造的保险业务收入多少和净利润多少。2018年，独立公司和自保公司薪酬价值率情况详见下表：

公司类别	薪酬支出（亿元）	保险业务收入（亿元）	净利润（亿元）	薪酬·保费价值率（%）	薪酬·利润价值率（%）
独立公司	1157.471	11582.944	314.166	1000.71	27.14
自保公司	0.834	25.363	6.375	3041.12	764.39
商业公司整体	1158.305	11608.307	320.541	1002.18	27.67

从上表中可以看出，自保公司薪酬·保费价值率和薪酬·利润价值率两个指标值都远远高于独立公司，这可能是由于自保公司的薪酬远远低于独立公司，或者是自保公司相对独立公司业务来源相对容易一些，从而使得自保公司人少而精，薪酬成本较低。目前来看，自保公司数量少，业务规模小，其优点还没有完全显现出来，假以时日，如果自保公司的数量和规模大幅增加后，其综合优势和对母公司的作用会更加凸显。自保公司和独立公司是各具特色、相辅相成、互相促进且互相不可替代的，遗憾的是，我国自保公司实在是太少。

四、综合性公司与专业性公司

根据财险公司业务范围或标的不同，队员公司可以划分为综合性公司和专业性公司两类。专业性公司目前有农业保险公司、责任保险公司、信用保险公司、汽车保险公司、互联网保险公司、航运保险公司和科技保险公司。具体分析如下：

1. 从公司数量维度分析

2018年，中国保险市场的88家财险公司中，有专业性公司16家，分别为农业保险公司5家、信用保险公司2家、责任保险公司1家、汽车保险公司

2 家、互联网保险公司 4 家、航运保险公司 1 家和科技保险公司 1 家，专业公司数量占比 18.18%；有综合性公司 72 家（22 家外资公司都归在其中，不再细分）。具体情况如下：

公司类别	综合性公司	农业保险公司	信用保险公司	责任保险公司	汽车保险公司	互联网保险公司	航运保险公司	科技保险公司
数量（家）	72	5	2	1	2	4	1	1
占比（%）	81.82	18.18						

（1）农业保险公司的成立与国家支持发展农业保险政策有很大的关系。2004 年，监管层发放了一批农业保险牌照，包括安信农险、安华农险、阳光农险及当时的中航安盟，2008 年国元农险成立，2015 年中原农险成立。农业保险是有财政高补贴支持的，这也促进了民间资本进入农险领域或成立农险公司的积极性。

（2）信用保险公司相对于其他专业财险公司是成立比较早的，2001 年中国信保就已经成立，而且是我国唯一的政策性保险公司。另一家阳光信保成立于 2016 年，成立较晚，是我国首家市场化运营的商业性专业信用保证保险公司。

（3）责任保险公司是在国务院“大力发展责任保险”的背景下设立的，长安责任保险股份有限公司于 2007 年 9 月经中国保险监督管理委员会批准开业，是我国唯一的责任保险公司。

（4）专业汽车保险公司是为完善汽车产业链而发起设立的，目前有 2 家专业汽车保险公司，2011 年 6 月第一家众诚汽车保险股份有限公司在广州市成立，2012 年 6 月第二家鑫安汽车保险股份有限公司在长春市成立。

（5）互联网保险公司是在中国进入互联网时代，在“互联网 +”的大背景下成立的，2013 年国内首家互联网保险公司众安在线成立，2015 年之后，又相继成立了泰康在线、安心财险、易安财险三家互联网保险公司。

（6）东海航运成立于 2015 年 12 月，属国内首家航运保险法人机构，是一家全国性、股份制、商业性的国有保险公司。

（7）太平科技于 2018 年 1 月获中国保监会批准开业，是中国第一家专业科技保险公司，聚焦科技企业及其相关产业链，提供具有针对性的风险保障服务。

2. 从保费收入维度分析

2018 年，财险公司原保费收入 11755.69 亿元，16 家专业财险公司保费收入 594.59 亿元，占比 5.06%，综合性财险公司保费收入 11161.10 亿元，占比 94.94%。具体情况如下：

公司类别	公司简称	成立时间	原保费收入（亿元）	小计（亿元）	市场份额（%）
农业保险公司	安信农险	2004-09-15	12.22	176.76	1.50
	安华农险	2004-12-30	49.84		
	阳光农险	2005-01-10	34.25		
	国元农险	2008-01-18	57.60		
	中原农险	2015-05-13	16.57		
信用保险公司	出口信用	2001-12-18	195.40	197.89	1.68
	阳光信保	2016-01-11	2.49		
责任保险公司	长安责任	2007-11-07	29.04	29.04	0.25
汽车保险公司	众诚车险	2011-06-08	12.99	19.27	0.16
	鑫安车险	2012-06-15	6.28		
互联网保险公司	众安在线	2013-10-09	112.23	169.88	1.45
	泰康在线	2015-11-18	29.51		
	安心财险	2015-12-31	15.30		
	易安财险	2016-02-16	12.84		
航运保险公司	东海航运	2015-12-25	1.89	1.89	0.02
科技保险公司	太平科技	2018-01-08	0.47	0.47	0.00
专业性财险公司合计			594.59		5.06
综合性财险公司合计			11161.10		94.94
财险公司总计			11755.69		100

（1）农业保险公司保费分析。

2018年，专业农险公司实现原保费收入176.76亿元，占财险市场份额的1.50%，据查，5家农险公司实现的农险保费约为102亿元，占5家农险公司业务量的57.70%，占当年全国农险保费572.60亿元的17.81%，说明大部分农险业务是非专业农险公司所做的，专业农险公司在农险业务领域的作用有待进一步发挥。在5家农险公司中，有2家公司大部分业务不是农险而是车险，其农险业务不到自身业务的50%，这是因为，靠地方政府背景以农险名义成立的专业农险公司，在本省把农险做大后，向外省发展的时候主要是拓展车险业务，这在一定程度上偏离了专业农险公司的轨道。2016年中央编办要求取消农业保险资格审批，《农业保险条例》也因此修改，从法规上农业保险经营已经取消了门槛，但由于政策性农险业务是准行政性业务，目前，实际上各省农业保险还是有资格要求的，也就是地方门槛，没有当地政府和财政认可的话，拿不到当地的份额，产品也批不下来，相当于还是做不了，因此，跨省做农险业务，在某些地区还是比较困难的。

（2）信用保险公司保费分析。

2018年，信用保险公司原保费收入197.89亿元，占财险市场份额的1.68%。其中中国信保保费收入195.40亿元，阳光信保保费收入仅为2.49亿元。中国信保保费收入在财险公司中排名第九位，主要业务范围有：中长期出口信用保险业务、海外投资保险业务、短期出口信用保险业务、国内信用保险业务、与出口信用保险相关的信用担保业务和再保险业务、应收账款管理、商账追收等出口信用保险服务及信息咨询业务、进口信用保险业务等。阳光信保保费全部为信用保证保险业务，其中保证保险收入2.18亿元、信用保险收入0.32亿元，阳光信保有针对性地研发了业贷保、车贷保、消贷保等主力产品，保障范围涵盖小微企业融资、消费金融、汽车金融等多个领域，降低企业和个人的信用成本和交易风险，体现了专业公司做专业事的公司定位。

（3）责任保险公司保费分析。

2018年，长安责任保险公司保费收入29.04亿元，占市场份额的0.25%。长安责任的主要业务范围是责任保险、法定责任保险、财产损失保险、信用保险和保证保险、短期健康保险和意外伤害保险，上述业务的再保险业务以及经中国保监会批准的其他业务。经查阅，长安责任的第一大险种并不在上述之列，其第一大险种是车险，保费收入 22.92 亿元，占比高达 78.93%，责任险为第二大险种，占比仅为 8.71%。长安责任 TOP5 险种具体经营情况如下：

Top5 险种	车险（含交强）	责任险	意外伤害险	企财险	健康险
保费（亿元）	22.92	2.53	0.91	0.81	0.76

作为我国第一家专业责任保险公司，长安责任曾致力于以责任保险为特色，在食品安全责任保险、房屋建筑工程质量责任保险、环境污染责任保险、安全生产责任保险等方面，形成了自己的拳头产品和一定的市场优势。据长安责任官网介绍，创新是长安责任保险企业文化的核心内涵。

（4）汽车保险公司保费分析。

2018 年，众诚车险和鑫安车险共实现保费 19.27 亿元，占市场保费总额的 0.16%，众诚车险主要经营各种机动车辆保险业务、与机动车辆保险有关的其他财产保险业务、短期健康保险和意外伤害保险业务，以及上述业务的再保险业务；鑫安车险主要经营机动车辆保险、财产损失险、责任保险、信用保险和保证保险、短期健康保险和意外伤害保险，以及上述业务的再保险业务，二者的业务范围有所不同，但都与传统的公司没有太大区别。二者虽然都是车险公司，但是其业务结构是有很大差异的，众诚车险的车险业务是该公司第一大险种，占比高达 83.60%；而鑫安车险的车险业务是其第二大险种，仅占 32.17%，车险业务占比的不同直接导致了经营结果的不同。

公司简称	保费收入（亿元）	车险保费（亿元）	车险占比（%）	Top5 车险排名	净利润（亿元）
众诚车险	12.99	10.86	83.60	第一大险种	−0.268
鑫安车险	6.28	2.02	32.17	第二大险种	0.321

保险行业复业之初，财产保险业务大多集中在企业财产保险，汽车保险占财产险业务的份额仅为 2%，随着改革开放和经济快速发展，国内工业化程度提高，汽车行业井喷式发展，机动车辆保险逐渐崛起，从 1980 年到 1999 年的 20 年间，国内保险市场承保的机动车辆从 7922 辆迅速上升到 1494 万辆，总保险

费也从 728 万元猛增到 306 亿元。1988 年，机动车辆保费收入超 20 亿元，占财产险的份额达 37.6%，首次超过家财险份额，至今都为我国产险行业龙头险种。20 世纪末汽车进入普通家庭，由于车险为短期险，销售方式较简单，保险期限多为一年，大量保险中介从事车险代理，车险保费快速增长，2011—2017 年车险保费一直保持两位数增速。到 2018 年，中国车险原保费收入达到 7834 亿元，同比增长 4.16%，快速增长的势头放缓，出现了增长的拐点。

从 2004 年开始，车险保费市场份额排名第一的人保财险份额连续 11 年下滑，从 2004 年的 58.1% 下滑至 2014 年的 33.5%。其间，平安财险和中小型公司份额上升，2004 年到 2007 年 3 年间，中小型公司份额上升较快，上升了 15.5%。在此后的 7 年间，平安财险份额上升较快，从 2007 年的 10.3% 上升到了 2014 年的 18.9%。在 21 世纪的前十几年间，财产险市场主体迅猛增加，保费收入保持高增速，于 2010 年达到顶峰，增速为 35.5%。竞争格局也从人保一家独大到市场份额下滑，由部分中小公司挤占。从 2010 年到现在，财产险市场竞争格局保持稳定，CR4（人保财险、平安财险、太保财险、国寿财险）从 2010 年到现在占据 70% 左右的份额，中小公司占据 30% 左右的份额，形成寡头竞争格局。在商业车险产品同质化市场中，商车改革对中小公司带来极大的挑战，

与大公司相比，中小公司在规模效应、品牌效应、专业技术能力方面存在不足，发展模式上更多依靠费用驱动，必须在经营策略、业务结构、业务模式等方面尽快转型，持续优化业务结构，在不同地区结合各机构当地实际特点，进行差异化发展策略。近两年由于车险增速放缓和非车险的崛起，车险保费增幅开始下滑。

（5）互联网保险公司保费分析。

2018 年，互联网保险公司实现保费 169.88 亿元，市场份额 1.45%，对于成立较晚的互联网保险公司整体来说，其业务发展还是很快的。以下是近三年互联网保险公司保费收入及同比增长情况。

年份 公司简称	2016	2017		2018	
	原保费（亿元）	原保费（亿元）	同比（%）	原保费（亿元）	同比（%）
众安在线	34.08	59.57	74.79	112.23	88.40
泰康在线	6.75	16.56	145.33	29.51	78.20
安心财险	0.75	7.94	958.67	15.30	92.70
易安财险	2.22	8.39	277.93	12.84	53.04
合计	43.80	92.46	111.10	169.88	83.73

在互联网科技发达的今天，互联网保险公司将人工智能、大数据、区块链、云计算等新兴技术运用到保险中，让科技赋能保险。互联网保险公司是基于保障和促进整个互联网生态发展的初衷所设立，一直在不断摸索新的保险业态，那么，专业互联网公司的主要业务是什么呢？下面我们来看一下 2018 年各公司 Top5 险种的业务量，以观察其业务方向。

Top5 排名	众安在线		泰康在线		安心财险		易安财险	
	险种	保费（亿元）	险种	保费（亿元）	险种	保费（亿元）	险种	保费（亿元）
1	健康险	23.65	健康险	17.14	健康险	5.96	意外险	5.94
2	保证险	22.68	意外险	6.48	车险	5.01	责任险	5.54

续表

Top5排名	众安在线		泰康在线		安心财险		易安财险	
	险种	保费（亿元）	险种	保费（亿元）	险种	保费（亿元）	险种	保费（亿元）
3	意外险	22.00	车险	3.98	意外险	2.64	保证险	1.01
4	信用险	14.92	其他	0.90	责任险	1.04	家财险	0.19
5	车险	11.46	责任险	0.50	保证险	0.44	货运险	0.10

从上表可以看出，互联网保险公司较少发展企财险、工程险等传统财险业务，除此之外，互联网保险公司的业务与传统财险公司区别不大，互联网公司能做的业务，传统公司都可以做。互联网公司的优势是互联网作为销售渠道可以异地开展业务（车险除外），而传统公司必须有机构才可以做业务（大项目和统括保单除外），因此，互联网公司与传统公司并没有实质上的区别。而且，随着科技的发展和互联网的普及，互联网技术已经应用于任何保险领域的任何环节，保险新零售兴起，线上线下兼顾，保险借助科技手段与各场景深度融合，在一定程度上，互联网保险公司与传统公司无论是技术手段、思维方式还是业务模式，越来越没有实质区别。目前，互联网保险公司已经不再具有特殊性，失去了往日的光环，甚至有的专业互联网保险公司越来越不知道该何去何从了。

互联网保险公司到了重新思考未来的定位之时，那么，怎么理解互联网保险公司中的“互联网”三个字呢？目前，主要有两种观点或做法。第一，把“互联网”理解为“保险公司工具”，即“互联网”是技术手段、销售工具、销售渠道或销售方式，互联网保险即是利用互联网技术进行的保险。如果按这种理解，专业互联网保险公司与传统公司就没有差别了，互联网思维也好，技术也罢，业已成为所有保险公司的常态。据统计，从 2011 年到 2018 年，中国开展互联网保险业务的保险公司由 28 家增长到 132 家（含寿险），互联网保险保费从 2013 年到 2018 年增长近 20 倍，互联网保险公司的产品创新、营销创新、渠道效应及服务创新已经被拥有前沿科技的保险公司所取代，互联网保险公司如若墨守成规就将会被彻底颠覆。第二，把“互联网”理解为“保险标的”，如车险、家财险、责任险一样，“车”“家财”“责任”都是标的，互联网保险是专门为互联网（互联网技术或互联网生态）提供风险保障的保险，这样，互联网保险就与其他传统公司有了很大的不同，其优势也会凸显出来。鉴于此，作者认为，互联网就是基础设施，互联网保险公司应该以互联网为保险标的，研发如何为互联网硬件、软件、数据、黑客袭击等风险提供保障，主攻互联网技术在研发、应用方面的保险，即互联网保险是基于保障和促进整个互联网生态发展的保险。否则，互联网保险就成了伪命题，将来互联网保险这个概念都可能会消失，更何况互联网保险公司，皮之不存，毛将焉附?

（6）航运保险公司保费分析。

2018 年，东海航运保费收入仅为 1.89 亿元，市场份额 0.02%，其中船舶险保费 1.06 亿元、航运货运险 0.27 亿元、航运责任险 0.56 亿元。东海航运保险业务范围包括船舶保险、船舶建造保险、航运货物保险、航运责任保险，上述业务的再保险业务等，东海航运还提供海事咨询服务、贸易信息互通服务、全球突发事件代理服务以及相关防灾防损预警服务。在国际上，航运保险按业务范围通常可分为货运险、船舶险、海事责任险和离岸 / 能源险四大类。2017 年，货物险占据了全球航运保险的最大份额达 57%，船舶险占 24%，离岸 / 能源险占 12%，海事责任险占 7%（数据来源：IUMI）。目前，我国航运保险保费规模呈现快速扩张趋势，但与国际水平还有一定的差距，主要体现在缺乏航运保险专业人才、业务单一、产品创新不足。航运保险属于技术密集型行业，由于我国航运保险起步较晚，缺乏高端的既具备保险专业知识和实务技能又熟悉航运法律和实务的复合型人才。目前，我国航运保险主要集中在传统险种上，而物流责任保险、码头操作责任保险、承运人责任保险等参与较少，航运客户已经不满足于传统的保险产品，需要更全面、更精准的产品来覆盖所面临的风险。而且，国内保险公司主要承保境内航运保险业务，不利于我国航运企业与国际市场的交流合作。

（7）科技保险公司保费分析。

太平科技的业务范围是与科技企业相关的企业 / 家庭财产保险及工程保险、责任保险、船舶 / 货运保险、短期健康 / 意外伤害保险、特殊风险保险、信用保证保险。2018 年，太平科技保费收入只有 0.47 亿元，其中货运险 3700 万元，意外险 850 万元，及微量的企业财产险、工程险和责任险。太平科技是刚刚诞生不到一年的新公司，重点培育“四个专注”的经营特色，即专注科技企业，将科技企业保险需求作为核心业务范围；专注科技风险管理；专注产品创新，依法合规尝试科技保险产品的创新；专注政策导向，以科技保险落实国家支持科技企业发展的相关政策，服务和支持实体经济的发展。据预测，未来中国保险科技有八大发展趋势，一是保险科技趋向平台化和跨界融合，二是传统大型保险公司成为保险科技领域越来越重要的参与者，三是微服务体系结构将成为保险行业数字化转型重要举措，四是保险科技与其他金融科技的交叉会逐渐增多，五是保险流程自动化、智能化发展趋势显现，六是人工智能打通“数据孤岛”，推动行业以开放的心态进行交流，七是保险行业成为区块链应用探索的关键领域，商业化应用加速，八是保险科技“强监管”迈入常态化，监管科技等新型监管模式将成为主流。面对新趋势的风口，太平科技将迎来重大的发展机遇期，如何利用保险科技，发展科技保险将是重大的课题。

3. 从净利润维度分析

2018 年，86 家财险公司（不含中国信保和安邦财险）共实现利润 320.496 亿元，其中，综合性公司实现利润 362.911 亿元，16 家专业性公司合计亏损 42.415 亿元（不含中国信保），具体情况如下：

公司类别	公司简称	净利润（亿元）	小计（亿元）	占比（%）
农业保险公司	安信农险	1.367	1.452	0.45
	安华农险	—3.287		
	阳光农险	2.224		
	国元农险	0.851		
	中原农险	0.297		
信用保险公司	出口信用	——	0.280	0.09
	阳光信保	0.280		
责任保险公司	长安责任	—18.333	—18.333	—5.72
汽车保险公司	众诚车险	0.063	1.024	0.32
	鑫安车险	0.961		

续表

公司类别	公司简称	净利润（亿元）	小计（亿元）	占比（%）
互联网保险公司	众安在线	—15.308	—25.735	—8.03
	泰康在线	—3.556		
	安心财险	—4.877		
	易安财险	—1.994		
航运保险公司	东海航运	—0.323	—0.323	—0.10
科技保险公司	太平科技	—0.780	—0.780	—0.24
专业性公司合计（亿元）		—42.415		—13.23
综合性公司合计（亿元）		362.911		113.23
财险公司整体（亿元）		320.496		100

（1）农业保险公司净利润分析。

2018 年，中国财险市场共有 5 家专业农险公司，其中，4 家盈利 4.739 亿元，1 家亏损 3.287 亿元，共计盈利 1.452 亿元，以下是各公司非农险业务 Top5 险种统计表：

公司简称	非农险 Top5 险种			净利润小计（亿元）
	险种	分项利润（亿元）	利润小计（亿元）	
安信农险	意外险	—0.09	0.32	1.37
	保证险	—0.04		
	责任险	0.16		
	工程险	0.29		
	——	——		
安华农险	车险	—2.96	—3.6	—3.29
	企财险	—0.13		
	责任险	—0.17		
	意外险	—0.29		
	货运险	—0.05		

续表

公司简称	非农险 Top5 险种			净利润小计（亿元）
	险种	分项利润（亿元）	利润小计（亿元）	
阳光农险	商业车险	—0.40	—0.13	2.22
	企业财险	0.17		
	意外险	0.08		
	保证险	0.05		
	责任险	—0.03		
国元农险	健康险	—0.50	—1.24	0.85
	车险	—0.38		
	意外险	—0.26		
	责任险	—0.09		
	家财险	—0.01		
中原农险	健康险	—0.89	—0.75	0.30
	意外险	0.08		
	车险	—0.02		
	企业财险	—0.04		
	保证险	0.12		

从上表可以看出，5 家农险公司中非农险业务 Top5 险种只有安信 1 家盈利，其余 4 家非农险业务 Top5 险种都亏损，而且，农险公司 Top5 险种有车险业务的其车险全部亏损，没有 1 家车险盈利。这说明，农险公司亏损多亏在非农险业务上，盈利主要是农险业务盈利或投资收益而非商业险。农业保险是高补贴的政策性险种，我国各级财政对农业保险的保费补贴比例已接近 80%，在世界上处于较高水平，我国农业保险中大部分是政策性、补贴性保险，农业保险公司的盈利也大部分来源于此。

我国农业受自然环境、气候、地质、病虫害、瘟疫、污染等影响很大，加之农业基础薄弱，自然灾害频发，抵御灾害和事故风险能力不强，农业生产的积极性不高，因此国家通过政策性财政补贴，大力发展农业保险，用以维护农民收入的稳定，防范自然风险、市场风险，提高农民抗风险的能力，助推农业、农村的发展。但政策性农险本身应该是微利或者是保本的，而不应该过多获利，如果用政策性农险的盈利来承担公司商业险的亏损，或是维持公司高昂的运营成本，在一定程度上违背了设立专业农险公司的初衷，所以，对农险公司整体盈利需要辩证看待，要看到其盈利在何处。作者认为，即使是商业性的农险公司也应该追求农险业务微亏、保本或微利，而商业性的保险业务要做到保本、盈利，否则就可能存在“以农养商”“以农促商”“以农补商”的不正常现象。我国财险市场的大部分农险业务是非专业农险公司所做的，整个行业农险业务的赔付率是比较高的，较好地发挥了农业保险的赔偿作用，而专业农险公司在农险业务领域的作用有待进一步发挥。下表为最近 5 年农业保险简单赔付率情况（数据来源：国家统计年鉴）：

年份	2014	2015	2016	2017	2018
保费收入（亿元）	325.78	374.90	417.71	479.10	572.60
赔款支出（亿元）	205.80	237.10	299.24	334.50	393.50
简单赔付率（%）	63.17	63.24	71.64	69.82	68.72

专业农险公司要提高传统农险的保障程度，要多开发价格保险、指数保险、保险 + 期货业务，实现农业保险从保成本、保大宗向保特色、保价格的转变，实现从保自然灾害风险向市场风险的转变，增强农业抵御自然风险、市场风险的能力。同时，参与大病补充保险、商业性的养老健康保险，参与农村多层次的社会保障体系建设，通过降低起付的门槛，提高赔付的上限，防止因病返贫、因病致贫，发展农房保险、小额意外保险、社会治安综合保险商业保险，发展农村普惠保险，服务低收入者的生活，以市场化的方式参与乡村治理。目前，传统金融机构在农村有不少处于收缩状态，有些在县级以下地方就没有设立机构。发展支农支小金融业务，为农民、小农户、小的农村经营主体提供小额融资，通过保单的质押贷款，给农村的生产经营者增信，为其融资提供支持，在实现乡村振兴、产业兴旺、生态宜居、乡村文明、治理有效、生活富裕的过程中，保险可以发挥很重要的作用。专业农险公司可否担起重任？

（2）信用保险公司净利润分析。

中国信保的主要任务是积极配合国家外交、外贸、产业、财政、金融等政策，通过政策性出口信用保险手段，支持货物、技术和服务等出口，特别是高科技、附加值大的机电产品等资本性货物出口，支持中国企业向海外投资，为企业开拓海外市场提供收汇风险保障，并在出口融资、信息咨询、应收账款管理等方面为外经贸企业提供服务。鉴于中国信保的特殊的地位与使命，本书就不对其盈利情况进行分析了。

信用保险和保证保险近年来一直是比较盈利的险种，因此受到多家财险公司的重视，通过最近 5 年信用保险和保证保险的简单赔付率（数据来源：国家统计年鉴），可以初步观察到行业整体经营情况。

最近 5 年信用保险简单赔付率情况如下：

年份	2014	2015	2016	2017	2018
保费收入（亿元）	199.88	208.10	184.12	379.20	645
赔款支出（亿元）	29.05	63.70	65.11	77.90	235.30
简单赔付率（%）	14.53	30.61	35.36	20.545	36.48

最近 5 年保证保险简单赔付率情况如下：

年份	2014	2015	2016	2017	2018
保费收入（亿元）	200.67	192.50	200.92	214.40	242.50
赔款支出（亿元）	57.70	45.10	91.47	94.70	127.90
简单赔付率（%）	28.75	23.43	45.53	44.175	52.74

据第一网贷数据显示，截至 2018 年 11 月底，全国主动关闭、提现困难、失联跑路问题平台累计有 4190 家，基本正常的网贷平台仅剩 1367 家。从不断“爆雷”的履约险来看，信用保险和保证保险的风险还是比较大的，作为专业信用保险公司，破解信用风险的难题还需要下一番功夫。保险是网贷平台投资风险保障措施中最有效的工具，保险公司与网贷平台开展合作已 4 年有余，期间

经历过多次政策调整，从鼓励到收紧再到适度放开，在这个过程中，有的保险公司退出，有的选择留下。在 P2P 网贷行业火热时期，各类网贷平台为增强用户对平台的信任感，曾形成一股与保险公司签订履约保证险的热潮，借款人与保险公司签订《借款保证保险合同》，当借款人因多种原因无法偿还债务时，由保险公司负责赔偿，此保险产品受到出借人的广泛欢迎。2017 年 7 月，原保监会下发了《信用保证保险业务监管暂行办法》，规范网贷平台信用保证保险业务。而随着网贷平台风险的暴露和爆发，未来可能还会有保险公司被 P2P 平台所波及，保险公司对信用保证保险的态度将更趋谨慎。

2018 年，阳光信保亏损 0.28 亿元，其主要承保业务全部亏损，其中保证险亏损 0.89 亿元、信用险亏损 0.42 亿元。据其官网显示，阳光信保是以信用保证保险业务为依托，聚焦个人消费和小微企业两大客户群体，着力破解融资难、融资贵的难题，促进消费增长，助力小微企业成长，致力于通过金融业务与保险科技深度融合，成为一家科技驱动的信用风险管理及信用资产交易的平台型机构，实现“让信用产生价值”的使命，为客户提供信用风险管理服务，为我国信用经济发展和社会信用体系的建设贡献专业力量。然而，理想归理想，现实归现实。

（3）责任保险公司净利润分析。

2018 年，长安责任整体亏损 18.33 亿元，业务量排名前五的承保业务全部亏损，且亏损额高达 8.26 亿元。具体情况如下：

Top5 险种	车险	责任险	意外险	企业财险	健康险	合计
净利润（亿元）	—3.82	—2.56	—0.28	—0.28	—1.31	—8.25

长安责任除了 Top5 主要险种全部亏损，另外的亏损主要是保证保险业务在 2018 年出现大额赔付和计提相应准备金，而且年度投资收益未达预期。由于网贷平台履约险出现多起“爆雷”，长安责任受此拖累造成重大亏损，偿付能力大幅下降。

说到责任保险公司，有必要再简单提一下责任保险，作者认为，责任保险是很有前景的盈利险种，整个行业责任保险的简单赔付率也一直是比较低的，远低于车险、企财险、农险等，因此，专业责任险公司在责任险领域深度耕耘，还是很有前景的。以下是最近5年责任保险简单赔付率情况。

年份	2014	2015	2016	2017	2018
保费收入（亿元）	253.30	301.80	362.40	451.30	590.80
赔款支出（亿元）	107.72	129.30	166.23	201.50	265.30
简单赔付率（%）	42.53	42.84	45.87	44.65	44.91

以美亚保险为例，自2010年以来，责任险为美亚财险带来了稳定的承保利润，9年共盈利6.57亿元，平均年盈利7300万元。该公司2015年宣布退出内地车险市场后，于2016年实现扭亏，净利润由亏损6965万元转为盈利1.02亿元，2017年净利润继续上升，达到1.33亿元，责任险成为其第一大险种。2018年，责任险保费收入7.09亿元，占公司总保费收入15.90亿元的44.59%，责任险净利润达到1.35亿元，占公司总利润1.39亿元的97.12%。2018年与2017年保费基本持平，但责任险增加了1.2亿元，其他各险种都相应减少了一些。以下是美亚保险2017年和2018年两个年度的TOP5险种情况：

年份	2017			2018		
排名	TOP5险种	原保费收入（亿元）	承保利润（亿元）	TOP5险种	原保费收入（亿元）	承保利润（亿元）
1	责任险	5.89	0.83	责任险	7.09	1.35
2	意外险	4.42	—0.14	意外险	4.52	—0.69
3	货运险	2.01	—0.07	货运险	1.85	0.03
4	企财险	1.73	0.09	企财险	0.92	0.19
5	信用险	0.92	0.27	信用险	0.67	0.27
Top5小计		14.97	0.98	小计	15.05	1.15

（4）汽车保险公司净利润分析。

2018年，两个专业车险公司均实现了盈利，众诚车险净利润0.063亿元，鑫安车险盈利0.961亿元，共盈利1.026亿元。详细情况如下：

<table>
<tr><th rowspan="2">公司简称</th><th colspan="4">非农险 Top5</th><th rowspan="2">公司整体净利润（亿元）</th></tr>
<tr><th>险种</th><th>保费收入（亿元）</th><th>分项利润（亿元）</th><th>利润小计（亿元）</th></tr>
<tr><td rowspan="5">众诚车险</td><td>车险</td><td>13.08</td><td>−0.27</td><td rowspan="5">−0.34</td><td rowspan="5">0.063</td></tr>
<tr><td>责任险</td><td>0.67</td><td>0.18</td></tr>
<tr><td>健康险</td><td>0.67</td><td>−0.23</td></tr>
<tr><td>意外险</td><td>0.30</td><td>−0.04</td></tr>
<tr><td>企业财险</td><td>0.28</td><td>0.02</td></tr>
<tr><td rowspan="5">鑫安车险</td><td>责任险</td><td>2.50</td><td>0.05</td><td rowspan="5">0.66</td><td rowspan="5">0.961</td></tr>
<tr><td>车险</td><td>2.02</td><td>0.32</td></tr>
<tr><td>货运险</td><td>1.08</td><td>0.27</td></tr>
<tr><td>企业财险</td><td>0.51</td><td>0.02</td></tr>
<tr><td>保证险</td><td>0.06</td><td>0.00</td></tr>
</table>

众诚车险第一大险种车险经营亏损 0.27 亿元，而且 Top5 险种合计亏损 0.34 亿元，但公司整体净利润有 630 万元。鑫安车险的车险为其第二大险种，且车险盈利，Top5 险种基本都实现盈利。作为专业车险公司，两家都能盈利，尤其是鑫安车险其车险保费只有 2.02 亿元，利润就有 0.32 亿元，车险利润率达到 15.84%，很不容易。在财险行业利润普遍下滑，尤其是多数中小公司车险业务亏损的情况下，专业车险公司却能实现盈利，值得行业多数公司思考和借鉴。

分析完车险公司后，我们再来看看整体行业车险业务，以下是最近 5 年整个行业车险简单赔付率情况：

年份	2014	2015	2016	2017	2018
保费收入（亿元）	5519.93	6199.00	6834.22	7521.10	7834.00
赔款支出（亿元）	3026.74	3335.60	3648.10	3938.10	4402.00
简单赔付率（%）	54.83	53.81	53.38	52.36	56.19

从上表中可以看出，车险赔付率一直在50%以上，自2014年逐渐回落，到2017年降到52.36%，但2018年回弹到56.19%。车险赔付率处于较高水平，但远低于农险，那么农险能盈利，车险为什么行业整体亏损呢？从目前财险公司的净利润来看，由于车险为财产险行业龙头险种，保费比重达70%以上，车险是核心利润来源，但随着车险市场手续费的恶性竞争，车险一度陷入承保亏损。2018年的车险市场似乎又进入此前经历的恶性循环，市场费用投入加大，价格战肆起，亏损主体增加，中小公司一片哀嚎。监管机构商车费改的初衷是将产品定价权交由市场主体，通过对保险标的及风险的认识和判断，能够自主确定产品价格，形成市场化的价格机制，倒逼保险公司压缩市场费用，并提升自身运营效率。但从市场表现来看，改革似乎还并没有达到初衷，市场高费用投入、价格竞争尤为激烈，车险一片红海。数据显示，2018年车险市场费用率创下新高，达43.2%，同比上升2.51个百分点，利润率将快突破底线至0.1%，看来车险的亏损主要是高费用所致。

那么，车险还能盈利吗？车险赛道拥堵非做车险不可吗？车险渠道业务费用一定要超高吗？鑫安车险既做到了盈利，又没有完全依靠资源做车险，责任险是其第一大险种，甚至也没有支付那么多的佣金费用，那么你能做到吗？如果做不到，是不是车险可以少做呢？未来如果车险全部放开价格自主定价了，如果无人驾驶普及，车险事故大幅减少了，如果车价再降低50%……总之车险保费大打折扣，仅相当于现在的20%或30%，你的公司还会以车险为主吗？作者在此提示，目前还在车险上按照传统做法亦步亦趋的人们，尽快醒醒吧，不然，还能看到未来吗？

未来，大型的公司自然有综合优势，不用多说。而专业的车险公司依然可以凭借汽车集团及汽车产业链的技术资源、客户信息、销售网络优势，专注车险，立足专业化经营，融合汽车和保险两大行业，一方面发挥保险功能，完善和丰富汽车产业链，为汽车产业链创造价值，另一方面依托汽车产业链的强大实力，发挥跨行业的资源与技术优势，推动汽车与保险两个行业的发展，实现客户、社会与公司的多方共赢！所以，专业车险公司尚有美好的发展前景。

（5）互联网保险公司净利润分析。

2018年，互联网保险公司全部亏损，满盘皆负，无一公司、无一Top5险种盈利，众安在线亏损15.308亿元，安心财险亏损4.877亿元，泰康在线亏损

3.556 亿元，易安财险亏损 1.994 亿元，4 家共计亏损 25.735 亿元。详细情况如下：

公司简称	非农险 Top5 险种				公司整体净利润（亿元）
	险种	保费收入（亿元）	分项利润（亿元）	利润小计（亿元）	
众安在线	健康险	23.65	—0.78	—12.65	—15.308
	保证险	22.68	—3.08		
	意外险	22.00	—3.03		
	信用险	15.00	—0.94		
	车险	11.46	—4.82		
泰康在线	健康险	17.14	—1.12	—6.51	—3.556
	意外险	6.48	—3.42		
	车险	3.98	—1.56		
	其他险	0.90	—0.00		
	责任险	0.50	—0.41		
安心财险	健康险	5.96	—1.31	—5.37	—4.877
	车险	5.01	—1.64		
	意外险	2.64	—1.04		
	责任险	1.04	—0.62		
	保证险	0.44	—0.76		
易安财险	健康险	5.94	—0.90	—3.11	—1.994
	意外险	5.54	—1.80		
	家财险	1.01	—0.14		
	保证险	0.19	—0.09		
	责任险	0.10	—0.18		

2018 年，在净利润排名表中，末尾的 10 家公司有 3 家是互联网保险公司，即众安在线、安心财险、泰康在线，易安财险也紧随其后，排在倒数第十一

位。众安在线2018年保费收入已经突破百亿，为112亿元，亏损15.31亿元，与2017年亏损的15.17亿元基本持平，亏损险种主要为车险、保证险和意外险。安心财险保费收入15.30亿元，同比增长92.60%，净亏损为4.88亿元，同比扩大72.37%。泰康在线保费收入29.5亿元，同比增长78.28%，净亏损为3.56亿元，同比扩大83.54%。易安财险保费收入12.94亿元，同比增长52.60%，净亏损为1.99亿元，同比扩大2704.51%。为什么互联网公司会普遍亏损？作者分析认为，其主要原因是费用高、增速快及风控弱。

第一，费用高。近年来，各传统财险公司均不同程度地开始重视互联网保险的布局，线上渠道占比大幅提高，互联网巨头企业也加速进入保险市场，因此，互联网保险流量变得越来越稀缺，渠道和流量费也逐步走高，流量和渠道成为互联网保险实现盈利的重要因素之一。根据各互联网保险公司披露的报表信息，统计整理出各公司的主要费用支出，详见下表。

公司简称	原保费收入	主要费用支出（亿元）			主要费用与原保费比例（%）
		手续费及佣金	业务及管理费	费用合计	
众安在线	112.23	12.37	42.17	54.54	48.60
泰康在线	29.51	6.34	8.98	15.32	51.91
安心财险	15.30	4.35	5.36	9.71	63.46
易安财险	12.84	0.41	6.88	7.29	56.78

从上表中可以看出，主要费用率（主要费用与原保费比例）最低的众安在线达到48.60%，最高的安心财险达到63.46%，况且，主要费用还不是全部费用，费用超高是互联网公司的共性问题，这样的费用率远远高于行业40%的水平。互联网保险公司如何摆脱流量依赖，培养价值用户，构筑核心竞争力，成为需要思考的重要课题之一。流量越来越贵，而优质流量往往是买不到的，依赖大流量平台冲规模的时代已经成为过去式，应该重视通过场景发掘、精准引流、价值诱导和关系深化等举措来不断培养价值用户，构建自身核心价值用户群。

第二，发展快。发展快本身并不是问题，但它所带来的问题是提转差大，直接体现为支出增加，详见下表。

公司简称	原保费收入（亿元）	提取保险责任准备金（亿元）	摊回保险责任准备金（亿元）	保险责任准备金提转差（亿元）
众安在线	112.23	8.80	0.87	7.93
泰康在线	29.51	4.50	1.20	3.3
安心财险	15.30	1.93	1.31	0.62
易安财险	12.84	3.69	0.05	3.64

第三，风控弱。互联网保险公司亏损除了上述两个原因外，风控弱也是原因之一，互联网保险这种经营模式，一般自己没有分支机构，传统的线下理赔定损都在线上完成，或是委托第三方机构去做，由于道德风险较大，骗保骗赔或者夸大损失的现象还是非常的普遍。互联网保险公司如果没有自己的分支机构或有效的控制风险手段，亏损就是大概率事件。互联网保险基于现代科技使"熟人模式"互联网化，在透明、公开的环境下解决销售误导、理赔难、维权成本高的局面，有助于提升服务效率，为客户提供新产品、新服务、新体验，但事物都具有两面性，创新与风控始终是矛盾体，二者不可偏颇。对于互联网保险公司，渠道、营销、运营、产品、建设生态圈、提升用户体验以及风险管理都是重中之重。

（6）航运保险公司净利润分析。

我国航运保险公司仅东海航运保险公司一家，公司突出航运保险专业定位，2018 年，东海航运共计亏损 3230 万元，承保业务亏损 7489 万元，其中船舶险亏损 4971 万元、货运险亏损 1040 万元、航运责任险亏损 1478 万元。船舶保险是航运保险的主要业务之一，但我国财险行业船舶保险的赔付率一直很高。最近 5 年船舶险的简单赔付率情况详见下表：

年份	2014	2015	2016	2017	2018
保费收入（亿元）	55.12	55.10	51.19	48.00	53.00
赔款支出（亿元）	33.58	33.40	36.74	34.80	38.30
简单赔付率（%）	60.92	60.62	71.77	72.50	72.26

我国是全球最大的船舶险市场及第二大货运险市场，但由于起步晚、发展慢，航运保险市场还不够成熟，航运保险运营机构普遍亏损，且航运保险占比始终很低。据 IUMI 数据统计显示，2017 年全球航运保险收入达 285 亿美元。随着“一带一路”“水上交通强国”的深入推进，航运业对风险保障的需求急速上涨，我国航运保险市场开始进入快车道。保险企业要加大航运保险人才培养，加强国际航运保险交流合作，建立信息共享平台，分享航运、保险、海商、贸易等经验，创新航运保险品种，大力发展海上责任保险、港口责任保险、从业人员意外保险等险种，促进我国航运保险业发展，为航运企业提供风险保障。

（7）科技保险公司净利润分析。

太平科技于 2018 年 1 月获批开业，秉承“做科技的保险，用保险助科技”的经营理念，坚持特色经营、创新驱动、全面风控、人才强企，聚焦科技企业及其相关产业链，致力于提供具有针对性的风险保障服务，以保险促进科技创新和科技产业发展，为服务实体经济、防控金融风险、深化金融改革做出贡献。其当年实现保费 0.47 亿元，经营亏损 9800 余万元，主要是货运险亏损 8451 万元，意外险亏损 1231 万元，以及 100 余万元的财产险、工程险和责任险亏损。由于成立时间不满一年，对其盈利性尚需观察。

4. 从价值率维度分析

（1）从资本价值率角度分析。

这里从资本 · 保费价值率和资本 · 利润价值率两个维度来分析，资本 · 保费价值率和资本 · 利润价值率即 100 元注册资本所创造的保险业务收入多少和净利润多少。2018 年，综合性保险公司及农业保险公司、责任保险公司等专业性保险公司的资本价值率情况详见下表：

公司类别	注册资本（亿元）	保险业务收入（亿元）	净利润（亿元）	资本 · 保费价值率（%）	资本 · 利润价值率（%）
综合保险公司	2446.075	11246.587	364.016	459.78	14.88
农业保险公司	59.6143	173.19	1.452	290.52	2.44
信用保险公司	30	2.52	0.28	8.40	0.93
责任保险公司	16.2154	30.102	−18.333	185.64	−113.06

续表

公司类别	注册资本（亿元）	保险业务收入（亿元）	净利润（亿元）	资本·保费价值率（%）	资本·利润价值率（%）
汽车保险公司	25	21.873	1.024	87.49	4.10
互联网保险公司	57.5481	170.4	−25.735	296.10	−44.72
航运保险公司	10	1.89	−0.323	18.90	−3.23
科技保险公司	5	0.468	−0.78	9.36	−15.60
行业整体	2649.4528	11647.210	321.601	439.61	12.14

从上表中可以看出，专业公司的资本·保费价值率均低于综合性公司，信用保险公司、汽车保险公司、航运保险公司和科技保险公司由于成立时间晚，大大低于行业整体水平，从资本·利润价值率来看，更是差距悬殊，7类专业公司，只有3类是正值，且低于行业整体，另外4类是负值，责任险公司和互联网公司更是超高的负值，这也导致了其增资扩股，甚至股权更迭，高管调整。

（2）从支出价值率角度分析。

这里从支出·营收价值率和支出·利润价值率两个维度来分析，支出·营收价值率和支出·利润价值率即100元营业支出所创造的营业收入多少和净利润多少。2018年，综合性保险公司及农业保险公司、责任保险公司等专业性财险公司的支出价值率情况详见下表：

公司类别	营业支出（亿元）	营业收入（亿元）	净利润（亿元）	支出·营收价值率（%）	支出·利润价值率（%）
综合保险公司	9908.843	10489.375	364.016	105.86	3.67
农业保险公司	146.348	147.885	1.452	101.05	0.99
信用保险公司	2.97	3.271	0.28	110.13	9.43
责任保险公司	41.883	23.157	−18.333	55.29	−43.77
汽车保险公司	17.2	18.703	1.024	108.74	5.95
互联网保险公司	159.98	133.5	−25.735	83.45	−16.09
航运保险公司	1.346	1.024	−0.323	76.08	−24.00
科技保险公司	1.422	0.6	−0.78	42.19	−54.85
行业整体	10279.992	10817.515	321.601	105.23	3.13

从上表中可以看出，支出・营收价值率差距不大，只有责任险公司和科技公司较低；而支出・利润价值率相差比较悬殊，信用险公司和汽车保险公司超过行业整体水平，农险公司可能受安华亏损的影响低于行业整体水平，另有4类处于负值状态。

（3）从薪酬价值率角度分析。

这里从薪酬・保费价值率和薪酬・利润价值率两个维度来分析，薪酬・保费价值率和薪酬・利润价值率即100元薪酬支出所创造的保险业务收入多少和净利润多少。2018年，综合性保险公司及农业保险公司、责任保险公司等专业财险公司的薪酬价值率情况详见下表：

公司类别	薪酬支出（亿元）	保险业务收入（亿元）	净利润（亿元）	薪酬・保费价值率（%）	薪酬・利润价值率（%）
综合保险公司	1121.487	11246.587	364.016	1002.83	32.46
农业保险公司	17.091	173.19	1.452	1013.34	8.50
信用保险公司	0.916	2.52	0.28	275.11	30.57
责任保险公司	7.193	30.102	—18.333	418.49	—254.87
汽车保险公司	2.633	21.873	1.024	830.73	38.89
互联网保险公司	11.738	170.4	—25.735	1451.70	—219.25
航运保险公司	0.526	1.89	—0.323	359.32	—61.41
科技保险公司	0.606	0.468	—0.78	77.23	—128.71
行业整体	1162.190	11647.210	321.601	1002.19	27.67

从上表中可以看出，农险公司和互联网保险公司的薪酬・保费价值率高于行业整体水平，其他类公司低于行业整体水平，而薪酬・利润价值率却是相差悬殊，苦乐不均，信用险公司和汽车保险公司高于行业整体水平，其他类专业公司为负值，可以说一个天上一个地下。

对于队员的分析还可以有很多维度，比如，可按上市公司与非上市公司维度、可按注册资本额度多少维度、可按成立时间长短维度、可按公司大小规模维度等，同时，也可以在某类里面逐一分析。本书从以上4个大类分析，虽难免不够准确，其结论可能有失偏颇，但只是提供一个分析方法，供参考比对而已。

保险公司在盈利策略选择上存在两种不同观点，一种是将保险公司定位为追求承保利润的风险分担机构，一种是将保险公司定位为追求投资收益的金融机构。不管哪种观点，作为保险公司，不外乎要练好两项功夫，即保险业务和投资业务。对于保险业务，经营结果存在盈利、持平、亏损三种选项，不同阶段、不同公司，选项可以不同，各有其道理。对于投资业务，经营结果只有一个选项，即争取最大化的投资回报，别无其他选择。那你的公司做何选择了呢？你的公司经营结果如何呢?

第六部分　赛后思考

每次大赛结束，人们都会有些议论：什么是好的，什么是不好的？有什么进步，有什么退步？为什么是这样的比赛结果，是队员能力原因还是赛场原因，是主帅因素还是裁判因素？成绩不好，是组队时间太短对赛场不太熟悉，还是参赛太多看透了一切，沿用老的套路；是以往的经验不好用了，还是对手使用了新的神器？诸多问题，答案纷呈。在2018年财险赛场这场令人不很满意的比赛后，估计教练不会视而不见，一定会调整战略战术，从头再来；裁判不会无动于衷，也一定会研究顶层设计优化规则，以利再战。

作者观看整场比赛，尝试做出些许粗浅的思考，这些思考不是结论，不够成熟，只是作为热爱中国保险的一员，为行业献上的一份炙热爱心。

一、关于保险企业价值取向的思考

一切经济行为都受文化的深层影响，更准确地说是受价值理念的影响，有什么样的价值取向最终就会产生什么样的结果。价值取向是主体在面对或处理各种矛盾、冲突、关系时所持的立场、态度以及所表现出来的倾向，是在多种情景中指导行动和决策判断的总体信念。价值取向具有评价事物、唤起态度、指引和调节行为的定向功能，它直接影响着态度倾向和行为取舍。保险企业的一切经营行为和经营结果都是价值理念深层影响的外在表象。那么，保险企业应该秉持什么样的价值取向呢？仁者见仁，智者见智。作者认为保险企业应该秉承天道取向、人道取向、商道取向和王道取向，对此有以下思考。

1. 保险企业的天道取向

天道原指自然界变化规律，推及宇宙，即万物的规则、道理、本质。世界一切事物皆有一定的规则，是为天道。盘古有训：“纵横六界，诸事皆有缘法。凡人仰观苍天，无明日月潜息，四时更替，幽冥之间，万物已循因缘，恒大者则为天道”；老子《道德经》有云：“天之道，损有余而补不足”“道常无为而无不为”“人法地、地法天、天法道、道法自然”；董仲舒说“道之大原出于天，天不变，道亦不变”；佛教讲“通一道，而齐万道，此道即天道也”；荀子主张“天行有常，不为尧存，不为桀亡”，人应“制天命而用之”。万物究其根本必有同一道理，感悟天道可以预知事情的发展轨迹。

天道乃天经地义之道，天道主张“按规律办事”。保险企业的天道取向是指保险业要体现保险的本质，即“保障性”和“互助性”。

（1）保障性。

保险的本质是承担风险，它因为风险的存在而诞生，因为给人类提供保障而发展，这是保险的天职和本原，是保险的职责和规律。保险如果远离了保障而追求其他，就是舍本逐末，背离根本。重保障、担风险应该是保险公司核心的价值取向。保险的保障表现为财产保险的补偿和人身保险的给付，财产保险的补偿是对物损的恢复、利益保障和民事责任承担；人身保险是对人的生命关怀和价值尊重。不论是财产保险还是人身保险，其根本职责都是给人们提供保障，如果保险产品缺少保障性，就脱离了保险的本质，任何一个保险产品的推出都要考虑是否能满足人们对保障性的需要。因此，保险公司要不断地研发针对高风险、新领域的产品，满足社会日益发展的保障需求。曾经有很多人误认为保险是投资理财，将会带来很高的投资收益，也正是由于这种观点的存在，助推了前几年国内保险市场理财险和投资型保险的热潮。“保险不是用来改变生活的，而是用来防止生活被改变的”，也就是说，保险主要是以雪中送炭为主，以锦上添花为辅。

保险业必须把满足人们生活、社会生产、经济建设各种风险保障需求作为出发点、落脚点和终极目标，以提高国民福祉、服务和谐社会、缓解社会矛盾、为政府排忧解难为重点，为经济社会分担风险，参与社会管理，支持经济发展，使其真正发挥经济生活稳定器和助推器作用。2018 年，有 3 家财险公司迎来建司十整数年生日，庆生虽形式不同，但主题却相仿，都在呼唤保险回归初心，国元农险10年庆主题是“十载同行，不忘初心”，鼎和财险10年庆主题是“十年鼎和，不忘初心”，平安财险30年庆主题是“追问初心，不忘记为什么出发”。初心是什么？就是保险本原，就是风险保障和管理。为什么他们不约而同地提到保险业的初心呢？说明保险业存在忘记初心，忘了保险的本质的现象，因此才高声疾呼不忘初心。保障是保险业区别于其他行业的最根本的特征，是保险机制存在的生命之源，是保险业的立业之基，是保险业的根本特征。保险依凭的是几千年的危险处置经验以及保障的逻辑，如果保险公司远离了保障，就可能异化成为投资公司、理财公司、金融公司。

保险的初心不但体现在宣传和口号上，更应该体现在公司的价值取向上，使保险公司深深地打上风险保障的烙印，成为区别于其他行业最为明显的标签。一段时间以来，保险业在定位上出现了一些问题，甚至有的公司偏离了主航道，这与保险公司缺少符合保险业本质的核心价值观或者没有践行保险核心价值观有一定的关系。财产保险企业要大力发展保障型业务、涉农保险业务、民生保险业务；大力发展责任保险业务、工程保险业务、特殊风险保险业务、巨灾保险业务；大力发展意外险业务及短期健康险业务；控制投资型、理财型业务，尽可能多地开发市场急需的险种，满足公众保险保障需求，提高行业担风险、抗风险的能力，服务小康社会、美丽中国和乡村振兴，为实现“中国梦”做出保险行业应有的贡献。如果保险公司不把保障放在首位，而是把保险作为工具而追求其他，过多地强调保险的金融属性和资金融通功能，就会弱化保险保障，背离根本。目前，我国保险市场强调保险姓保、回归本原，保险的保障功能越来越充分地显现了出来。

（2）互助性。

保险具有“一人为众，众为一人”的互助特性，尤其是相互保险和社会保险，这一特性体现得最为显著。古代人们对付灾害事故的原始保险方法是互助会，互助会的会员交纳一定的会费，当其中某位会员遇到困难需要帮助时，互助会就从会费中拿出一笔钱来帮助他，这笔钱比这个人所交的会费要多很多。据保险大事记记载，公元前4500年，古埃及丧葬互助会向每一成员收取会费以支付个别成员死亡后的丧葬费。公元前2000年，两河流域的古巴比伦，通过向居民收取赋金，用以救济遭受火灾及其他天灾的人们；古罗马军队中的士兵组织，以收取的会费作为士兵阵亡后对其遗属的抚恤费用。互助是保险最原始、最有效的风险保障机制，其基本的风险分散思想一直延续至今。目前，多数国家的保障体系是社会保险（政策性保险）、商业保险和互助保险三种形式并存，而社会保险和相互保险就是由古代的各种互助形式逐渐演变而来的，商业保险也吸纳了传统的互助思想，因此，无论哪种保险形式均具有互助性质。基于此，现代保险要充分体现互助的思想，保险的收费要合理，不易太低，太低不足以满足互助保障的需求；不易太高，太高会造成投保者的负担，背离了互助的初衷。保险的互助性决定了保险业不能暴利，也不能巨亏，对于保险资金的结余和准备金要合理运用，做到保值增值，有效积累，当巨灾风险发生时依然可以实现互助。片面追求规模或者是片面追求利润，均可能背离互助性，损害消费者的利益。

世界上有这么一个“东西”，看不见、摸不着，却处处受制于它，它无时不在，无处不有；充满在工作里，渗透在日常生活中；遵循它，就顺利、成功；违背它，就挫折、失败。它就是规律。规律是事物最本质的属性，是一事物区别于他事物的根本所在。马善奔，就让它成为你的坐骑，驰骋疆场；牛善耕，就让它为你耕作，开垦荒田。它们的天性是不可替代的，只有扬其天性，才能创造不可替代的价值。一个企业的成长过程，就是对事物本质的把握、对规律不断认识的过程，并善于按规律办事，“圣人，其卓异之处在于能知晓天道，能循天道而行”。保障性和互助性是保险的本质和规律，也就是保险企业天道取向的具体体现。《道德经》有云，“善数不用筹策”，这句话可以理解为：善于谋略的人，不需要特别的策划，按照事物本身的发展规律和遵循的自然法则做事，就可以水到渠成。做事情，应该顺随自然法则，人有千算，天则一算，纵使你机关算尽，如果背道而驰，也是徒劳枉然。

2. 保险企业的人道取向

人道就是人性关怀，即爱护人的生命、关怀人的幸福、维护人的尊严、保障人的自由等。“惟人，万物之灵”“天地之间、莫贵于人”“仁者莫大于爱人”，人道是以人的本性为中心，作为行事的出发点和立脚点，重视人的价值，关心人的生存状态，强调人类之间的互动、关爱。《五行》认为，“善，人道也。”天地之间有大善即上善、至善，老子《道德经》说“上善若水。水善利万物而不争，处众人之所恶，故几于道。……夫唯不争，故无尤”。最高境界的善就像水的品性一样，泽被万物而不争名利，它使万物得到它的利益，而不与万物发生矛盾、冲突。在中国古代，人道有时也指社会道德、为人之道和人的道德品行等。人道为大道之首，为商道之本，无人道即无商道，人道约束着商道，而商道则体现着人道。行人道就要通过研究人的本性，悟待人之道、做人之道，行人道之事。得其道，做人做事事半功倍；失其道，做人做事容易失败。人是万物的尺度。

人道乃人心所向之道，人心向善，人道主张以人为本。保险企业的人道取向是指保险业要做到尊重人性、崇尚礼仪和注重服务。

（1）尊重人性。

人性就是在根本上决定并解释着人类行为的那些固定不变的人类天性，这种天性对人类具有普遍适用性，并在深层制约着人类的行为。作者认为，人性就是“求我生存”和“求我幸福”，“求我生存”内含在万种生物之中，它是万物固定不变的天性，是人性的一部分。然而，因为人与物有着本质的不同，人类除了追求生存以实现其肉体的存在，更要追求精神满足，“求我生存”不足以说明人性的全部，而且，随着人类的发展及其生存条件的逐步改善，它在人性中的分量必将日益减小。那么人性最重要的部分是什么呢？是“求我幸福”。“求我幸福”是人类固定不变的天性，并从根本上决定、解释着人类的行为。人心向善，但人性本身无所谓先天的善恶，《人性论》中有这样的描述：“我们承认人们有某种程度的自私，因为自私和人性是不可分离的”；亚里士多德也认为：“我们不能说一个人天生是善的或是恶的”。就道德层面而言，人的行为有善恶之分，但人性并无善恶之分。由于人的天性是“求我生存”和“求我幸福”，人性中卑劣与崇高两种倾向是并存的，利己与利他是同在的，因此人性关怀就是首先承认人性的存在，尊重人性，进而才会有怜爱之心、同情之心、恻隐之心，才会有使人生存得更好，使人幸福。马斯洛的“需求层次论”从心理学角度分析，每个人都期盼得到外界重视，注重自我尊严的维护，因而，相互尊重才能建立和保持和谐、愉快的人际关系。

保险从业者要尊重客户，了解客户的真正需求，不夸大产品功能，不强行推销产品，不推销不必要的产品，设身处地为客户着想，不要为了业绩没了良知，推销保险时既要考虑客户所需，又要考虑客户的支付能力。

（2）崇尚礼仪。

礼仪是人类宝贵的精神财富，是人类文明的延续，是人类文化的重要组成部分。我国素以“礼仪之邦”著称于世。礼仪涉及的范围极其广泛，包括典章制度、宗教、习惯、风土人情、伦理风范以及生活方式等。礼仪不仅表现为外在的行为方式，如礼貌、礼节、礼宾等，还具有其深层的精神内涵，即思想道德及品格修养。礼仪虽不同于法律具有的强制性，但表现出的自律性、内控性和预防性的功能特征，其约束作用更广泛深入、更易于接受和传承。从某种意义上说，礼仪是道德的一种外在表现形式，而道德则是构成礼仪的内在基础。社会道德维系着不可或缺的公共秩序和纪律，个体在不损害他人和社会利益的条件下求得自身发展。礼仪可以有效地展现施礼者和受礼者的教养、风度与魅力。一个具有良好礼仪风范的人，无论何时何地，都能以其端庄的仪表风度、得体的言谈举止、高雅的修养品位等，令自身形象生辉，散发人格魅力，赢得他人的信任和尊重。倡导礼仪精神，有利于化解保险业种种矛盾，平滑各方利益关系，创造互利共赢的行业发展局面。

作为保险从业成员，理应成为礼仪的传播者、践行者，感染、感化周围的人，同时，一个注重礼仪的组织，其良好的形象，会使其在复杂多变的环境中处于优势和有利地位。崇尚礼仪不仅是保险从业人员自身发展的主观诉求，也是保险行业和谐发展的客观需要。

（3）注重服务。

“善”作为人道核心，通过人的“行”来体现。苏格拉底认为，“一切可以达到幸福而没有痛苦的行为都是好的行为，就是善和有益。”善是至高无上的宗教，人们应该知道什么是善行。对社会和绝大多数人具有正面意义和正价值的作为即为善，做企业要善待员工，做市场要善待客户，做领导要善待下属，做保险要善待消费者。

保险是无形产品，保险价值是通过服务来实现的，服务的质量和水平对保险功能的发挥起着直接作用，保险的服务对象是人，人是社会发展的最终目的，因此，保险服务要充分体现人本精神，要从消费者角度出发，提供周到的、人性化的服务。要尊重客户的需求和选择，不误导消费，保险条款要通俗易懂，要向客户耐心详细解释产品，让人感到受尊重，如果客户对服务不满意必将直接影响对保险的印象。保险服务应体现于每一张保单的每一环节中，具体包括销售过程中如实告知，对容易产生误解的条款特别是免责条款等做出详尽的解释说明，而不是为了卖出保险而有意回避；销售人员对保险产品的情况介绍，对于保险消费者决定是否购买至关重要，不能夸大保险责任，宣称保险产品没有任何免赔，没有任何门槛，花多少，公司给报多少；不能对投保人隐瞒与保险合同有关的重要情况，如寿险的犹豫期起算时间、期间及投保人享有的权利，免除保险人责任的条款，提前解除保险合同可能产生的损失等，有的消费者缺乏防范意识，误导宣传往往具有很强的迷惑性，听信误导购买了不符合自身需求的保险产品会造成权益受损。在保险存续过程中，要提醒缴费，提示风险等；出险后要及时协助处理、进行快速理赔。尤其是出险客户，他们更需要受到关怀和尊重，因为理赔人员掌握丰富的专业知识，而客户相对处于弱势，往往承受着肉体和精神的双重痛苦。保险本该是充满着人性关怀的，不要把保险看成纯“技术活”，忽视了客户的心理感受，忽视心灵的沟通，从而加剧理赔矛盾。保险科技正在极大地简化理赔环节，为客户提供极佳的消费体验，然而，据调查，很多保险纠纷并不是技术因素所致，而是由于理赔人员的语言、态度、行为等引发的，有的从业人员缺乏起码的怜悯之心，对出险者麻木不仁，甚至横眉冷对，有时会像审问犯人一样做调查。所谓“良言一句三冬暖，恶语伤人六月寒”，你的一言一行，对他们的影响都很大。保险从业者不仅要自身专业精湛，而且要对客户体贴周到，比如，一个真诚的微笑，一个善意的提示、雨天的一把雨伞、盛夏的一瓶饮料等……没有对人的全面关怀，没有对出险者的深切同情，不仅与保险的本质不相符合，而且会影响双方的关系。

服务需要简便快捷，需要多种多样，需要不断创新。让消费者感受到周到细致，向客户公示服务流程、服务内容等，充分告知被保险人享有的合法权益，为有需要的客户提供风险咨询服务、制订风险防范方案、辅助开展防灾防损等，广泛运用现代保险科技，提升服务能力和水平，推进“一站式”服务方式，简化手续，方便快捷，产品创新要以市场需求为导向，销售方式创新要以方便客户为导向，理赔创新要以提高客户体验为导向，科技创新要以提高服务水平为导向。只有提供了这样的人性化服务，才能充分反映出保险的善，才能体现以人为本，达到人道要求，广大保险客户才能打心眼里认知、认可保险，为保险企业拍手叫好，保险行业也才会得到持续健康快速的发展。

综上所述，人性最重要的部分是“求我幸福”和精神满足，每个人都期盼得到外界重视，注重自我尊严的维护。以人为本就是承认人性的存在，关心人的价值、权益和自由，以满足人的需要和利益为出发点、落脚点；以人为本就是要从善行善，从人道、尊人性，以实现人的价值为基本追求；以人为本就是保障人依法享有各项权益，满足人们的发展愿望和多样性需求，体现人道主义和人文关怀，使其体会到尊贵者的礼遇。早在千百年前，中国人就强调“政之所兴，在顺民心；政之所废，在逆民心”“民可载舟，亦可覆舟”，体现了朴素的重民、民本的价值取向，国家治理尚且如此，更何况企业经营呢。尊重人性、崇尚礼仪和注重服务是保险企业人道取向的具体体现，也是对保险企业的基本要求。

3. 保险企业的商道取向

商道即经商之道，就是人们从事商务活动所应遵循的道德规范和行为准则，经商的经验、方法与学问，经商的法则、道德和信念。中国古代就有经商要合义取利、价实量足等要求，在当代，商道的基本内容是文明经商、礼貌待客、货真价实、买卖公平、诚实无欺等。君子爱财，取之有道。顺其道，经商则事业昌盛；逆其道，经商则步履艰难。行商注重一个“信”字，有了信才会有生意，才会有人与你交易，有了信才能在商海中如鱼得水。对个人而言，诚信乃立人之本，是做人处世的基本准则。“民无信不立”“言不信者，行不果”，诚实是人生的命脉，是一切价值的根基，失信就是失败。经商就如做人，诚实守信是立业之本、发展之基，企业在经济活动中必须遵守信用。企业欲谋求长远利益，就必须重视在信用基础上积累与升华而形成的信誉，诚信是企业兴衰成败至关重要的因素，要视诚信为生命线，要把诚信当作资本来经营。

商道乃诚实守信之道。保险企业的商道取向是指保险业要坚守“契约精神”和坚持“诚实守信”。

（1）坚守“契约精神”。

契约精神是商品经济中的一种自由、平等、守信的精神，是从经济活动中孕育出来的一种基本原则和信念。当事人达成合意，契约内容即具有法律约束力，当事人应以最大的善意积极履行契约的内容，任何破坏契约精神的行为都是对其他关系人权益的侵犯。契约精神包括契约自由精神、契约平等精神、契约信守精神、契约救济精神。契约自由精神是指选择缔约者的自由，决定缔约的内容与方式的自由；契约平等精神是指缔结契约的主体的地位是平等的，缔约双方平等地享有权利履行义务，无人有超出契约的特权；契约信守精神是契约精神的核心精神，也是契约从习惯上升为精神的伦理基础，诚实信用是民法的“帝王条款”，在契约未上升为契约精神之前，人们订立契约源自彼此的不信任；当契约上升为契约精神以后，人们订立契约源于彼此的信任，在订约时不欺诈、不隐瞒真实情况、不恶意缔约、履行契约时完全履行；契约救济精神是在商品交易中人们通过契约来实现对自己的损失的救济的精神，当缔约一方遭受损害时，提起违约之诉，从而使自己的利益得到最终的保护。

保险自产生之日起就是一种契约行为，这种行为从最初的简单约定到形成制度再逐渐上升到法律。当代市场经济体制下的保险活动，均以契约关系维系。因此，对于保险业务，从合同内容、合同签订直至合同履行都要遵守契约精神。签约要满足诚信的要求，不隐瞒、不欺骗，如实告知。保险有最大诚信要求，不能误导消费，不提倡过渡话术。保险产品通常使用格式化的契约文本，保险方有义务详细向接受方说明条款相关含义。履约要及时，保证时效性，不能存在理赔难的现象。保险从业人员应该在业务经营过程中诚实守信、勤勉尽责，专业胜任。保险活动得以正常进行，有赖于契约各方尽最大的善意履行合同义务，并最终享有相应的权利。保险企业尤其要坚守和弘扬契约精神。

（2）坚持“诚实守信”。

现代市场经济条件下，诚实信用原则已成为一切民事活动和一切市场参与者普遍遵循的基本原则，成为市场经济活动的道德标准和法律规范。诚实信用原则也是保险活动所应遵循的一项最重要的基本原则，保险法律规范中的许多内容都贯彻和体现了这一原则。最大诚信原则对保险合同当事人的要求较一般的民事合同要求更高、更具体，最大诚信原则最早源于海上保险，该原则在《1906 年英国海上保险法》中首先得到确定，即“海上保险是建立在最大诚信原则基础上的契约，如果任何一方不遵守最大诚信原则，他方可以宣告契约无效”。最大诚信原则的内容主要通过保险合同双方的诚信义务来体现，具体包括投保人或被保险人如实告知的义务及保证义务，保险人的说明义务及弃权和禁止反言义务。最大诚信原则作为我国《保险法》的一个基本原则，贯穿于保险法的始终，指导着保险司法，是保险合同当事人和关系人在保险活动中必须遵守的最基本行为准则，适用于保险活动的订立、履行、解除、理赔、条款解释、争议处理等各个环节。《保险法》规定：“保险活动当事人行使权利、履行义务应当遵循诚实信用原则。”保险合同是最大诚信合同，签约要满足诚信的要求，不隐瞒、不欺骗、履行如实告知。当事人达成合意，契约内容即具有法律约束力，当事人应以最大的善意积极履行契约的内容，维护契约的严肃性。契约各方以最大诚信为基础，履行合同义务，享有相应的权利。保险人尤其要做到诚实守信、及时履约。目前的保险市场上，销售误导、合同纠纷、拖赔惜赔、无理拒赔等保险消费者反映较多的不诚信经营问题，严重损害了保险消费者利益，不利于行业的长远发展。保险企业坚持“诚实守信”的价值取向，开展诚信文化建设，抓好从业人员的诚信教育，树立守信的商道理念，才能解决好保险诚信问题，改变保险业目前的不良形象。

综上所述，无论市场经济是否成熟，只要失信就要付出代价。改革开放40多年来，虽然我国市场经济取得了巨大成就，但是商业领域的诚信缺失现象非常普遍，不守商业道德的事情时有发生，坑蒙拐骗、以假乱真、以次充好等行为严重影响着社会的商业信誉和社会进步，更有甚者危及人的健康和生命。信用是难得易失的，费十年工夫积累的信用，往往由于一时的失信而失掉。欺人只能一时，而诚信才能长久。前些年，从“毒奶粉”“苏丹红”到“地沟油”再到假疫苗，一系列不诚信的问题，已使企业陷入诚信危机，有的企业因此倒闭。一个企业诚信与否，直接关系着这个企业的生死存亡。提倡契约精神就是提倡诚实守信。信用是现代社会不能或缺的一种无形资产，商业主体必须具备良好的商业信誉，树立正确的商业道德价值观。天下之事皆从于德，万物生有序处事德为本，德行天下儒者大成。遵商道，才能恒久远。保险业多年来被人们所诟病，结症之一就是不守商道，不按保险业的商业道德行事。因此，保险企业要弘扬保险商道，树立正确的商业道德价值观，加强商业道德建设，加强商业道德修养，这样才能树立保险业的新形象，以解决保险领域种种深层次问题，促进行业快速变得不可或缺，人皆推崇。坚守“契约精神”和坚持“诚实守信”是保险企业商道取向的具体体现，也是保险企业获得长远发展的客观要求。

4. 保险企业的王道取向

王道本意是指君王所走的道路和采取的方法，被理解为公正无偏的一种政治理念，是以仁义治天下、以德政安臣民的统治方法。“王道”一词始见于《尚书·洪范》:“无偏无陂，遵王之义；无有作恶，遵王之路。无偏无党，王道荡荡；无反无侧，王道正直。”这时的“王道”一般是指夏、商、周“先王之道路”，即由一个君王用仁义统领众多诸侯国的原则和方针。到春秋战国，周王早已被边缘化，天下群雄并争，面对几个争雄的超级大国，孟子希望有一个诸侯国能够实行“王道”以统一天下，“王道”在孟子那里就是处理国与国关系、寻求一统的利器。及至汉世，天下早已统一，汉初经过提倡黄老思想休养生息，又经文景之治以及武帝固边拓疆，中央集权得到空前加强，这时的“王道”主要是指处理内政问题了，借用“王道”概念表达对朝廷施行仁政的期望。“王道”思想是历代君主、帝王治国、成就霸业的重要核心理念之一。春秋战国以来，“王道”思想对中国历代治乱安邦，推动中华各民族融合、发展和统一，维护中华文化的繁荣稳定起到了不可估量的作用。

王道主张“内圣外王”，“内圣”就是通过“修己”提高自己，做好自己的事情；“外王”就是通过“安人”使得人与人、人与周边环境之间和谐融洽，做到“仁者爱人”和“以义取利”，互相尊重、包容。在现今社会的商业领域，王道就是按照现行的社会道德和法律规范，采取积极的态度和方法，使自己的商业活动取得预期效果，从而内和外顺，受人尊崇。保险企业的王道取向是指保险业既要依法合规又要方法正确，做到走正道和寻门道。

（1）走正道。

人间正道是沧桑，任何一个市场都有其行业的规矩公共约定，供商业主体去信守，这是市场经济的基本原则和商业逻辑，破坏了这种逻辑就会带来无序的竞争和不公平的获利，对其他商业者都是变相的侵害。中国商业文明相对滞后，比如有很多商业活动还存在投机取巧问题、短期行为问题、损人利己问题、你有政策我有对策问题等，对于非法获利看得比合法合规还重要。固有的心理定式、思维模式、行为方式等受中国几百上千年潜规则文化影响很深，即使遇到现代商业文明，有时也会顽强抗争，不肯甘拜下风。中国财产保险行业也存在产品背离本原、经营管理激进、市场竞争失序、经营数据失真、合规意识淡漠等乱象。因此，保险企业要自觉地依法合规，遵守行业自律，遵守公平竞争的游戏规则，维护公正、平等、和谐的市场秩序，不以大欺小、以强示弱，不巧取豪夺等，更不能视法律法规于不顾，视自律如儿戏。目前，行业重启车险自律，但自律全凭所有主体共同呵护与信守，否则，自律就是一张废纸。《道德经》有云：知其雄，守其雌；知其荣，守其辱；知其白，守其黑。即明知自身的雄强，却坚守自身的雌弱；知道自己荣光，也要接受外界的批评；了解自身的清白，却也深知自身的不足。这里更多地强调自我约束，该做的事做好，不该做的事不做，不要有囚徒困境的侥幸心理，这才是保险企业的王道选择。市场乱象和无序竞争需要综合治理，严厉打击，加强对保险公司法人的监管，推行保险公司的退出机制，查处数据不真实行为，制止恶性价格竞争，起到惩治违规者、警示观望者、保护合规者的效果。保险业的监管越来越完善和成熟，违法违规行为都将受到应有的惩罚，保险行业普遍认为 2018 年是史上最严监管年，多家保险公司和从业者受到严厉的处罚。然而，不管监管的力度有多大，重要的是要改善市场环境，维护良好秩序，促进保险业健康发展，更主要的是保险主体依法合规，自尊自律。

中国保险业的快速发展正以摧枯拉朽之势涤荡落后的行业潜规则，市场化、科技化、国际化的程度日益提高，保险的商业文明曙光已然照耀中国大地。保险企业必须以正确的价值观为统领，按照天道、人道和商道的价值取向，以“守信用、担风险、重服务、合规范”的价值理念开疆辟土、征战市场，这样才能在市场经济的大潮中持久、健康发展。

（2）寻门道。

门道是指企业发展所遵循和采取的方式、方法、路径，也就是公司通过什么途径或方式来发展。有的企业多元化经营、有的靠创新产品、有的侧重渠道战略、有的专注服务最好、有的走高端路线、有的靠薄利多销、有的靠科技制胜、有的走线下门店……每个成功的企业，都是找到了适合自己发展的独特的经营思路和商业模式，并不断随着经营环境、竞争因素以及消费者变化来调整和升级自己的商业模式。三百六十行，行行出状元，关键是要找到适合自己的发展路径和运营模式，但中国财险行业粗放经营、随波逐流、盲目跟风、忽左忽右，时而强调快速上规模，时而过度讲效益，大起大落，缺乏长期规划和战略安排的现象比较普遍，行业发展手段单一，价格大战，轻视服务，缺少高度认同的价值取向，发展的非理性和盲目性明显，通过违法违规、破坏行业规则寻求发展成为一些保险企业的通病和救命稻草，从而加剧了保险市场上的恶性竞争，误导消费、理赔难等顽疾难以遏止和改善。保险业要从根本上摒弃粗放式增长模式，回归理性，必须考虑用什么样的产品、技术、服务、架构、团队、渠道去发展，用什么样的价值观做统领，发展速度多少合适，机构是多多益善还是必要合理为宜，重资产还是重科技，承保盈亏和投资收益如何平衡，集团化还是专业化……总之，不能人云亦云，邯郸学步，只有在独特上下足功夫，寻求一个独特的、适合本企业的发展模式，找到合适的门道，打通任督二脉，用正确的方法开疆辟土征战市场，同时满足天道、人道和商道的基本要求，才是保险企业的明智选择，这样的企业将会在激烈的市场竞争中顺风顺水，稳健前行，最终王天下。

综上所述，对现今的保险企业来讲，王道就是如何成为保险企业中的王者，这里所说的“王”是指内和外顺，特色鲜明，市场认可，依法合规，并实现效益最大化，而不是规模大、机构多、发展快、牌子响等。要想做到王，就必须遵守游戏规则，维护市场秩序，不盲目扩张，敬畏市场、敬畏法律、敬畏规则等。改革开放 40 多年来，虽然我国市场经济取得了巨大成就，但是商业领域违法违规的事情时有发生，严重影响了社会的商业文明和社会进步。君子爱财，取之有道，保险企业必须加强自我修炼、自我约束，守法自律，有所为有所不为，有王者风范，才能成为真正的王者。

5. 财险公司价值取向归纳

中国市场的财险公司一般都有自己的价值取向，但侧重点不尽相同，有的公司侧重一个方面的价值取向，如天道取向、人道取向、商道取向或王道取向，有的公司侧重两方面的价值取向，如天道和王道、人道和商道、商道和王道等，也有的公司兼顾多个价值取向。作者在学习领悟的基础上，对部分公司的价值取向梳理归纳如下，未必准确，仅供参考。

（1）侧重一个价值取向的公司。

序号	公司简称	价值观	价值取向
1	汇友相互	会员自己的保险企业 一路风雨兼程，彼此是最坚强的支撑	天道
2	中煤财险	恪守企业信念，管理客户风险，善尽社会责任	天道
3	国寿财险	与客户同忧乐	人道
4	众惠相互	呵护向善的力量	人道
5	鼎和财险	一言九鼎　和谐共赢	商道

续表

序号	公司简称	价值观	价值取向
6	平安财险	价值最大化是检验平安一切工作的标准	王道
7	大地财险	简单、高效、务实、合规	王道
8	天安财险	变革才能生存，变革才能发展	王道
9	紫金财险	责任、创新、价值	王道
10	安华农险	专业化是生存与发展的根本	王道
11	泰山财险	忠诚、责任、专业、共赢	王道
12	众安在线	简单、快速、突破、共赢	王道
13	合众财险	和合众力，多赢共好	王道
14	珠峰财险	追求发展与价值的统一性	王道

（2）侧重两个价值取向的公司。

序号	公司简称	价值观	价值取向
1	安信农险	安为上、信为本	天道、商道
2	安诚财险	安全保障，诚实守信	天道、商道
3	恒邦财险	如月之恒、如日之升；以人为本、本固邦宁	天道、人道
4	英大财险	以客户为中心、专业专注、持续改善	人道、王道
5	中原农险	真诚、亲融、守正、敏行	人道、王道
6	众诚车险	信赖、专业	人道、王道
7	东海航运	真诚、专业、科技、创新、人文	人道、王道
8	渤海财险	海纳百川，风雨同舟	商道、天道
9	富德财险	富及民众，德行天下	商道、人道
10	锦泰财险	诚信、创新、价值、分享	商道、王道
11	诚泰财险	诚信履责，价值奉献	商道、王道
12	鑫安车险	诚信 稳健 高效 创新	商道、王道
13	长江财险	诚信、合规、互助、共赢	商道、王道

续表

序号	公司简称	价值观	价值取向
14	太平财险	诚信、专业、价值	商道、王道
15	前海联合	共融 共创 共享	商道、王道
16	都邦财险	修己安人，践行尽责	王道、天道
17	浙商财险	创业、创新、诚信、成功	王道、商道
18	粤电自保	专业、高效、协同、诚信	王道、商道

（3）兼顾三个价值取向的公司。

序号	公司简称	价值观	价值取向
1	人保财险	风雨同行 至爱至诚	天道、人道、商道
2	中国信保	责任、诚信、专业、创新	天道、商道、王道
3	建信财险	至诚、担当、精进、超越	人道、天道、王道
4	阳光财险	一个追求：一切为了客户 两个根本：创造价值、共同成长 三个统一：激情与理性、速度与品质、灵活与专注	人道、商道、王道
5	中银保险	尊重、协作、敬业、执行	人道、商道、王道
6	瑞再企商	以客户为中心、灵活机敏、团队精神、热切表现和诚信正直	人道、商道、王道
7	燕赵财险	人本、诚信、创新、共享	人道、商道、王道
8	三星财险（中国）	人才第一、最高指向、引领变革、正道经营、追求共赢	人道、王道、商道
9	海峡金桥	真诚、务实、卓越、共享	人道、王道、商道
10	黄河财险	以人为本、服务至上、诚实信用、追求卓越	人道、商道、王道
11	富邦财险	诚信、亲切、专业、创新	商道、人道、王道
12	永诚财险	用心做事、诚信 专业 效率 和谐	商道、王道、人道
13	中意财险	学习、和谐、专业、进取、稳健	王道、人道、商道
14	易安财险	创新、融合、共享、使命	王道、商道、天道

（4）兼顾四个价值取向的公司。

序号	公司简称	价值观	价值取向
1	阳光农险	守信用、担风险、重服务、合规范	商道、天道、人道、王道
2	中华财险	诚信、守护、包容、共享	商道、天道、王道、人道
3	亚太财险	诚信、服务、专业、价值	商道、人道、王道、天道
4	华海财险	敬天爱人、同舟共济、专业高效、包容分享	天道、人道、商道、王道

为了更好地起到担风险作用，保险业重在风险保障、重在以人为本、重在诚实守信、重在依法合规，这是保险规律和保险价值所在，是指导保险行业建设的核心理念。以此为统领，集各方力量，形成合力和氛围，找准切入点和着力点，充分发挥行业主观能动性，提升服务水平和创新能力，定能破解“销售误导、理赔难、市场乱、结构差”的难题。“道有时，事有势，何贵于道？”因其时，顺其势，行其道，事半而功倍。保险企业的价值取向概莫出于此。

二、关于保险公司定位的思考

保险公司经营的好坏，很大程度上取决于公司是否有清晰而准确的定位，而这一点往往被忽视。保险公司顾名思义就是做保险的公司，这是最大的、根本的定位，时刻都不能动摇。但同为保险公司，每个公司的具体定位亦不相同，甚至差别很大，一般需要从资本愿望、企业意志、市场环境和资源禀赋四个方面来对公司进行的具体定位。资本愿望决定公司使命，企业意志决定公司愿景，市场环境决定公司市场定位，资源禀赋决定公司发展路径。

1. 根据资本愿望定位

根据资本愿望定位，就是根据出资人、股东（统称为所有者）的初始愿望定位。为什么设立保险公司、设立什么样的保险公司，发起人或股东们是经过深思熟虑、反复思考的，是经过多方论证才最终确定的。也就是说每个公司来到世上之前，都是被设计、被策划的，每个公司的成立都是有明确目的的，不是轻易就成立的，因此，公司自酝酿、筹建到正式成立运营都是按照最初的设想一步一步过来的。资本的这一愿望就是设立公司的目的，就是公司的使命。所谓公司使命就是公司将承担什么样的责任，对公司的期许和外部社会所做的价值承诺，是公司存在的理由和依据。这是公司所有者的初心和原始意愿。

（1）定位公司对社会的价值。

定位公司对社会的价值就是以服务社会发展为使命，定位公司在社会进步和经济发展中所应担当的角色和责任。以下是部分财险公司对社会的价值定位，仅供参考。

序号	公司简称	对社会的价值定位
1	人保财险	人民保险 造福于民
2	国寿财险	造福社会大众，振兴民族保险
3	太保财险	做一家负责任的保险公司
4	大地财险	用社会给予的关怀积极回馈社会
5	太平财险	创造富裕的安宁生活
6	中华财险	引领行业发展、造福中华百姓
7	阳光财险	让人们拥有更多的阳光
8	浙商财险	服务至上、创造价值、共创共享、回馈社会
9	诚泰财险	风险保障，成就价值，创造美好生活
10	鑫安车险	鑫安相伴 幸福相随

（2）定位公司对某个行业或领域的价值。

定位公司对某个行业或领域的价值就是以服务某个行业或领域为使命，定位公司在某行业或某领域发展中所担当的角色和责任。以下是部分财险公司对行业或领域的价值定位，仅供参考。

序号	公司简称	对行业或领域的价值定位
1	安信农险	致力于成为中国农业保险的先行者、开拓者和探索者
2	阳光农险	为农民谋福祉、为农村谋和谐、为农业谋发展
3	安华农险	安农安天下
4	中航安盟	心系三农、保障至上、创造价值、追求卓越
5	中原农险	尚德聚智、惠农利民
6	中煤财险	管理高危风险，保障和谐社会
7	安心财险	守护国民健康，打造国民保险
8	泰康在线	专注于互联网保险业务的创新开拓
9	众安在线	让金融生活更温暖
10	华海财险	围绕海洋产业链开发保险产品，为海洋产业链提供全面的保险保障服务
11	东海航运	突出航运保险专业定位，整合国内港航保险资源，积极推动航运保险产品及商业模式的创新
12	太平科技	聚焦科技企业及相关产业链，致力于提供具有针对性的风险保障服务，以保险促进科技创新和科技产业发展

（3）定位公司对客户的价值。

定位公司对客户的价值就是以服务客户为使命，定位公司对客户所担当的角色和责任。以下是部分财险公司对客户的价值定位，仅供参考。

序号	公司简称	对客户的价值定位
1	安盛天平	为广大客户提供及时、便捷、值得信赖的保险服务，为客户提供全方位的个人保险解决方案
2	信利保险（中国）	致力于提供保险解决方案，灵活快速地为客户提供专业技术支持
3	前海联合	为客户提供一流财产保险服务，保障客户拥有体面和尊严的生活
4	易安财险	让您的生活随易而安
6	鼎和财险	服务客户，奉献社会，做优秀保险企业
7	永诚财险	为目标客户提供技术领先的风险管理服务，为中国经济社会的进步做出贡献

（4）定位公司对多方的价值。

定位公司对多方的价值就是以服务多方为使命，定位公司在服务客户、股东、员工和社会等方面所应担当的角色和责任。以下是部分财险公司对多方的价值定位，仅供参考。

序号	公司简称	对多方的价值定位
1	平安财险	对客户负责，对股东负责，对员工负责，对社会负责
2	华泰财险	为客户提供恒久可靠的保障；为员工提供充分展示才华的平台；为股东创造不断增长的投资价值；为建立和谐社会贡献更多的力量
3	永安财险	为客户创造满意；为员工创造机会；为股东创造效益；为社会创造价值
4	渤海财险	为员工提供发展，为客户分担风险，为股东创造财富，为社会奉献价值
5	中意财险	为客户、股东、员工及社会创造价值
6	泰山财险	为客户创造价值，享受诚信保障；为员工搭建舞台，追求美好人生；为股东实现增值，收获稳健回报；为社会贡献公益，践行社会责任
7	富德财险	为客户提供优质服务，为股东创造卓越价值，为员工创造美好生活，为社会做出应有贡献
8	珠峰财险	对客户负责，对员工负责，对伙伴负责，对社会负责，对股东负责
9	恒邦财险	创造价值、多维共赢
10	海峡金桥	为社会承担责任，为客户提供保障，为股东创造价值，为员工成就梦想

（5）定位公司对出资方的价值。

定位公司对出资方的价值就是以服务出资方为使命，定位公司在服务出资方、股东方面所应担当的角色和责任。以下是部分财险公司对出资方的价值定位，仅供参考。

序号	公司简称	对出资方的价值定位
1	中国信保	履行政策性职能，服务开放型经济
2	英大财险	为人民电业提供优质保险服务
3	国元农险	立足安徽，服务社会主义新农村建设

续表

序号	公司简称	对出资方的价值定位
4	中铁自保	以服务铁路发展为切入点，努力打造一个体系现代化、服务专业化、管理规范化的自保品牌
5	中远自保	作为中国远洋海运集团有限公司旗下的专业机构，担负起集团风险管理工具、保险管理平台、风险成本中心的使命，为集团“6+1”产业集群战略保驾护航
6	汇友相互	为会员打造一个高效的互助平台
7	日本财险（中国）	树立在中国市场的专业服务品质标杆
8	燕赵财险	效益为王
9	劳合社（中国）	长期为中国保险市场提供承保能力
10	利宝保险	长期稳健地开展在中国的业务
11	三井住友（中国）	稳定经营，持续发展，回报股东

目前，中国财险市场上有三大属性保险公司，即政策性公司、互助性公司和商业性公司，他们虽然同为财险公司，但由于性质不同，使命一定不同，即使是同一属性的财险公司，其使命也有所不同。公司使命是否都科学、准确、合理，也不一定，有的公司使命定位非常准确，比如，中国信保作为政策性保险公司其公司使命确定为“履行政策性职能，服务开放型经济”，英大财险公司的宗旨是“为人民电业提供优质保险服务”，但有的公司使命定位随意而笼统，有的公司使命定位与该公司没有一点关系，等等。公司使命需要高度地提炼、概括，加以调整和完善，使之与公司属性高度契合，并通过公司的文化和制度进行固化和强化，保持相对稳定，得到全公司的认可和尊重，同时可以公之于众，通过公司的发展得以贯彻和实现。

2. 根据企业意志定位

根据企业意志定位是指公司想最终成为什么样的公司，由于公司的使命是与生俱来的，是基于资本（所有者）的意愿，企业（经营者）意志的定位就是成为什么样的公司能够实现公司的使命。根据企业意志的定位是定位公司的愿景，愿景是公司对自身发展的预期，最终达到的状态，公司愿景体现了企业家的立场和信仰，是企业最高管理者头脑中的一种概念，是期望要实现的理想，是组织渴望的未来图景和境界，是组织整体发展和追求的终极目标。以下是我国部分财险公司根据企业意志定位的公司愿景目标，仅供参考。

（1）定位成“满意”“信赖”“尊敬”的公司。

序号	公司简称	公司愿景（目标）定位
1	人保财险	做人民满意的保险公司
2	中国信保	做国家信任、客户信赖、国际一流的专业信用保险机构
3	华安财险	做一家受人尊敬的保险企业
4	合众财险	让保险变得简单、透明、便捷、实用；让客户听得清楚、看得明白、买得放心、用得舒心；成为最受客户、员工喜爱的保险公司
5	爱和谊（中国）	提供高品质的产品与服务，在获取每位客户信任的基础上寻求企业长足发展
6	众诚车险	成为最受客户信赖的保险服务及风险管理提供商，让汽车生活更美好
7	诚泰财险	成为一家值得信赖、富有价值的保险金融集团
8	汇友相互	成为最值得会员信赖的相互保险企业
9	劳合社（中国）	成为中国客户首选的专业保险和再保险提供商

（2）定位成集团化公司。

序号	公司简称	公司愿景（目标）定位
1	平安财险	国际领先的科技型个人金融生活服务集团
2	太平财险	建设国内领先、国际一流综合金融保险集团
3	中华财险	成为国内领先、专业化的综合保险金融集团
4	阳光财险	打造符合人性与最具活力的金融保险服务集团
5	天安财险	打造奋勇争先的新型国际化金融保险集团
6	安诚财险	成为“管理集约化、发展差异化、技术信息化、经营专业化”，富有创造力及核心竞争力的金融保险集团

续表

序号	公司简称	公司愿景（目标）定位
7	国任财险	发展成为综合化、国际化的现代金融保险集团
8	日本财险（中国）	成为客户满意度 No.1 的保险服务集团
9	长安责任	用十年时间，打造成为中国最优秀的金融保险集团
10	日本兴亚（中国）	成为客户满意度 No.1 的保险服务集团
11	泰山财险	建设团队专业、产品精细、服务卓越、具有国际竞争力的保险集团
12	诚泰财险	成为一家值得信赖、富有价值的保险金融集团
13	燕赵财险	以保险业务为主体，以银行和投资业务为两翼，以金融科技平台为支撑的“一体两翼”的集团公司
14	海峡金桥	成为引领两岸区域金融服务的现代金融保险集团

（3）定位成特色公司。

序号	公司简称	公司愿景（目标）定位
1	华泰财险	为中国千万家庭、百万企业提供综合金融保险服务，旨在成为细分市场领导者
2	永诚财险	以电力及能源行业保险业务为主，兼营其他各行业保险业务的专业化综合性财产保险公司
3	安盛天平	成为以客户为中心的数字化直销保险品牌
4	渤海财险	打造中国保险业的精品公司
5	中煤财险	客户身边的高风险管理专家
6	鑫安车险	成为中国汽车保险业的领军者
7	劳合社（中国）	成为中国客户首选的专业保险和再保险提供商
8	安心财险	简单的保险
9	泰康在线	专注于互联网保险业务的创新开拓
10	东海航运	成为有国际影响力的航运金融服务品牌
11	建信财险	成为最具特色和价值的现代智慧型财产保险公司

续表

序号	公司简称	公司愿景（目标）定位
12	久隆财险	成为装备制造行业风险管理标准制定者，卓越的装备制造专业保险服务提供商，具备专业优势的产险风险管理专家
13	中远自保	成为全球航运业自保公司中的标杆企业和中国自保公司的翘楚
14	中铁自保	成为国内最具企业责任和社会责任的现代保险企业，为我国大型企业探索和发展保险自保业务积累经验
15	阳光信保	您身边的专业信用服务伙伴

（4）定位成“一流”“第一”“最好”公司等。

序号	公司简称	公司愿景（目标）定位
1	国寿财险	与时俱进，争创一流
2	英大财险	建成偿付能力坚强、资产优良、服务优质、业绩优秀的国内一流、国际知名的现代保险公司
3	都邦财险	打造中国服务最好的保险公司
4	三星财险（中国）	把三星财产保险建设成为国际化的超一流企业
5	中航安盟	引领风险管理技术创新，打造一流农业保险公司
6	安信农险	打造中国现代农业保险第一品牌
7	安华农险	打造中国第一农业保险公司
8	中意财险	将中意人寿打造成为国内一流保险公司
9	北部湾财险	建设有信用、有特色、有品牌，管理一流、服务一流、业绩一流的现代保险企业
10	长江财险	成为覆盖全国的最讲诚信、最依法合规、最注重风险控制、治理结构最完善、经济效益良好的一流财险公司
11	中原农险	努力将公司打造成为客户信赖、社会尊重、政府满意、员工幸福的一流保险企业

根据企业意志明确公司的愿景，并清晰地表达出要把自己建设成什么样的保险公司，公司愿景定位需要高度地提炼、概括，简单、明了、具体，而且看

得见、够得着，通过公司的文化和制度进行固化和强化，保持相对稳定，并得到全公司的认可，起到鼓舞士气、激励全员为之奋斗的效果，通过公司的发展得以逐步实现。

3. 根据市场环境定位

根据市场环境定位公司发展方向。公司要根据外部市场环境确定发展目标、业务范围、重点领域，要有取有舍，做到有所为有所不为，进而确定公司的发展理念、发展规划、发展策略。市场环境包括宏观政策、经济形势、消费习惯、同业竞争、跨界影响、客户需求、行业趋势、存量市场、增量市场等，市场环境决定公司的方向选择和目标市场，如哪些领域有利于达成使命、实现愿景。方向比努力更重要。市场始终处于发展变化之中，要掌握其内在规律，回顾和总结过去的市场走向与趋势，并根据现在的社会、经济、政治、科技等环境预估未来 5—10 年市场趋势，从宏观上把控，做出既符合市场规律又有别于同业的市场定位，如确定目标客户、选择发展方向、锁定重点领域等。市场定位必须要有前瞻性，不论是新公司还是老公司，市场定位都要相对稳定，切忌左右摇摆、变化不定、不专注，同时也要根据变化做出微调。是做跟随者还是领跑者，是做拓荒者、改革者还是做保守者、谨慎者，都可以选择，只要可以实现使命、愿景，并没有严格的限制，但必须牢牢把控市场。回顾那些做得好的公司，无不是在市场定位中准确把握市场的公司，如中国信保的定位是以政策为依据，以市场为导向，以客户为中心的发展方向；英大财险的定位是面向主业、产融结合、以融促产、协调发展；鼎和财险的定位是成为立足集团、服务社会、特色鲜明的保险企业；美亚保险的定位是注重产品创新和勇于开拓新市场，等等。以下是我国部分财险公司根据市场环境的发展方向定位，仅供参考。

序号	公司简称	市场发展方向定位
1	太保财险	做精保险专业，创新保险产品和服务，提升客户体验，为客户提供全方位的风险保障服务
2	华泰财险	为中国千万家庭、百万企业提供综合金融保险服务，旨在成为细分市场领导者
3	中国信保	以政策为依据，以市场为导向，以客户为中心

续表

序号	公司简称	市场发展方向定位
4	太平财险	打造最具特色和潜力的精品保险公司
5	天安财险	险融互动，多元发展
6	英大财险	面向主业 产融结合 以融促保 协调发展 做强电网 做优车险 做专特色 做精团队
7	鼎和财险	立足集团，服务社会，特色鲜明的保险企业
8	国任财险	传统业务、投资资管、科技保险，打造“精而美、专而优”的现代保险公司
9	阳光农险	立足农业农险为根、互助服务三农为本、追求卓越和谐发展
10	三井住友（中国）	为客户提供最佳的风险解决方案和保险服务
11	美亚保险	注重产品创新和勇于开拓新市场
12	久隆财险	植根装备制造产业
13	阳光信保	科技驱动的信用风险管理及信用资产交易平台
14	太平科技	做科技的保险，用保险助科技

目前，我国财险市场保险科技高度渗透、赋能，市场瞬息万变，财险公司必须抓住市场主流、趋势、规律、周期等，不要被表象迷惑，不要被假潮流误导，对市场要深刻洞察。要对存量市场和增量市场、传统市场和新兴市场等做好预判，比如车险市场、健康险市场、农险市场、责任险市场，现在这样未来啥样。没有对市场的总体把握，就很难明确自己的方向定位，会形成人云亦云的现象，盲目跟随，没有选择，随波逐流，撞大运，这是大忌。

4. 根据资源禀赋定位

根据资源禀赋定位就是确定公司发展路径，即根据公司自身条件定方法、定举措、定运营，具体体现为公司的经营理念、经营策略、运营模式、盈利模式和商业模式等。公司资源禀赋包括资金资源、人力资源、股东资源、政府资源、客户资源、技术资源，等等。俗话说，没有金刚钻不揽瓷器活，明确了这一点，对于回答规模、效益、做大做强、小而美、小而精、专业化、集团化等问题就十分容易了，许多困惑就不复存在。如平安财险定位专业创造价值，太保财险财险定位专注保险主业，安盛天平定位基于非核心业务外包的低成本经营等。任何公司、任何时候资源都是有限的，要整合资源，集中优势兵力，充分发挥资源优势和效率，发挥长处，避开短处，有取有舍，有所为有所不为。以下是我国部分财险公司根据资源禀赋的发展路径定位，仅供参考。

序号	公司简称	发展路径定位
1	平安财险	专业创造价值
2	太保财险	坚持以客户需求为导向，专注保险主业
3	华安财险	比出险客户的亲人早到三分钟
4	中华财险	公司是学校、公司是军队、公司是家庭
5	阳光财险	简单 可信
6	华泰财险	全力发展 EA 模式，做优做强商险，积极探索互联网保险
7	英大财险	效益为先 兼顾规模
8	安盛天平	基于非核心业务外包的低成本经营
9	利宝保险	诚信便捷，为客户提供优质优价的保险服务
10	安诚财险	规模是基础，效益是根本，科学发展、合规发展、效益发展
11	国任财险	打造“精而美、专而优”的现代保险公司
12	美亚保险	注重产品创新和勇于开拓新市场
13	三星财险（中国）	以人才和技术为基础，创造最优的产品和服务，为人类社会做出贡献
14	安达保险	匠人品质，精心承保
15	三井住友（中国）	以注重人才教育为先，以国际化的角度来培养具备判断力、专业知识和创新精神的员工
16	爱和谊（中国）	通过全球化的保险与金融服务，提供安心与安全，为社会蓬勃发展与地球稳健未来做贡献
17	众安在线	秉持“破与立”的精神。不断突破服务的边界，个人不断突破能力的边界
18	浙商财险	安全、规模、效益；有质量的规模、有效益的速度
19	泰康在线	保险 + 科技、保险 + 服务
20	久隆财险	植根装备制造产业，以互联网思维创新商业模式，打造技术专业、风控严密、国际领先的专业性保险公司

正如日常交通工具有汽车、飞机、火车、轮船，虽然同为交通工具，目的是满足人们出行需求，但使用方式、服务人群、运营模式，行驶路径均不相同。运营模式、发展路径切忌雷同。公司的运营模式既要相对稳定，更要与时俱进，随着市场的变化、科技的发展、公司资源的变化及时做出调整。条条大路通罗马，你一定要找到适合自己的路，并保持道路自信。

三、关于对待偿付能力指标的思考

中国保险监管部门以风险为导向，制定保险公司偿付能力监管规则，即“偿二代”监管规则，对保险公司偿付能力充足率状况、综合风险、风险管理能力进行全面评价和监督检查，并依法采取监管措施，“偿二代”采用定量资本要求、定性监管要求和市场约束机制的监管框架，建立了定量与定性相结合、保险监管与市场约束相结合等监管机制。“偿二代”自 2016 年正式实行，监管部门每个季度公布一次保险公司的偿付能力充足率指标，那么，保险公司应该如何看待自己公司的偿付能力充足率指标呢？对此，作者进行了一些思考，希望对保险主体有所启发。

1. 偿付能力充足率达标条件

“偿一代”下的偿付能力监管指标主要是偿付能力充足率，达到 100% 即为偿付能力达标公司。“偿二代”下的监管指标由单一的偿付能力充足率扩展为核心偿付能力充足率、综合偿付能力充足率、风险综合评级三个指标。核心偿付能力充足率即核心资本与最低资本的比值，衡量保险公司高质量资本的充足状况；综合偿付能力充足率即实际资本与最低资本的比值，衡量保险公司资本的总体充足状况；风险综合评级即对保险公司偿付能力综合风险的评价，衡量保险公司总体偿付能力风险的大小。保险监管部门通过评估保险公司操作风险、战略风险、声誉风险和流动性风险，综合考虑其核心偿付能力充足率和综合偿付能力充足率，对保险公司总体风险进行评价，确定其风险综合评级。保险公司风险综合评级分为 A、B、C、D 四类：A 类公司指偿付能力充足率达标，且操作风险、战略风险、声誉风险和流动性风险小的公司，B 类公司指偿付能力充足率达标，且操作风险、战略风险、声誉风险和流动性风险较小的公司，C 类公司指偿付能力充足率不达标，或者偿付能力充足率虽然达标，但操作风险、战略风险、声誉风险和流动性风险中某一类或几类风险较大的公司，D 类公司指偿付能力充足率不达标，或者偿付能力充足率虽然达标，但操作风险、战略风险、声誉风险和流动性风险中某一类或几类风险严重的公司。保险公司同时符合以下三项监管要求的为偿付能力达标公司：第一，核心偿付能力充足率不低于 50%；第二，综合偿付能力充足率不低于 100%；第三，风险综合评级在 B 类及以上。任意一个指标不达标的皆为偿付能力不达标公司。

2. 偿付能力充足率指标特点

通过统计，整理出 2017 年四季度末和 2018 年四季度末偿付能力充足率指标（详见下表），序号按 2018 年四季度末核心偿付能力充足率从高到低排序（数据来源：财险公司官网）。

序号	公司简称	2018 年四季度末			2017 年四季度末		
		核心偿付能力充足率（%）	综合偿付能力充足率（%）	风险综合评级	核心偿付能力充足率（%）	综合偿付能力充足率（%）	风险综合评级
核心偿付能力充足率大于 1000% 的公司 7 家							
1	融盛财险	7152	7152	A	——	——	——
2	粤电自保	2157.71	2157．71	A	10524	10524	——
3	汇友相互	2152.67	2152.67	A	2157.53	2157.53	A
4	太平科技	1887.44	1887.44	A	——	——	——
5	黄河财险	1618.71	1618.71	A	——	——	——
6	诚泰财险	1492	1492	B	921	921	B
7	阳光信保	1198.93	1198.93	B	1113.87	1113.87	B
核心偿付能力充足率在 500%—1000% 的公司 14 家							
8	东海航运	969.75	969.75	A	781.67	781.67	B
9	恒邦财险	919.96	919.96	B	1024.13	1024.13	B

续表

序号	公司简称	2018年四季度末					
		核心偿付能力充足率（%）	综合偿付能力充足率（%）	风险综合评级	核心偿付能力充足率（%）	综合偿付能力充足率（%）	风险综合评级
10	海峡金桥	918.22	918.22	A	823	823	A
11	众惠相互	903.53	903.53	A	1533.05	1533.05	A
12	富德财险	716.21	716.21	A	753.55	753.55	A
13	合众财险	683.75	683.75	A	874.43	874.43	B
14	鑫安车险	637.69	637.69	A	613.43	613.43	A
15	珠峰财险	616.06	616.06	A	629.71	629.71	A
16	建信财险	609.67	609.67	A	854.15	854.15	A
17	久隆财险	604.13	604.13	B	760.96	760.96	A
18	众安在线	599.59	599.59	B	1178.31	1135.21	A
19	中铁自保	567.72	567.72	A	583.35	583.35	A
20	安联财险（中国）	547.1	547.1	A	212.2	212.2	A
21	安诚财险	529.59	529.59	B	716.78	716.78	A
核心偿付能力充足率在200%—500%的公司47家							
22	燕赵财险	481.83	481.83	A	501.83	501.83	A
23	泰山财险	459.25	459.25	A	474.66	474.66	B
24	日本兴亚（中国）	458.73	458.73	A	424.35	424.35	A
25	中远自保	444	444	A	504	504	A
26	大地财险	434	434	A	267	267	A
27	中油专属	429	429	A	441	441	A
28	众诚车险	427.25	427.25	A	350.3	350.3	A
29	阳光农险	424.87	424.87	A	356.70	356.70	A
30	中路财险	404.64	404.64	A	645.4	645.4	A

续表

序号	公司简称	2018 年四季度末					
		核心偿付能力充足率（%）	综合偿付能力充足率（%）	风险综合评级	核心偿付能力充足率（%）	综合偿付能力充足率（%）	风险综合评级
31	三星财险（中国）	398.01	398.01	A	163.93	163.93	A
32	劳合社（中国）	369.62	369.62	A	349.64	349.64	A
33	亚太财险	360.19	360.19	B	326.05	326.05	B
34	国元农险	335.01	335.01	A	391.95	391.95	A
35	华农财险	320.29	320.29	B	427.59	427.59	A
36	爱和谊（中国）	317	317	A	311	311	A
37	瑞再企商	309	309	A	252	252	A
38	安信农险	300	300	A	310	310	A
39	安盛天平	296.28	301.23	A	264.43	283.19	A
40	长江财险	293.67	293.67	A	302.51	302.51	B
41	泰康在线	291.64	291.64	B	344.95	344.95	A
42	乐爱金（中国）	290	290	B	219	219	A
43	国任财险	289.67	289.67	B	309.35	309.35	A
44	紫金财险	285.02	285.02	A	279.85	279.85	A
45	前海联合	279.89	279.80	A	407.99	407.99	A
46	华泰财险	279.60	279.60	B	348.67	348.67	A
47	史带财险	275.27	275.27	A	271.33	271.33	B
48	三井住友（中国）	268.56	268.56	A	251	251	A
49	中银保险	260.67	260.67	A	259.23	259.23	A
50	北部湾财险	256.29	256.29	A	294.76	294.76	A

续表

序号	公司简称	2018 年四季度末					
		核心偿付能力充足率（%）	综合偿付能力充足率（%）	风险综合评级	核心偿付能力充足率（%）	综合偿付能力充足率（%）	风险综合评级
51	安心财险	253.51	253.51	B	408.46	408.46	B
52	安达保险	252.48	252.48	B	214	214	A
53	永安财险	252.37	252.37	B	241.36	241.36	B
54	东京海上（中国）	242.74	242.74	A	246.60	246.60	A
55	日本财险（中国）	240.30	240.30	A	169.33	169.33	A
56	太保财险	234	306	B	240	267	A
57	中意财险	230.90	230.90	B	285	285	A
58	锦泰财险	230	230	A	280	280	B
59	中原农险	229.7	229.7	A	314.21	314.21	A
60	鼎和财险	229.30	229.30	A	271.48	271.48	B
61	人保财险	228.58	275.40	B	229.20	278.28	B
62	现代财险（中国）	227	227	A	232	232	A
63	信利保险（中国）	223.04	223.04	A	147.60	147.60	A
64	美亚保险	222.80	222.80	A	240.1	240.1	B
65	中航安盟	217.68	217.68	A	247.56	247.56	A
66	中华财险	216	301	A	211.6	295.07	A
67	华安财险	210.14	222.06	B	242.43	255.43	B
68	平安财险	201.53	223.76	B	193.95	217.47	B
核心偿付能力充足率 100%—200% 的公司 17 家							
69	永诚财险	195.52	232.39	B	203.82	250.31	B

续表

序号	公司简称	2018 年四季度末					
		核心偿付能力充足率（%）	综合偿付能力充足率（%）	风险综合评级	核心偿付能力充足率（%）	综合偿付能力充足率（%）	风险综合评级
70	国寿财险	195.37	195.37	B	210.40	210.40	A
71	太平财险	191	225	A	179	216	A
72	苏黎世（中国）	190.40	190.40	A	167.16	167.16	A
73	易安财险	174.69	174.6	B	363.42	363.42	B
74	华海财险	169.56	169.56	B	209.34	209.34	A
75	利宝保险	168	168	A	140	140	A
76	都邦财险	167	167	B	194	194	A
77	英大财险	163.83	221.08	B	154.17	154.17	B
78	安华农险	152.56	152.56	B	130	130	A
79	阳光财险	140.55	200.05	B	148.01	204.73	B
80	渤海财险	140	140	B	149	149	A
81	中煤财险	133.47	133.47	A	181.76	181.76	A
82	国泰产险	126.58	126.58	B	288.55	288.55	B
83	天安财险	126.05	159.44	——	83.5	103.80	B
84	浙商财险	117.88	172.18	B	199.34	262.97	B
85	富邦财险	101.90	101.90	B	133.72	133.72	A
核心偿付能力充足率小于 100% 的公司 1 家							
86	长安责任	−152.6	−152.6	D	104.13	184.70	B

通过上表可以发现，财险公司偿付能力充足率指标具有以下特点：

第一，偿付能力基本全部达标。2018 年四季度末核心偿付能力充足率低于 50%，综合偿付能力充足率低于 100%，风险综合评级为 D 级的仅有 1 家，其他公司风险综合评级均在 B 级或 A 级（天安财险未披露），全部处于达标状态。2017 年四季度末核心偿付能力充足率全部大于 50%，综合充分能力充足率全部大于 100%，风险综合评级均为 B 级或 A 级，所有公司处于达标状态。

第二，偿付能力充足率普遍较高。2018 年四季度核心偿付能力充足率高于 1000% 的有 7 家，500%—1000% 的有 14 家，200%—500% 的有 47 家，100%—200% 的有 17 家，低于 100% 的仅有 1 家。核心偿付能力充足率在 200%—500% 的占比最高，超过一半。2017 年核心偿付能力充足率高于 1000% 的有 6 家，500%—1000% 的有 14 家，200%—500% 的有 46 家，100%—200% 的有 16 家，低于 100% 的仅有 1 家。

第三，核心偿付能力充足率与综合偿付能力充足率大部分相同。2018 年，核心偿付能力充足率与综合偿付能力充足率不同的有 12 家，其余都相同；2017 年也是 12 家不同，其余相同。不相同的这几家，核心偿付能力充足率低于综合偿付能力充足率，而只要核心偿付能力充足率大于 100%，原则上充足率就达标了。

第四，偿付能力充足率数值与风险综合评级关系不大。对于偿付能力达标公司，偿付能力充足率的数值大小与风险综合评级的结果关系不大，偿付能力充足率 1000% 以上的公司，其风险综合评级也有为 B 级的，而偿付能力充足率 100% 左右的，风险评级也有为 A 级的。

3. 如何看待偿付能力充足率

数据显示，2017 年和 2018 年第四季度末，财险公司偿付能力充足率普遍偏高，偿付能力指标始终保持在高位运行，偿付能力充足稳定，保险业激进经营得到有效遏制，保险公司风险管理能力稳步提升。那么，偿付能力是不是越高越好？其实并非如此，进行充分的资本规划，将资本效用发挥到最大程度，才是保险企业在经营中应该努力追求的。据普华永道的报告显示，目前，国内保险公司的资本规划工作处于初级阶段，有约三成机构尚未开展资本规划相关工作，近半数机构只建立了简化的资本规划方法和工具，只有不到二成的机构将资本规划应用于业务决策支持，这一方面反映了中国保险市场并不缺少资本支持，另外一方面也体现出当前中国保险市场尚未形成有效的资本约束机制。

在“偿二代”监管环境下，保险机构不应只关注眼前的监管评估结果，或者机构间纯粹进行分数的比较，而应从实质上关注风险管理的影响和价值。偿付能力充足率太高，在某种程度上说明了这家公司要么开展业务的时间不长，要么资金的运用能力差。一家开业不久的保险公司，其偿付能力充足率要远超老牌的保险公司，但随着市场的拓展，业务增加，偿付能力充足率就会降下来，因而保险公司应该是在业务和风险之间寻求一个平衡，太高和太低都不太好，合理、适当且稳定的偿付能力更能反映一家公司的风险管理能力和资金运用能力。各公司可以根据自身的业务和风险特征，建立健全偿付能力风险管理体系，加强对风险的管理，提高偿付能力充足率，同时避免资金使用效率低下、业务过于缓慢或过于追高偿付能力充足率指标。

保险天生就是与风险打交道，是风险管理的行业，过于追求偿付能力高充足率，容易形成误区和误导。保险公司不只是一味地控制风险，它控制风险的同时需要发展保险业务，风险控制与业务发展需要平衡，不能为了追求好看或过高的风险管理指标而过于保守，轻视发展、不敢创新。而且，偿付能力充足率达标并不能反映经营结果就好，从上面的统计表中可以看到，即使是偿付能力充足率非常好看的一些公司，其经营结果也并不理想，有的处于长期或严重的亏损状态。所以，对于财险公司，既不要为了好看的偿付能力指标而沾沾自喜，更不要为了死守高指标而忽视发展全局。保险业激进经营和市场乱象需要遏制，业务结构优化和保障功能增强需要坚持，大胆开阔和创新发展也必须得到鼓励。

4. 偿付能力充足率多少为宜

偿付能力充足率指标不能低于监管要求，但并不是越高越好，那么究竟多少更合适，监管并没有给出相关的意见，这需要各公司根据本公司实际情况确定，如业务结构、业务规模、成立时间、发展目标等。任何事物，极端不利，适中最好，对于偿付能力充足率也是如此，根据前面对指标特点的分析，作者比较倾向于偿付能力充足率在 400% 左右为宜，同时指标要相对稳定，不能大起大落。如果设定偿付能力优秀公司的话，我会给出两个条件：第一，核心偿付能力充足率为 100%—500%，综合偿付能力充足率为 200%—600%（2018 年第四季度末，财险公司平均综合偿付能力充足率为 274%，也在这个区间之内）；第二，当年四个季度风险综合评级均为 A 级。

2018 年偿付能力充足率及综合评级符合上述条件的公司名单统计如下：

序号	公司简称	核心偿付能力充足率（%）	综合偿付能力充足率（%）	2018 年风险综合评级			
				一季度	二季度	三季度	四季度
1	燕赵财险	481.83	481.83	A	A	A	A
2	日本兴亚（中国）	458.73	458.73	A	A	A	A
3	中远自保	444	444	A	A	A	A
4	大地财险	434	434	A	A	A	A
5	中油专属	429	429	A	A	A	A
6	阳光农险	424.87	424.87	A	A	A	A
7	中路财险	404.64	404.64	A	A	A	A
8	众诚车险	350.3	350.3	A	A	A	A
9	国元农险	335.01	335.01	A	A	A	A
10	爱和谊（中国）	317	317	A	A	A	A
11	安盛天平	296.28	301.23	A	A	A	A
12	安信农险	300	300	A	A	A	A
13	长江财险	293.67	293.67	A	A	A	A
14	前海联合	279.89	279.80	A	A	A	A
15	三井住友（中国）	268.56	268.56	A	A	A	A
16	中银保险	260.67	260.67	A	A	A	A
17	北部湾财险	256.29	256.29	A	A	A	A
18	东京海上（中国）	242.74	242.74	A	A	A	A
19	日本财险（中国）	240.30	240.30	A	A	A	A
20	中原农险	229.7	229.7	A	A	A	A

续表

序号	公司简称	核心偿付能力充足率（%）	综合偿付能力充足率（%）	2018 年风险综合评级			
				一季度	二季度	三季度	四季度
21	鼎和财险	229.30	229.30	A	A	A	A
22	现代财险（中国）	227	227	A	A	A	A
23	信利保险（中国）	223.04	223.04	A	A	A	A
24	美亚保险	222.80	222.80	A	A	A	A
25	中航安盟	217.68	217.68	A	A	A	A

上表中偿付能力充足率处于优异区间的公司，中资公司有 15 家，占中资公司总数 64 家（不含中国信保和安邦财险）的 23.44%，外资公司有 10 家，占外资公司总数 22 家的 45.45%，显然，外资公司比中资公司的风险控制与业务发展均衡性要好许多。

偿付能力充足率处于优异区间的公司，经营结果也是参差不齐的，既有盈利公司也有亏损公司，既有保险业务收入几百亿元的公司也有收入不足亿元的公司，既有成立 10 年以上的公司也有成立 1 年多的公司，具体情况可参考下表（按净利润多少排序）：

序号		公司简称	净利润（亿元）	保险业务收入（亿元）	成立时间
中资公司	1	大地财险	9.082	426.224	2003-10-15
	2	鼎和财险	4.445	44.893	2008-05-22
	3	中油专属	3.146	8.581	2013-12-26
	4	阳光农险	2.224	34.708	2005-01-10
	5	中银保险	2.051	60.497	2005-01-05
	6	安信农险	1.367	12.489	2004-09-15
	7	北部湾财险	1.002	28.335	2013-01-18

续表

序号		公司简称	净利润（亿元）	保险业务收入（亿元）	成立时间
	8	中远自保	0.970	4.316	2017-02-08
	9	国元农险	0.851	58.383	2008-01-18
	10	中原农险	0.297	16.792	2015-05-13
	11	众诚车险	0.063	15.208	2011-06-08
	12	中路财险	−1.462	7.992	2015-04-03
	13	燕赵财险	−1.836	8.184	2015-02-03
	14	长江财险	−1.946	7.687	2011-11-18
	15	前海联合	−2.213	15.412	2016-05-19
外资公司	1	美亚保险	1.390	18.524	2007-09-24
	2	三井住友（中国）	1.013	13.966	2007-09-06
	3	日本财险（中国）	0.561	6.343	2005-05-31
	4	爱和谊（中国）	0.388	11.780	2009-01-23
	5	中航安盟	0.348	23.489	2011-02-22
	6	现代财险（中国）	0.233	1.819	2007-03-02
	7	东京海上（中国）	0.230	11.452	2008-07-22
	8	日本兴亚（中国）	0.019	0.649	2009-06-19
	9	信利保险（中国）	−0.157	0.349	2011-03-14
	10	安盛天平	−2.746	63.430	2004-12-31

从上表中可以看出，偿付能力指标好看的 25 家公司中，盈利的有 19 家，亏损的有 6 家，可见，偿付能力指标与公司经营结果并没有直接关系。从成立

的时间上来看，成立时间在10年以上的有12家公司，基本占到一半，成立3—10年的公司有8家，成立3年以下的公司有5家。成立3年以下的公司中有3家亏损，3家亏损的公司偿付能力充足率分别为481.83%、404.64%和279.80%，可见，成立3年以下的公司即使偿付能力充足率在合理区间内也不能说明什么，只有对3年以上的公司才更有参考价值。成立时间短的公司其偿付能力充足率还是高一些为好。

保险公司对于偿付能力指标既要重视，又要正确地看待，分析指标背后的东西，在必须达标的前提下，谋求一个合理的指标，使公司在风险管理和公司发展中处于最佳平衡状态，才是最好的选择。

四、关于构建多元保险主体的思考

目前，中国财险市场保险主体共有88家，其中，外资公司22家，中资公司66家。中资公司中有政策性公司1家，相互制公司3家，其余62家均为商业性公司。可以说，保险主体单一、结构失衡，带来了供给不充分、不平衡的问题。为了改变保险生态、丰富供给来源、优化竞争格局，实现既控制风险又繁荣市场，形成保险公司在各自领域自强不息、“万类霜天竞自由”的局面，构建多元化的保险主体很有必要。保险市场是否成熟，最基本的应该看三个方面，一是是否有多层次、多功能、充分而丰富的保险主体供社会选择，二是是否有完备的法律体系以保证保险主体依法、高效有序运行，三是是否有一套值得信任和有参考价值的不同类型公司的评价指标体系，并定期公布，以约束主体的行为，并供人们选择时参考。

1. 如何构建多元化保险主体

（1）大力引进外资财险公司。

过去10年中国财险市场仅增加了4家外资公司，而最近4年没有新增加外资公司，外资公司进入中国财险市场的速度相当缓慢。为了改变这种情况，希望未来10年能够至少增加8家外资公司，由现在的22家达到30家。中国加入WTO后，外资财险公司进入中国，先进的管理经验、良好的商业信誉以及依法合规经营的理念，为中国的财险业提供了不少学习的素材，对中国保险业的发展有极大的帮助，但外资财险公司从整体看发展并不是很理想。从 2018 年数据来看，外资财险公司发展规模放缓，承保利润下滑，这对于未来外资进入中国财险市场或多或少是有影响的，但随着财险行业的发展和进一步对外开放，外资公司的市场份额或盈利或将提升，优势将逐步显现。

（2）大力发展政策性财险公司。

政策性公司是指由政府发起、出资成立，为贯彻和配合政府特定政策和意图而进行保险活动的机构，对于某些关系国计民生的行业、重点产业，商业性公司不宜或力不能及的领域实行政策性保险，政策性公司可以是非营利性的，或享受政府补贴、税收减免以及立法保护等。希望未来 10 年争取设立 3—5 家政策性财险公司，如中国农业保险公司、中国巨灾保险公司、中国航空航天保险公司、中国责任保险公司、中国航运保险公司等。

政策性保险与商业险保险要严格加以区分，正如中国农业发展银行、中国国家开发银行和中国进出口银行等政策性银行一样，商业性业务同政策性业务彻底分开经营，国家财政无偿补贴的保险业务由政策性保险公司经营，商业险保险公司逐步退出政策性保险业务经营，但商业保险公司可以为政策性公司代理政策性保险业务，收取代理手续费。明确政策性保险公司使命定位，服务于国家重点领域、重大战略以及民生领域的普惠保险，如乡村振兴、脱贫攻坚、环境治理、一带一路、民生保障、科技攻关、特种风险及农村农业和农民生活等。政策性保险可以由现有的财险公司拆分重组而成，也可以重新设立。政策性公司领导班子全部列入中央管理，并确定为相应级别的央企。通过政策性保险的手段，放大财政转移支付的效果，提高效率。

（3）快速发展相互制财险公司。

相互保险可以使有共同需求的人组织在一起，共同出资，实现保障，自己既是投保人，又是股东，盈亏自负，利益共享。相互保险公司不求盈利，只求保障，自主自愿、自我管理、互助共济、共生共荣。对于相互制保险的设立，应本着小规模、分散化、大数量的原则，低门槛快速准入，希望未来 10 年可设立 40—50 家互助保险公司。鼓励高风险领域，如大型货车所有者、大型建筑机械所有者、冷链物流行业发起设立互助保险机构；充分发挥和利用现有的网络互助平台优势，引导其设立相互制保险公司，利用现代科技开发普惠制、国民级的低保费、广覆盖的保险产品；对渔业互助组织、农机互助组织等，引导其设立相互制保险公司，对于商业性保险公司难于涉足的农林牧渔业，实现相互保险的广泛覆盖。通过相互制保险公司的设立，把互助性组织变成为保险机构，纳入保险监管范围，避免体外循环，降低风险，既可保护互助成员利益，又极大地满足了市场需求。

（4）快速发展专业自保公司。

自保公司是对母公司自身风险的保障机构，是商业性公司的特例。自保公司以服务母公司风险保障为使命，不以盈利为目的，在管理上可以降低承保要求，力争全面覆盖企业风险，可以降低理赔要求，快速兑现赔款。自保公司的偿付能力充足率由母公司负责。因此，应坚持低门槛准入和快速审批的原则，希望未来 10 年可以设立 50 家左右。鼓励超大型企业设立专业自保公司，丰富企业风险管理手段，降低风险管理成本，发挥企业专业人才优势，扩大保险对超大型企业的风险覆盖，减少投保招标和理赔协调的时间和成本，改善企业现金流，提升企业风险管理水平，实现母公司风险管理目标及提高经营效益。

（5）控制发展独立性公司。

独立性公司是商业保险常见的形式，我国财险市场绝大多数是独立公司。独立性公司通过财务或战略投资，通过承保第三方风险，服务社会、企业、家庭和个人，最终寻求投资回报，以利润为导向，为股东谋求最大利益。这些保险公司在我国保险市场上是绝对的主力，发挥了并还将发挥重要的作用，然而，由于几十年来一直在发展，数量已经不少，故今后可以少发展独立性商业财险公司，并且尽可能地不再设立综合性独立公司，改设专业性公司，未来 10 年，可以由现在的 54 家增至 70 家。

根据以上的设想（完全是作者的主观想象，不代表任何机构和组织），经过十几年的时间，大致到 2030 年，中国保险市场的财险公司总数将达到 200 家，其中，外资公司 30 家，中资公司 170 家。中资公司中政策性公司 5 家，相互制公司 45 家，商业性公司 120 家。商业性公司中自保公司 50 家，独立公司 70 家。形成功能齐全的多元保险主体格局。具体详见下表：

财险公司发展数量预期

<table>
<tr><td rowspan="3">外资公司</td><td colspan="4">中资公司</td></tr>
<tr><td rowspan="2">政策性公司</td><td rowspan="2">相互制公司</td><td colspan="2">商业性公司</td></tr>
<tr><td>自保公司</td><td>独立公司</td></tr>
<tr><td rowspan="3">30</td><td rowspan="2">5</td><td rowspan="2">45</td><td>50</td><td>70</td></tr>
<tr><td colspan="2">120</td></tr>
<tr><td colspan="4">170</td></tr>
<tr><td colspan="5">200</td></tr>
</table>

多设立几家国家级的政策性公司，可以尽快解决国家重点领域、重大战略项目以及普惠的民生保障需求；多设立一些相互制公司，可以尽快解决特殊群体、行业的保障需求；多设立一些自保公司，可以尽快解决特大企业自身的、特殊的保障需求。

由于我国新兴保险市场的不成熟与不完善，作者对保险主体多元化的设想能够在多大程度上被监管者重视、采用或影响政策走向，尚不得而知。而且，即使是被监管者所认同，也不可能立竿见影，一蹴而就，现有体系、利益格局、固有模式及以往惯性均会对其有一定的影响和掣肘。更何况作者的分析、设想也仅是一家之言，认知有限，既不全面又不十分准确，只是希望能够引起业界、学界或监管者的思考。

2. 建立配套的法律法规体系

由于市场主体的增加，需要配套相应的法律法规体系。根据公司属性不同，可以分层级设立不同等级的法律法规，建设保险业分类监管法律法规框架体系，科学立法、依法监管，做到各守各法，有法可依，分类监管，违法严处。可依据下表，分层建立法律法规体系：

<table>
<tr><td colspan="5">财险公司层级分布</td><td>层级</td></tr>
<tr><td>政策性公司</td><td>相互制公司</td><td colspan="3">商业性公司</td><td>第一层</td></tr>
<tr><td rowspan="4"></td><td rowspan="4"></td><td>外资公司</td><td colspan="2">中资公司</td><td>第二层</td></tr>
<tr><td rowspan="2"></td><td>自保公司</td><td>独立公司</td><td>第三层</td></tr>
<tr><td>50</td><td>70</td><td>第三层</td></tr>
<tr><td>30</td><td colspan="2">120</td><td>第二层</td></tr>
<tr><td>5</td><td>45</td><td colspan="3">150</td><td>第一层</td></tr>
<tr><td colspan="6">200</td></tr>
</table>

第一层，政策性公司、相互制公司和商业性公司。本层为法律层，即加快保险立法，制定《政策性保险法》《相互制保险法》和《商业保险法》，取代现行的《保险法》。以上法律由全国人大制定颁布。政策性保险、相互制保险、商业性保险处在同一层级，没有主次，相互补充，相互影响，相互促进，构成我国财险主体的总框架。

第二层，中资公司和外资公司。本层为管理条例层，即根据《商业保险法》的立法宗旨和要求，制定《中资公司管理条例》和《外资公司管理条例》。条例本着既一视同仁又有所差别的原则制定，《中资公司管理条例》和《外资公司管理条例》由国务院制定颁布。中资公司和外资公司处在同一层级，没有主次，相互补充，相互影响，相互促进。

第三层，自保公司和独立公司。自保公司和独立公司是对中资公司的细化，本层为管理办法层，即根据《中资公司管理条例》的精神和要求，制定自保公司、独立公司管理办法。《自保公司管理办法》和《独立公司管理办法》由中国银保监会制定颁布。自保公司和独立公司处在同一层级，没有主次，相互补充，相互影响，相互促进。

完备、细化的法律法规体系对于保险监管、保险主体的发展非常必要，各种性质的保险主体在法律框架内，明确职责，依法经营；监管者依法行政，分类监管。政策性保险按国家意志行事，最大程度体现普惠性、非营利性、公益性、大局性、政治性；相互制保险按会员意志行事，最大程度体现互助性、共济性、帮扶性；商业性保险按股东意愿行事，最大程度体现市场化、盈利性；

自保公司按母公司意愿行事，最大程度体现灵活性、专业性、针对性。因此，在法律上应严格区分政策性、互助性、商业性业务或公司的边界。这样的话，可以多给商业性公司一些空间，放开商业险市场，让商业公司充分发挥市场化的想象，盈亏自负，自主选择，适者生存不适者淘汰，也不必指责商业保险公司这不保那不保，斤斤计较，盈利是他们的天性和天职，选择是他们的权力，在法规和契约范围内商业保险公司不应该受到怕这怕那的困扰。如果对保险机构不分属性地统一要求，既不科学，也约束了商业主体创新的空间，应在满足偿付能力和保护消费者权益的前提下，让他们自主选择业务、选择交易价格、选择做大还是做精。

3. 构建多元保险主体的意义

近十几年来，中国保险业发展迅速，取得了巨大的成绩，2018 年中国保险市场的财险公司保费总收入已突破 1.18 万亿元，保险机构达到 88 家。但种种乱象导致保险业社会声誉受损、市场信任度下降，服务质量饱受诟病，负面报道屡屡出现，也阻碍了保险业的进一步发展，在这种背景下，进行保险机构多元化探讨，建设多元化公司体系，对于回归保险本原，发挥经济补偿、资金融通和社会管理的功能，实现保险让生活更美好的目的，意义十分重大。

（1）有利于丰富保险供给。

保险业的问题看似是公司治理和恶性竞争问题，实际上很多是主体结构单一的问题。本书第五部分对财险主体的分析是对财险机构进行的一次分层式的扫描，通过分析发现，存在保险公司自身定位不够明确、发展存在许多短板、财险的覆盖领域不够宽、保险的功能有待进一步发挥等问题。针对这些问题，可以通过建设多元化市场主体加以解决，在政策性、普惠性、互助性、特殊风险等领域加大机构准入，发展政策性保险和相互制保险。财险市场虽然在某些领域的竞争已十分激烈，但相对而言专业市场、创新领域竞争尚不充分，尤其超大型企业尚有许多风险缺少应有的保障，专业自保公司有一定的业务协同优势，可借势切入细分保险市场。这样，多元主体可以从根本上改变供给端，扩大保险产品供应，弥补现有市场空白，均衡资源匹配，解决供给不足与个别领域供给过剩的矛盾，有效解决保险供给不充分、不平衡的问题，从而优化市场环境，使政府、市场和民间都发挥作用。

（2）有助于缓解供需矛盾。

与经过几百年发展已经成熟的西方保险市场不同，我国保险消费者对保险认知不足、保险知识欠缺，在保险消费方面往往有不切实际的想法，既想便宜又想获得好的保障和服务，他们认为自己的需求都可以通过商业保险公司得到满足，这是非常不现实的，再加上缺乏有效的消费者教育，消费者对不同性质的公司没有更多的了解和理解，而且市场上并没有更多的消费选择，这些都加剧了保险服务提供方与需求方之间的矛盾，助长了社会上一些不合理的诉求，不能不说与目前的保险主体不健全有很大的关系。不同性质的公司具有不同的使命和责任，服务不同的客户和领域，保险需求者应该根据自己不同的需求，购买不同性质公司的产品，不能指望在实用性公司购买到所需要的所有保险产品或服务。

（3）有利于改变行业形象。

导致保险市场乱象的原因主要是保险机构经营理念、恶性竞争和公司治理等问题，同时，也有市场本身的问题、发展环境问题，在很长的一段时间里，天天要规模、保增长，在做大做强的背景下，质量与效益、规模与服务难于平衡，能有现在的成绩，保险公司已经很不容易了，在此还真得道一声：保险同仁大家辛苦了。保险公司的工作着实不太好干，一不小心就会踏雷、掉坑或被欺诈，又容易被投诉。要改变行业形象，保险公司有太多的功课要做，明定位、谋保障、重服务，同时，对消费者的教育、引导也很重要。保险公司各有职责与使命，便宜的、普惠的、公益的，是政策性公司；协商承保、理赔透明、结余返还，是互助保险；解决大型企业全部风险，既省钱又有足够的保障，交费时间灵活，是自保公司；如果以上都满足不了需求，那就选择商业保险公司，这里是契约的领地，按合同办事，一分钱一分货，怎么保怎么赔，都由保险公司说了算。明白了这一点，消费者的困惑或疑问就会少很多，行业形象也会好很多。

（4）有利于行业监管。

保险监管思路、监管方式都会对市场中的供需双方产生深远影响。我国在制度和环境建设上，尚未建成有效的保险法律体系、管理体系，在不成熟和不完善的市场中，监管机构往往担负多重职责，监管工作既辛苦又忙乱，投入大量监管资源的项目，可能并没有取得预期的效果，而保险主体既累有时又不知所措。保险主体结构多元化的设想也是对现有监管制度的深层思考，即监管层要如何做好保险主体结构体系建设规划，做好顶层设计、制度安排，改变监管制度建设事无巨细的现状。当多层主体体系建设起来，相应法律法规得到完善之时，保险行业的监管一定会更加有效、简单、容易。

五、关于发展保险中介的思考

保险中介是财险市场不可或缺的重要组成部分，我国保险中介发展时间虽然很短，但以其特有的人力优势、信息优势、专业能力、市场口碑等参与到保险交易活动的各个环节，促进了保险市场的发展壮大，同时保险中介也发展得越来越多，越来越完善。数据显示，截至 2018 年年底，全国共有保险中介集团公司 5 家，全国性保险代理公司 240 家，区域性保险代理公司 1550 家，保险经纪公司 499 家，已备案保险公估公司 353 家，个人保险代理人 871 万人，保险兼业代理机构 3.2 万家，代理网点 22 万余家。保险中介渠道实现总保费收入 3.37 万亿元，其中，实现财产险保费收入 0.95 万亿。2018 年，保险中介渠道保费收入及占比统计如下：

<table>
<tr><th>渠道类型</th><th>渠道总保费（万亿）</th><th>占全国总保费（%）</th><th>渠道产险保费（万亿）</th><th>占全国产险保费（%）</th></tr>
<tr><td>专业中介渠道</td><td>0.49</td><td>12.7</td><td rowspan="4">0.95</td><td rowspan="4">80.78</td></tr>
<tr><td>兼业代理渠道</td><td>1.07</td><td>27.7</td></tr>
<tr><td>营销员渠道</td><td>1.8</td><td>47</td></tr>
<tr><td>中介渠道合计</td><td>3.37</td><td>87.4</td></tr>
</table>

保险中介不但做大了保险市场规模，同时也完善了行业产业链条，优化了资源配置，提升了保险服务水平，成为保险业创新发展的重要推动力量。由于互联网的发展，保险行业曾引发降低中间成本、去中介化的讨论，然而，即使保险新零售的出现使线上线下日益融合，保险中介依然具有巨大的发展空间，发挥着不可替代的作用。从目前乃至将来看，去中介化的想法都是既幼稚又徒劳的。

1. 关于保险经纪发展

保险经纪是指基于投保人的利益，为投保人与保险公司订立保险合同提供中介服务，并依法收取佣金的机构。截至 2018 年年底，全国共有保险经纪公司 499 家，保险经纪渠道原保费收入为 1028.43 亿元，同比增长 38.72%。2008—2018 年我国保险经纪行业保费收入情况如下表（根据公开资料整理）所示：

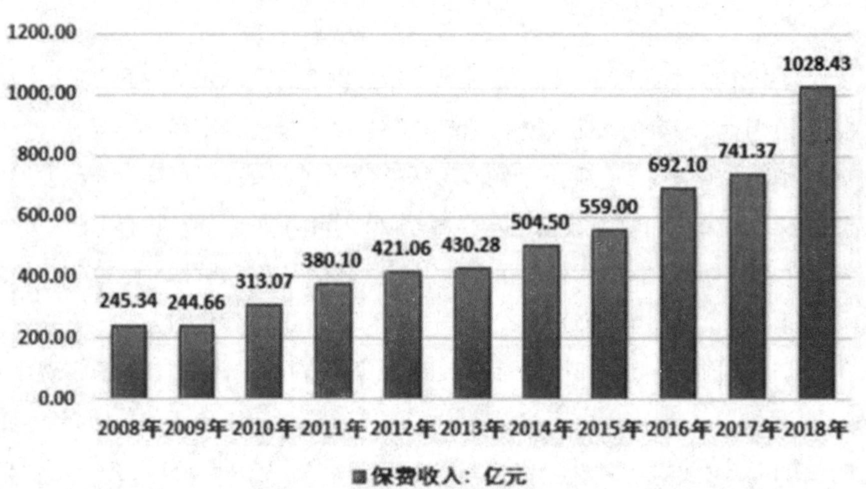

（1）发展保险经纪，有必要降低注册资本金。

我国《保险经纪人监管规定》第十条规定，全国性保险经纪公司的注册资本最低限额为 5000 万元，区域性保险经纪公司的注册资本最低限额为 1000 万元，且注册资本必须为实缴货币资本。为了促进保险经纪发展，建议大幅度降低保险经纪公司注册资本金，全国性经纪公司可降为 2500 万元，区域性经纪公司可降为 500 万元，以吸引和鼓励更多社会资本进入保险经纪行列，繁荣保险经纪市场，为保险业发展做出更大的贡献。过高的注册资本要求，会使得大量想从事保险经纪的个人或中小企业望而却步，真正想做保险经纪的没有那么多资本金，有资金的往往又不懂保险业，造成那些真正想做的失去机会。而且，如果有实力却不懂保险的资本进入了保险经纪这一领域，其控制人由于不了解保险市场、行业规律，往往盲目设定发展指标、利润指标，一门心思只想赚快钱，甚至不顾监管要求，随心所欲，没有长期考虑，不愿意聘请高素质的经理人，而且即使聘请了经理人也难以达成一致意见，表现短视、任性，这样很难做到价值增长，按规律办事，从长远来看对保险中介市场的发展也没有正向作用。

（2）发展保险经纪，应缩短审批时限。

保险中介市场准入应制度化、规范化，明确审批机构，如全国性中介机构由银保监会审批，区域性中介机构由银保监局审批，明确职责，便于日后监管，同时在行政审批事项中要明确审批时限，并尽可能缩短，比如材料齐全30个工作日内审结等，以节省宝贵时间，避免社会资源和时间成本的浪费。保险中介行政许可审批在2012年和2014年曾出现过两次中断，2012年，原保监会暂停了部分保险中介机构行政许可工作，仅允许汽车企业、银行、邮政、保险公司设立注册资本金为5000万元的保险专业代理公司、保险经纪公司，2013年8月，上海最大保险中介泛鑫保险代理公司女老总"跑路"事件震惊整个保险业，引发监管部门对全国保险中介的大整顿，2014年4月，在全国范围内启动保险中介市场清理整顿工作，直至2015年11月，重启了保险中介牌照审批工作。不过，从保险中介牌照审批数量来看，行政许可的审批并不算稳定，据报道显示，2016年监管部门一共下发了69张保险中介牌照（其中保险经纪公司24张），2017年下发了35张（其中保险经纪公司20张）。在2018年全国保险中介监管工作会议上，释放出将畅通保险中介市场准入，并要严把准入关的信号，市场猜测"严监管，快审批"或成为主调，不少人在等待监管对牌照审批放宽，盼望审批时间将进一步缩短，然而，2018年牌照审批再度放缓，全年仅20余家保险中介牌照获批。于是，2018年年初全国性保险经纪公司牌照价格（仅牌照空壳价格）持续上涨，进入下半年，从年初的2000万元左右涨到2500万元，到年底已达到2800—3000万元，保险经纪公司牌照成了大资本、大平台、大老板们的追逐对象，一般的中小企业和个人只能望尘莫及。不知道是经纪公司牌照的含金量确实如此之高，还是牌照资源过于稀缺使之高高在上，远离了大众追梦者。

（3）鼓励发展分支机构。

在分支机构的发展上，对于全国性经纪公司，可以考虑每500万元注册资本金即可设立一家分支机构，超过5000万元注册资本金则分支机构数量不受限制，由其自主决定是否设立分支机构，如想设立分支机构，只需向监管机构备案即可。同时，注册资本金超过5000万元的，可以自主决定是否开展网销业务，如想开展网销业务，只需向监管机构备案即可。区域性经纪公司可以在本区域（省、自治区、直辖市）设立不多于3家的分支机构，但不可开展网销业务。

（4）保险经纪不是推销保险产品，要防止经纪公司代理化。

保险经纪与保险代理在法理上的定位和立足点均不相同。保险经纪是为投保人或者被保险人拟订投保方案、办理投保手续、协助索赔，提供防灾防损、风险评估、风险管理咨询服务等业务，而保险代理是为保险公司推销保险产品。保险经纪比较了解客户的现状、财务情况、风险敞口等信息，代表客户的利益，从客户的角度研究风险保障，科学地为客户选择适合的保险方案，进而帮助客户选择最适合的保险公司、最合理的价格、最优越的承保条件，并提供全面的风险管理服务和各项增值服务。保险代理是与保险公司签订代理协议，为保险公司销售保险单。保险经纪行业的客户主要是企业（团体客户），为企业制订相适应的保险方案和风险咨询是保险经纪公司主要的市场竞争力，也是保险经纪行业最主要的增值环节，保险经纪以专业能力体现其价值。保险代理以个人客户居多，尤其是寿险营销，多是由保险代理人完成。目前，有的经纪公司实际上并不是靠专业为客户提供经纪服务，而是利用网络、流量，靠拉人头来推销保险产品，名为经纪公司，实际上做的是保险代理的事情。这主要是由于保险经纪和保险代理都是向保险公司收取费用，虽然一个叫经纪费，一个叫代理手续费。如果经纪公司和代理公司是分别从服务对象那里收取费用，这样双方的区别就明显了，就会倒逼经纪公司提高专业技能，更好地服务客户，避免经纪公司代理化，减少市场乱象。

2. 关于保险代理发展

保险代理人是指根据保险公司的委托，向保险公司收取佣金，在保险公司授权的范围内代为办理保险业务的机构或者个人，目前，我国保险代理人包括保险专业代理机构、保险兼业代理机构及个人保险代理人。为了繁荣保险市场，拓宽保险销售渠道，提高保险产品供给，更好地满足人们对购买保险的需求，作者在此对发展保险代理提出以下思考。

（1）大力发展保险专业代理公司。

保险专业代理公司是指依法设立的专门从事保险代理业务的保险代理机构。截至 2018 年年底，全国共有保险专业代理公司 1790 家，其中，全国性保险代理公司 240 家，区域性保险代理公司 1550 家，实现保费收入 0.39 万亿（产寿险合计）。大力发展保险专业代理机构，第一，要降低注册资本金。《保险代理人监管规定（征求意见稿）》第十条规定，全国性保险专业代理公司的注册资本最低限额为 5000 万元，区域性保险专业代理公司的注册资本最低限额为 1000 万元，且注册资本必须为实缴货币资本。建议大幅度降低保险专业代理机构注册资本金，全国性保险代理机构降为 2000 万元，区域性保险代理机构降为 200 万元，以吸引和鼓励更多社会资本进入保险代理机构行列。过高的注册资本要求，会使得大量想经营保险专业代理机构的中小企业望而却步。第二，要缩短审批时限。希望在保险监管行政审批事项规定中明确审批时间，并尽可能缩短审批时间，比如材料齐全 30 个工作日内审结等。2016 年监管部门一共下发了 13 张保险专业代理牌照，2017 年下发了 11 张保险专业代理牌照，2018 年牌照审批再度放缓。由于审批时间长，使得存量牌照交易价格持续上涨，在一定程度上限制了很多有志于从事该行业的人士和资本的欲望，并在社会上出现了一些挂靠或变相的“二代理”或“假代理”，实际上受害的最终还是消费者。第三，要鼓励发展分支机构。如全国性保险专业代理机构每 500 万元注册资本金可以设立一家分支机构，超过 5000 万元注册资本金则分支机构数量不受限制，只需向监管机构备案即可。同时，注册资本金超过 5000 万元的可以自主决定是否开展网销业务，如想开展只需向监管机构备案即可。区域性保险专业代理机构可以在本省（自治区、直辖市）设立不多于 3 家的分支机构，但不能开展网销业务。

保险代理公司的价值在于效率。保险行业作为一个充分竞争的行业，每个公司都会有自己的拳头产品，任何一家公司都不可能所有的产品都具有竞争力，同一家公司的产品总是有很多局限。保险代理公司属于独立代理人，可以和多家保险人合作，销售多家保险产品，因此，保险代理公司具备多种产品选择的天然优势，就像一个“保险产品大超市”，为保险消费者提供丰富的保险产品，可以货比三家，选择性强，提高购买效率，更大程度地满足客户的保险需求。

（2）建议设立保险代理店制度。

2015 年 10 月，原保监会发布了《关于深化保险中介市场改革的意见》，提出要发展一大批小微型、社区化、门店化的区域性专业代理机构，形成一个自主创业、自我负责，体现大众创业、万众创新精神的独立个人代理人群体。为此，建议我国建立和引进保险代理店制度。第一，保险代理店是具有独立法人资格的组织，其组织性质可以是个体户（工作室）或有限责任公司（自然人独资），独立承担法律责任，名称为“××保险代理店”，代理店独立运营，自负盈亏。第二，保险代理店注册资本金以20—50万元为宜，必须有一名懂保险的店长，有固定的办公室，审批管理权在各地银保监局，审批时间应在30个工作日内，数量不限。第三，保险代理店属于独立代理人，可以与多家保险公司合作，为多家保险公司代理业务。第四，保险代理店业务区域限于注册地所在市、县，不可设分支机构，不可以开展网销业务，可以聘用5—10名营销员，须接受保险行业中介协会指导、培训、管理，接受保险监管机构的监管。

推行保险代理店制度意味着保险中介不再只有大代理公司，具有一定经济条件和经营能力的自然人，尤其是保险营销员均可以注册设立保险代理店，这样大量的保险代理店将走进人们的生活，扮演起重要的保险销售角色，让人们买保险更方便，更容易。家门口的保险店，人更熟，更放心，这将是保险代理新的模式，也给保险营销员提供了一种新的就业选择。因此，保险代理店制度的设立，将吸引很大一部分保险营销员投入其中，成为代理店的店主，运营属于自己的保险代理天地，使他们从目前的营销金字塔中抽身，脱颖而出，或许会带来无限的“钱景”。保险公司委托代理店，仅仅需要支付佣金，进行一些必要的业务培训，同时中小保险公司也有了更多的渠道选择，以改变目前的销售困境。据报道，保险代理店已经在欧美、日本等发达保险市场盛行多年，独立代理人已经是相当成熟的一种保险销售模式。目前，在我国力推代理店制度不仅能够繁荣保险市场，也将为社会带来新的就业机会，非常符合我国保险市场的发展现状和国情。

保险代理店的价值在于方便。保险代理店一般小而分散，相当于“保险产品小卖店”，广泛分布于社区周围、乡镇繁华地段，具备贴近客户的天然优势，尤其是一些简单的保险产品，像卡折式保单、超短期保单等，出门即有，能够更大程度地方便客户购买。保险代理店可以代理多家保险公司产品，虽然规模小，但与保险专业代理公司一样，是独立代理人，具有独立法律地位，独立自主运营。同时，它与保险公司是保险代理商与保险生产商的关系，两者具有相同的市场主体地位，地位平等。保险公司与一个个的代理店直接对接，这将是一种扁平化的管理模式。保险销售亟需开展不同商业模式的探索，网络越发达、体验越重要，购买保险更需要面对面体验，代理店具有不可替代的地位。

目前，除了高频、碎片的保险能够在线上购买，中国老百姓的大部分保险是通过保险代理购买的，而直接去保险公司现场购买保险是很少的。期望保险代理店能够像雨后春笋一样快速出现在城乡大地，拉近保险供需距离，真正实现保险进社区，直接面对百姓，购买保险就像去小卖部购物一样方便。

（3）建议限期取消保险兼业代理。

保险兼业代理机构是指利用自身主业与保险的相关便利性，依法在自身经营场所兼营保险代理业务的企业，保险兼业代理机构不得在主业营业场所外另设代理网点。截至 2018 年年底，全国共有保险兼业代理机构 3.2 万家，代理网点 22 万余家，保险兼业渠道实现保费收入 1.07 万亿（产寿险合计），占全国总保费收入的 27.7%。保险兼业代理的业务主要是车商代理的车险，银行、邮政所代理的寿险。如果把全国性保险代理公司注册资本金降为 2000 万元，区域性保险代理公司注册资本金降为 200 万元，而且缩短审批时间，那么，现存的保险兼业代理和有意愿从事保险兼业代理的机构可能都有能力和愿望出资注册专业保险代理公司，银行、邮储、车商一定会争先恐后注册专业代理公司，因此，是否保留兼业代理对他们并没有什么影响，而现在运营的保险兼业代理一部分可能会转化为全国性保险专业代理公司，一部分将转化为区域性保险代理公司，代理网点转化为专业代理的分支机构，从而迅速壮大保险专业代理公司队伍。保险专业代理公司是独立的法人机构，便于行业指导和监管，保险行业监管只对保险代理公司说事，无须涉及主业领导（原兼业代理的法人机构），不管是由什么企业出资，只要是保险代理公司，就一视同仁，按统一法律法规约束管理。这样的话，保险代理机构就只有保险专业代理公司（全国性和区域性）和保险代理店两种形式，监管部门对其设计不同的监管制度即可，既促进了保险代理机构的发展，方便消费者投保，繁荣保险市场，又便于行业监管。

3. 关于保险营销员发展

截至 2018 年年底，全国共有个人保险代理人 871 万人，实现保费收入 1.8 万亿（产寿险合计），占全国总保费收入的 47%。《保险代理人监管规定（征求意见稿）》第二条规定，个人保险代理人是指与保险公司签订委托代理合同，从事保险代理业务的人员。作者认为，有必要取消个人保险代理人的名称，改用保险营销员的名称更符合习惯叫法，同时要明确营销员的概念，并根据其所依托的机构进行不同的定位。

（1）保险营销员的概念及定位。

作者认为，应该重新定义保险营销员，即保险营销员是指与具有保险产品销售资格的机构（包括保险公司、保险代理公司、保险代理店）签订合同从事保险产品销售的人员。与保险公司签订合同从事保险销售的人员称为保险公司营销员，与保险代理公司签订合同从事保险销售的人员称为保险代理公司营销员，与保险代理店签订合同从事保险销售的人员称为保险代理店营销员。保险公司营销员定位于专注和专业，他们相当于“专卖店销售员”，以产品为中心，可以把自己公司的产品宣传到极致，从而促进保险公司产品销售；保险代理公司营销员定位于选择和组合，代理公司销售多家保险产品，产品丰富，货比三家，他们相当于“大卖场促销员”，以客户为中心，面对琳琅满目的产品，可以跨公司配置，推荐给客户性价比高的产品或产品组合；保险代理店营销员定位于熟悉和信任，他们相当于“小卖店售货员”，就像邻家兄妹，亲切而熟悉，让客户感到可信，他们是离百姓最近的保险产品销售员。

2015 年 8 月，保险监管部门取消了保险营销员资格考试，2015—2017 年三年间，保险营销员数量出现暴涨，至 2017 年年底，已经从 2015 年年底的 471 万人增加到 807 万人。近年的营销员数量统计如下表所示。

年份	2012	2013	2014	2015	2016	2017	2018
营销员数量（万人）	278	290	325	471	657	807	871

截至 2018 年年底，全国保险营销员人数已达 871 万，占全国城镇常住人口 83137 万人（国家统计局数据）的 1.05%。数据显示，至 2015 年年底，日本保险从业人员占城镇人口比例为 0.86%，至 2016 年年底，美国保险从业人员占城镇人口比例为 1%，这意味着，我国保险营销员市场已经趋于饱和，营销员数量没有太大的空间继续快速增长。因此，保险营销员的发展，将不再体现为数量上的绝对增加，而在于现有营销员的稳定、增效、增收，结构性调整，尤其是分流及定位。

（2）保险营销员管理。

保险营销员由与之签订合同的保险公司、保险代理公司或保险代理店负责管理，也就是说，谁为保险营销员做职业登记就由谁来管理。《保险代理人监管规定（征求意见稿）》第三十九条规定，“保险公司、保险专业代理机构、保险兼业代理机构应当按照规定为其个人保险代理人进行执业登记，个人保险代理人只限于通过一家机构进行执业登记，个人保险代理人变更所属机构的，新所属机构应当为其进行执业登记，原所属机构应当及时注销执业登记。”据此，保险营销员应该由其所属机构负责管理。作者认为，保险营销员虽为自然人，但不得以自己名义开展保险销售工作，必须以所属机构名义，代表所属机构销售保险产品，因此，保险营销员属于专属代理人，其代理行为由所属机构承担责任，并由所属机构根据自身情况、市场习惯、行业惯例、成熟的经验等确定管理方式、方法等，薪酬、考勤、用工形式（采用固定工资制还是绩效工资制）、社保福利、专职兼职等均由所属机构自定。但是，保险监管部门应该制定原则框架，比如，凡属于签订代理合同的，不可以要求保险营销员参加早会、夕会，不得要求保险营销员出勤打卡等；凡签订劳动合同的，必须办理社保等。所属机构应当聘任或者委托品行良好的保险营销员，明确招录政策、标准和流程，加强对保险营销员的招录管理，加强营销员的岗前培训、后续教育和日常管理。保险营销员应当具有从事保险代理业务所需的专业能力，并接受、服从所属机构的管理。

（3）减轻保险营销员税负。

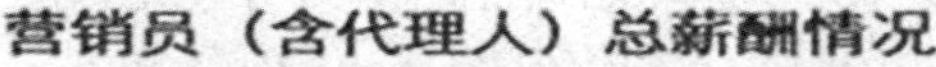

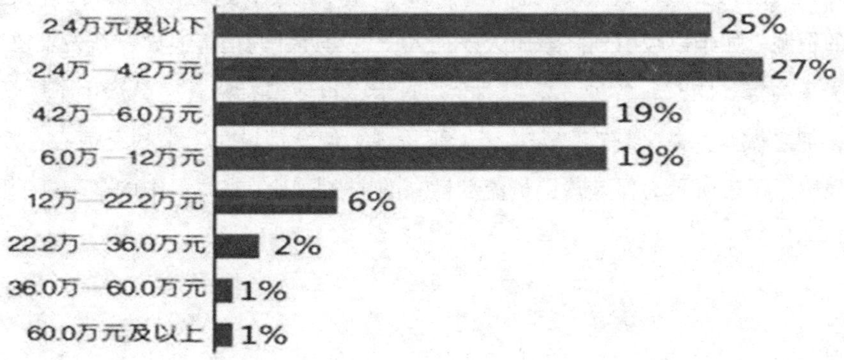

收入低，是保险营销员群体显著的特征之一，严重影响了保险营销员的留存。自 2015 年开始，一直保持快速增长的保险营销员队伍总量趋于饱和。2018 年保险营销员年度总薪酬统计如下（来源：中国金融新闻网，2019-01-27）。

2018 年 12 月 27 日，财政部发布的《关于个人所得税法修改后有关优惠政策衔接问题的通知》规定，保险营销员、证券经纪人取得的佣金收入，属于劳务报酬所得，以不含增值税的收入减除 20% 的费用后的余额为收入额，收入额减去展业成本以及附加税费后，并入当年综合所得，计算缴纳个人所得税；保险营销员、证券经纪人展业成本按照收入额的 25% 计算。这样，中低收入保险营销员的税负将有所减轻，有利于营销员，尤其是新营销员留存及保险公司增员。作者认为，保险营销员作为劳动者中的一员，在纳税方面，是否可以视同所属机构的在册员工，按职工来对待，佣金收入扣减掉相应的成本后，视同工资薪酬，依据个人所得税法及起征点缴纳个人所得税，减轻其税费负担，增加创收积极性。所属机构应该作为义务人代扣代缴。

（4）引导保险营销员分流。

目前的营销体系，过多的销售层级严重削弱了处于金字塔底层的一线销售人员的获得感，据了解，处于金字塔底层的大部分人每售出一张保单，只能获得少部分的佣金收入，而处于金字塔上层的少部分人获得了大部分的佣金收入。近年来，保险公司不但没有削弱中上层保险代理人的利益，反而予以不断强化，这种利益分配方式调动了组织增员积极性，维系了金字塔结构的稳定性，但也导致了底层营销员保费贡献与佣金收入的严重不匹配，这也成为其各种问题产生的根源，如难以吸引到高素质人才加入，急功近利的销售误导，新人难留存，流失率高等。同时，各种考核、例会、打卡，也使得有些营销员产生了厌烦情绪，加之做业务越来越难，人均产能不乐观，使营销员对未来缺乏信心，没有归属感。下表所示为保险营销员流动性高的主要原因（来源：中国金融新闻网，2019-01-27）。

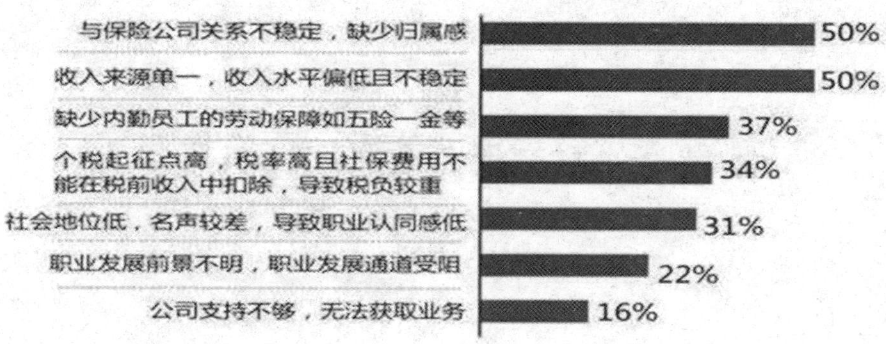

面对保险营销员高流动、高脱落的实际情况，多年来行业内外早有关注和研究，但似乎目前并无解决良方。作者认为，保险营销员高流动性还将继续，问题是如何给他们提供发展的新通道，并引导他们继续从事保险销售相关工作。因此，建议降低保险销售中介机构的进入门槛，创造多种保险销售渠道形式，使他们有更多的选择并从中收益，这应该是最好的解决方案。就如前面谈到的，可以降低保险经纪公司、保险代理公司的注册资本，尤其是区域性机构的注册资本，使有条件的保险营销员可以投入一部分资金成为保险中介机构的股东之一，而且大量的保险专业代理公司，可以吸纳上百万的保险营销员加入。更重要和可行的是建立保险代理店制度，引导广大保险营销员自主创业，自我管理，成为保险代理店老板，经营自己的生意和事业，偌大的中国可以有十几万个保险代理门店，每个保险代理店如果容许聘任 5—10 个营销员，那么，也许会有几十万的保险营销员转入保险代理店。当然，也会有保险营销员选择回流，到保险公司从事销售工作，成为在编业务员；也会有转到保险经纪公司从事保险经纪业务；也会有继续留在保险公司或保险专业代理公司做营销员的，毕竟在营销员这个岗位上，除了佣金收入，还会收获很多。到时，由于营销员可供选择的机会更多，营销员的生存环境会更好，期待那一天早日到来。

毫无疑问，在现行的营销员模式中，拥有着数量庞大的营销员的大型保险公司，是缺少改变的动力的，改革会受到来自各方面的阻力。未来，保险营销员最多的地方应该是保险代理公司、保险经纪公司以及保险代理门店，而不是保险公司。

附录一　财产保险市场回顾与展望

朱俊生

近年来我国财产保险业监管日益趋严，市场主体加速转型，市场运行发生了深刻的变化。为了推动财产保险业高质量发展，要进一步深化改革，发挥市场在资源配置中的决定性作用，并优化监管。

一、2018 年财产保险市场运行特征

1. 保费收入增速放缓

2018 年，产险业务原保险保费收入 10770 亿元，同比增加 935 亿元，增长 9.51%，增幅同比下降 3.21 个百分点（参见图 1）。

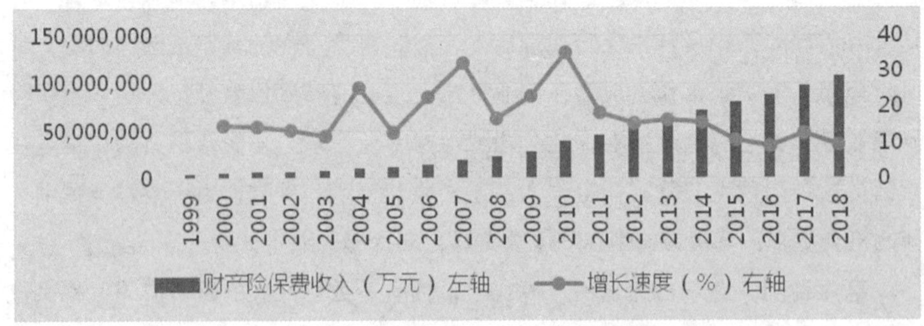

图 1　我国财产险保费收入及其增长趋势（1999—2018）

资料来源：中国银保监会、Wind 资讯。

2018 年，财产险业务原保险保费收入增幅放缓的主要原因是车险业务增速进一步下滑。2018 年机动车辆保险原保险保费收入 7834 亿元，同比增长 4.16%。一方面，2018 年车险费率市场化改革继续推进，受其影响，车均保费进一步下降。另一方面，新车销量增速下滑导致车险保费增速放缓。截至 2018 年年底，中国汽车市场狭义乘用车累计销量达 2235 万辆，同比下降 5.8%（资料来源：中国汽车流通协会汽车市场研究分会）。

同时，非车险业务增长迅速，特别是保证保险、责任保险和农业保险，原保险保费收入分别为 645 亿元、591 亿元和 573 亿元，分别同比增长 70.09%、30.92% 和 19.54%，占产险业务的比例分别为 5.99%、5.49% 和 5.32%，成为财产险市场增量保费的重要贡献者。

2. 保险资产规模增速放缓，占金融业资产的比重较低

由于保费收入增速下滑，保险资产规模增速放缓。2018 年年末，保险业总资产 183309 亿元，较年初增长 9.45%，增速比 2017 年略有提高，但比 2016 年的增速下降 15 个百分点（参见图 2）。保险资产约占银行业金融机构资产的 6.84%（参见图 3），在金融业资产中的比重相对较低，远远低于 2016 年的 29 个经济体（包括阿根廷、澳大利亚、比利时、巴西、加拿大、开曼群岛、智利、中国、法国、德国、中国香港、印度、印度尼西亚、爱尔兰、意大利、日本、韩国、卢森堡、墨西哥、荷兰、俄罗斯、沙特阿拉伯、新加坡、南非、西班牙、瑞士、土耳其、英国、美国）。保险业资产占银行业资产的比例平均为 21.3%（参见图 4）。这意味着未来保险业发展的空间较大，在金融资产中所占的比例有待进一步提升。

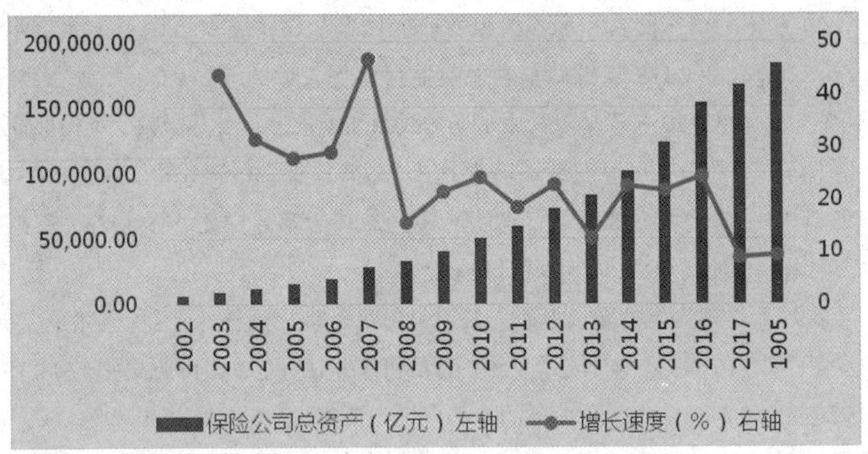

图 2　我国保险公司总资产及其增长趋势

资料来源：中国银保监会、Wind 资讯。

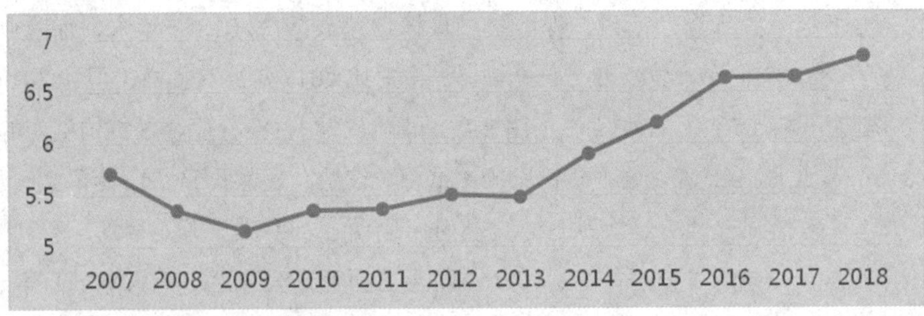

图 3　近年来我国保险资产与银行业金融机构资产的比例（单位：%）

资料来源：中国银保监会、Wind 资讯。

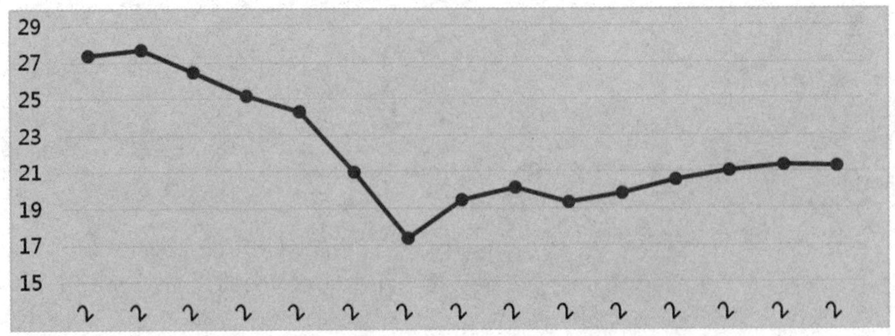

图 4　29 个经济体保险资产与银行业金融机构资产的比例（单位：%）

资料来源：各国国家资产负债表与其他数据，FSB 计算。

3. 保险密度有所提升，保险深度略有下降，风险保障水平快速提高

（1）保险密度有所提升，保险深度略有下降，仍处于较低发展水平。

2018 年，保险深度为 4.22%，较上年下降 0.2 个百分点。由于 2018 年保费增速低于名义 GDP 增速，自 2012 年以来保险深度首次出现下降。2018 年，保险密度为 2724 元，较上年增加 78 元。由于保费增速一直高于人口增速，近年来保险密度持续增加（参见图 5）。

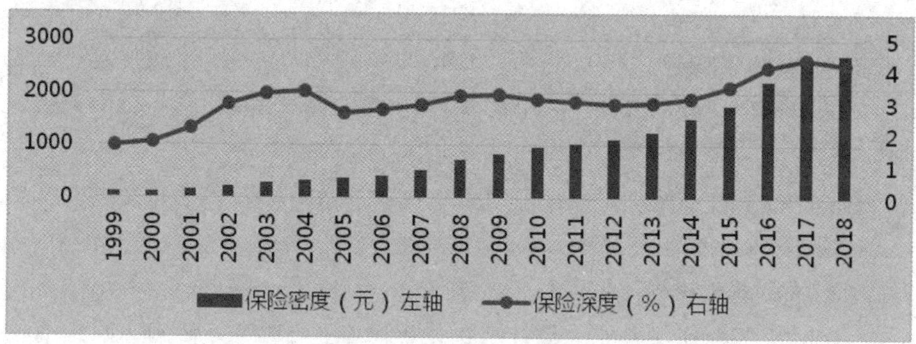

图 5　我国保险深度、保险密度增长趋势（1999—2018）

资料来源：中国银保监会、国家统计局、Wind 资讯。

与国际比较，我国保险业发展水平虽然高于新兴市场的平均水平，但仍相对较低。我国保险深度和保险密度不仅低于全球平均水平，更低于主要发达经济体的平均水平（参见表 1），发展的空间和潜力很大。

表 1　保险业发展水平的国际比较

区域	保险深度（%）	保险密度（美元）
全球	6.13	649.8
发达市场	7.76	3516.7
新兴市场	3.34	165.6
新兴市场（除中国外）	2.62	104.8
经合组织	7.18	2752.6
G7	7.57	3629.5
欧元区	7.07	2613.5

续表

区域	保险深度（%）	保险密度（美元）
欧盟	7.19	2429.1
欧盟 15 国	7.62	2953.4
北美自贸区	6.85	3089.3
东盟	3.63	155.6
中国（2018 年数据）	4.22	396

注：除中国外，其他为 2017 年数据；2018 年中国保险深度按照 2018 年 12 月 31 日人民币兑美元汇率计算。

资料来源：Swiss Re. World insurance in 2017: solid, but mature life markets weigh on growth. Sigma No.3,2018.

（2）保障水平快速提高。

2018 年，财产保险业为全社会提供保险金额 5777 万亿元，同比增长 90.65%，风险保障水平快速提高。财产保险业提供的风险保障增速远高于保费增速，是市场主体业务转型、服务互联网经济以及市场竞争等因素共同作用的结果。

第一，风险保障型业务快速发展。2018 年，保险公司加大转型力度，拓展风险保障型业务，强调保险的风险保障作用，提升其保障额度，从而使得保险的保额增速高于保费增速。2018 年保险业新增保单件数 291 亿件，同比增长 66.13%。从险种看，健康险和意外险保险件数增长最为迅速。其中，健康险 32 亿件，增长 417.28%；意外险 65 亿件，增长 168.51%。

第二，高频高保障低保费产品大幅增加。2018 年，高频消费、高保障额度且低保费的保险产品继续快速发展，进一步推动了保额快速增长。这类保险件数多，提供的风险保障额度大，促进了风险保额的快速增长。2018 年，货运险签单数量 48.90 亿件，同比增长 31.91%；责任险 72.70 亿件，增长 81.70%；保证险 22.86 亿件，增长 35.62%。

第三，市场竞争拉低费率水平。在财险领域，随着商业车险费改的推进，车均保费下降，但保额呈增长趋势。2018 年，车险保额 211 万亿元，同比增长 24.92%，保额增速远高于保费增速。同时，在非车财产险领域，由于竞争激烈，也呈现风险保额相对保费增速更快的趋势。例如，2018 年，责任险保额 866 万亿元，增长 244.04%；农险保额 3.46 万亿元，增长 24.23%，都远高于保费收入的增速。

在产品回归保障、服务实体经济的大趋势下，保额增速快于保费增速是必然结果。这表明保险业的保障性质体现得更为明显，业务转型效果较好。但对市场主体而言，在不断提高风险保障水平的同时，也应当防范经营风险，避免短期不理性的价格竞争，实现商业可持续发展。

4. 财产险综合成本率攀升，过去 9 年第一次出现承保亏损

2018 年财产保险公司综合成本率 100.13%，同比上升 0.39 个百分点，为 2010 年以来的最高值（参见图 6）。其中，综合费用率 40.74%，同比上升 1.18 个百分点；综合赔付率 59.39%，同比下降 0.79 个百分点。

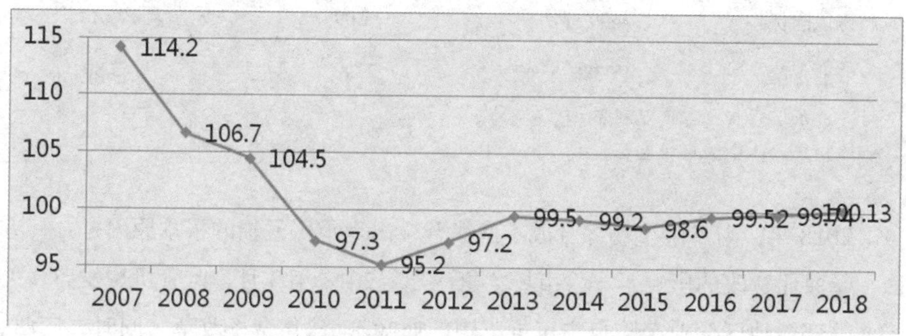

图 6　我国 2007—2018 年财产保险综合成本率变化趋势（单位：%）

资料来源：Wind 资讯、中国银保监会。

由于综合成本率攀升，财产险市场在过去 9 年第一次出现承保亏损。2018 年，产险公司承保利润为—13.59 亿元，同比减少 37.66 亿元，承保利润率为—0.13%。分险种看，机动车辆保险承保利润 10.53 亿元，同比减少 63.36 亿元，下降 85.75%，承保利润率仅为 0.14%；同时，非车险整体亏损（参见表 2）。

表2 2018年财产险业务各险种承保利润情况表

险种	承保利润（亿元）	去年同期承保利润（亿元）	承保利润率（%）
机动车辆保险	10.53	73.89	0.14
企业财产保险	−1.86	−0.27	−0.78
家庭财产保险	1.21	−2.20	1.70
工程保险	−4.71	−2.50	−9.75
责任保险	1.63	−7.51	0.37
信用保险	−15.58	−23.16	−11.33
保证保险	18.16	9.90	4.76
船舶保险	−5.15	−2.93	−21.16
货运险	1.14	2.72	1.27
特殊风险保险	4.99	1.09	25.12
农业保险	17.38	23.87	3.89

注：承保利润率＝承保利润/已赚保费。
资料来源：中国银保监会。

2018年，财产险市场综合成本率攀升，出现承保亏损的根本原因是：一方面，受商业费改的影响，车险市场竞争激烈。2018年3月，监管机构发布《关于调整部分地区商业车险自主定价范围的通知》，深化费率改革。同时，广西、陕西和青海三个地方开始自主定价的试点。费率市场化使得市场主体获得了更大的定价空间，价格竞争与费用竞争更加激烈。特别是受手续费支出大幅增长影响，车险市场高费用率持续，车险手续费增速远高于同期保费增速。另一方面，很多公司加大拓展非车险业务的力度，但由于行业的承保能力过剩，非车险业务竞争也异常激烈，经营难度较大，多数险种保费充足度不断下降，整体出现承保亏损。部分保险公司为了获取保费收入，承保与自身风险管理能力不匹配的业务，造成承保亏损。如依托于P2P平台的信用保险保费快速增长，但其背后支撑着信贷行为，具有较强金融风险传导属性。在市场违约率提升、信用风险事件增加的环境下，信用保险风险加大。2018年，信用保险出现承保亏损15.58亿元。

5. 保险资金配置结构出现变化，投资收益率下降明显

一是保险资金资产配置结构出现变化。银行存款占比增加明显，其他投资和权益类投资则有一定程度的下降。截至 2018 年年底，保险资金运用余额为 164088 亿元，较年初增长 9.97%。其中，银行存款 24364 亿元，占比 14.85%，比年初提高了 1.93 个百分点；债券 56383 亿元，占比 34.36%，比年初降低了 0.23 个百分点；股票和证券投资基金 19220 亿元，占比 11.71%，比年初降低了 0.59 个百分点；其他投资 64122 亿元，占比 39.08%，比年初降低了 1.11 个百分点。

二是保险资金收益率大幅下降。2018 年，保险公司资金运用收益共计 6859 亿元，资金运用平均收益率 4.33%，较去年同期下降 1.44 个百分点（参见图 7），为 2013 年以来的最低值。其中，独立账户资金运用收益—130 亿元，资金运用平均收益率—9.14%；非独立账户资金运用收益 6898 亿元，资金运用平均收益率 4.46%。保险资金投资收益率下滑主要是受公开权益市场下跌影响，股票和证券投资基金投资出现损失。2018 年股市低迷，上证指数累计下跌 24.59%，是 2018 年保险投资业绩出现下滑的主要因素。

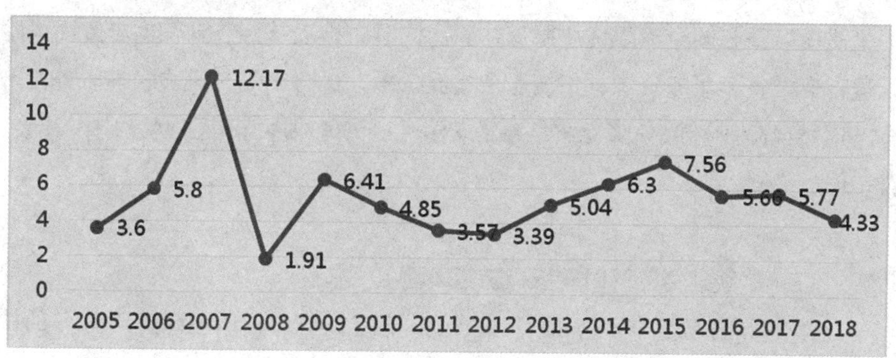

图 7　我国 2005—2018 年保险资金运用收益率（　%）

资料来源：中国银保监会、Wind 资讯。

二、财产保险市场发展展望

1. 要从规模扩张走向“以客户为中心”的高质量发展

未来财产险市场保费收入增长面临一定的不确定性和压力。车险保费收入的增速放缓与非车险保费收入快速增长，共同决定了财险市场保费收入的增长格局。一是车险业务增长的空间较为有限。一方面，受经济增长速度下滑以及消费不旺的影响，汽车销量增速下降，车险保费收入增长持续下滑。另一方面，商车费改将继续深化，造成车均保费降低。二是非车险业务面临规模与效益和风险管控之间权衡的压力。近年来非车险业务发展较为迅速，成为财产险增量保费收入的主要推动力。但非车险业务竞争激烈，费率水平不断降低，整体出现承保亏损，且有些险种蕴含的风险较大。随着市场主体加强风险管控以及效益和利润诉求增强，非车险业务的增长也将承受压力。

在此背景下，行业要逐步实现从规模扩张向真正以客户为中心的高质量发展转变。要顺应新时代下客户对服务与体验诉求增强的演变趋势，强化客户服务意识，不断完善客户服务体系，夯实服务基础，解决客户流程痛点，为客户提供便捷、贴心的全流程优质服务体验。同时，推动从经济补偿向全方面风险管理转变，整合服务资源，拓展服务边界，推动保险产品与风险管理服务相融合，通过风险管理服务降低灾害事故等发生概率和损失程度，为客户、社会、公司创造价值。

2. 在拓展新业务的同时要积极防范风险

近年来，网络借贷业务的兴起，助推了网贷平台信用保障保险业务的快速增长，另一方面信用风险事件也频频爆发，个别保险公司承保的履约保证保险先后遭遇大额赔付，造成大量亏损，导致偿付能力急剧下降。为了防范新业务风险，要密切关注新型保险业务。一是监管部门要加强对新型保险业务风险的研究与监测，适时提出风险警示，防范系统性金融风险。二是市场主体自身要加强新业务风险研判。保险公司要认真研判新业务领域、新业务种类的性质、经营模式和风险，确保风险可控。要谨防对新业务、新领域一哄而上，确保业务创新与公司经营管理能力、风险管控能力、专业人员配备等相适应。要进一步完善风控手段，提高风险识别和监测水平，审慎开展网贷平台信用保证保险业务。

3. 防范低利率环境下的保险资金运用风险

在未来较长一段时间，我国整体利率水平都将处于下行通道。在低利率环境下，保险资金投资收益率将继续面临下降压力。持续低利率环境导致的“资产荒”会给保险资金带来配置压力，信用风险不断加大，以及非标产品供给减少等都对保险资金运用造成较大的负面影响，保险资金投资收益水平将面临趋势性下降的挑战。当前保险资金运用主要面临以下风险：

一是股市波动、债券市场收益率下降等市场风险持续影响保险资金运用。一方面，股票市场波动对资金运用形成持续影响。2018 年股市大幅波动，保险资金投资股票形成大量浮亏，造成行业投资收益率大幅下降。未来股票市场如果继续大幅波动，保险资金股票投资的财务收益率将进一步下降。同时，个别公司投资境内股票占比较高，面临的市场风险更大。另一方面，债券市场收益率下行引发再投资风险。债券市场收益率下行，造成寿险公司面临大量到期资金的再投资风险和新增资金的配置难问题。

二是信用风险严峻。当前，行业七成以上的资产配置于标准化的债券资产和非标的债权资产。在经济去杠杆和金融监管不断深化的背景下，保险资金投资债券和非标产品面临的信用环境严峻，部分投资产品和投资项目面临收益无法实现甚至本金安全难以保证的风险。尤其是在保险资金另类投资中，很大一部分是以基础设施债权投资计划等保险资产管理产品的形式，投资于地方政府及其所属企业，地方政府的信用和契约精神直接影响到投资的风险和收益。目前一些保险资金投资遇到了部分地方政府没有按照原计划的用途使用资金或单方面要求修改收益率条款等情况，不同程度地反映出政府契约精神的缺失问题。另外，基础设施投资计划投资期限较长，往往要经历两届或两届以上的政府，如果政府缺乏契约精神，必然造成政府换届换人所带来的违约风险，给保险投资带来损失。

三是外部政策环境变化对保险资金运用能力提出挑战。资管新规短期内减少了非标产品的供应，加大了保险资产负债管理压力；《保险资产负债管理监管规则》强化资产负债联动，在负债端刚性成本和资产端收益波动的背景下增加了资产配置难度。

为了应对保险资金运用风险，需要采取以下方式加强保险资金运用管理。

一是以偿付能力监管约束保险公司的激进投资行为。在“偿二代”全面实行的背景下，部分投资端较为激进的保险公司核心偿付能力和综合偿付能力会出现明显下滑，监管部门要加强对此类公司的风险监测和监管。

二是适时出台保险资管产品业务细则。在推进现有的债权投资计划、资产支持计划等产品转为标准化产品的过程中，适当增加弹性，赋予投融资双方更多的选择权。并在债权投资计划、资产支持计划等现有产品体系基础上，逐步增设规范化的非标产品序列。

三是要完善合作契约，提升地方政府的契约精神。保险企业在基础设施债权计划中要与政府平等地订立契约，建立利益与风险分担机制；同时，双方要尊重并共同信守契约。短期来看，要尽量制定严密的合同文本，对政府形成难以随便毁约的实质性约束。长远而言，则要提高法治化水平，用健全的制度规范和约束政府的行为。

四是保险公司要建立审慎稳健的投资运作机制，提升长期投资能力。要加强资产负债管理，切实加强资产负债管理组织体系及机制建设。要制定长期稳健的资产配置策略，设定合理的投资风险偏好，避免激进投资策略。要完善股票、未上市股权等权益类投资的决策流程，评估公司对风险的承受能力。

4. 提升中小市场主体的专业化经营水平

大多数中小财险公司将可能继续面临持续亏损的压力。一方面，中小财险公司由于固定费用占比高，在规模有限的情况下难以有效摊薄成本，竞争压力大。另一方面，由于财产险行业资本充足度相对较高，大公司竞争优势较为明显，中小公司持续亏损的经营困境还将可能持续。

为了摆脱经营困境，中小主体要专注于一些细分市场的深耕。目前产险市场结构出现了较大的调整，带来非车市场新的业务机会。2019 年前三季度，非车险业务占比超过 40%，意外健康险业务接近非车险的 30%，非车险业务对市场增量保费的贡献度约 75%。中小主体要借鉴部分外资财险公司的经验，通过差异化竞争，深耕一些细分市场。比如，外资财产保险虽然在总体保费收入中占比较低（不到 2%），但在上海地区，外资机构的数量虽然仅占 10.86%，但货物运输险保费收入占比 28.19%，责任险保费收入占比 25.32%，高端健康险保费收入占比 34.84%，充分说明了深耕特定险种与细分市场的效果。

三、对财产保险业高质量发展的建议

1. 完善市场退出机制，逐步允许相关机构破产

一是完善退出机制的法律体系。通过专门的立法，详细规定退出标准、退出条件和操作流程，对不同情形的市场退出与风险处置措施的适用条件要加以明确，以增强被监管对象的预期，为保险市场退出提供有力的法律保障。

二是明确破产管理和退出的具体流程，构建可操作的市场退出机制。

三是淡化接管的行政主导色彩，建立风险处置中的权力制衡与监督机制。

四是引入机构破产机制，实施真正意义上的市场退出。除了接管外，要适时启动破产机制，实施真正意义上的市场退出，以硬性的市场约束促进保险市场资源的优化配置。

五是监管部门和行业要不断提高事前监测的能力，夯实行业风险事前纠正的基础，努力降低行业风险处置成本，建立健全保险市场风险监测体系和预警机制。

2. 深化商业车险为代表的费率市场化改革

一是健全商业车险条款形成机制。除了完善行业示范条款制度，不断增强其适应性外，还要健全市场主体创新型条款形成机制。允许和鼓励保险公司开发商业车险创新型条款，为保险消费者提供多样化、个性化、差异化的商业车险保障和服务，满足社会公众不同层次的保险需求。探索建立保险产品创新保护机制，激发市场主体对于产品创新的激励机制。

二是健全商业车险费率形成机制。进一步完善建立行业基准纯风险保费的形成和调整机制，提高商业车险基准纯风险保费表的精确性和适应性，为财产保险公司科学厘定商业车险费率提供参考，提高财产保险行业商业车险经营的科学性、稳定性和规范性。继续赋予财产保险公司更大的商业车险费率厘定自主权，由市场主体根据自身实际情况科学测算基准附加保费，合理确定自主费率调整系数及其调整标准。根据保险市场发展情况和保险市场成熟程度，逐步

扩大财产保险公司商业车险费率厘定自主权，最终形成高度市场化的商业车险费率形成机制。

三是加强和改善商业车险条款费率监管。完善对条款费率的动态监管机制，建立商业车险条款费率回溯分析制度，定期验证保险公司条款设计和定价假设的合理性，避免个别公司的定价风险。完善偿付能力监管标准，将对市场主体的偿付能力最低资本要求与其商业车险经营情况联系起来，推动财产保险公司建立健全全面风险管理制度，约束保险公司审慎定价，引导财产保险公司规范商业车险经营行为，促进理性经营。

四是要强化信息披露，建设透明的保险市场。

五是要提升保险业在风险管控、产品定价等多方面的能力，为费率市场化提供技术保障。

3. 深化保险资金运用市场化改革，增加市场主体资产配置选择空间

一是要逐步放开能够有效匹配保险资金运用需求的投资领域。推动保险资金参与长租市场等政策尽快落地，并适时扩大投资范围，增加优质债权投资计划和股权投资计划供给，扩大资产支持计划业务，逐步允许保险资金对流动性较好、有长期增值潜力资产的投资。

二是根据现实情况和市场需要，调整现行法规制度中操作性和适用性不强的条款，适当扩大投资运作空间。在产品发行条件、增信措施方面予以适当放松及优化，将监管重点集中于信息披露方面，更多地将产品设计能力、风险控制方法等回归市场主体，从而提升保险资金运用的专业能力。完善基础设施债权计划相关的管理规则，完善融资主体免于增信的条件，适时拓宽投资计划资金用途。

三是要积极培育保险资产管理市场。为此，要加强上海保险交易所等平台建设，实现互联互通，为产品提供更加充足的流动性支持和公允定价的基础。推进保险资产管理产品标准化，包括合同文本标准化、要素含义标准化、交易结构标准化等。推进非标资产标准化，进一步激发保险资管产品的市场活力。

4. 加快推进混合所有制改革，逐步降低国有资本比重，完善治理结构

一是积极引入民营资本参与国有企业混合所有制改革。民营资本可通过出

资入股、收购股权、认购可转债、股权置换等多种方式，参与国有保险公司的改制重组或增资扩股以及企业经营管理。

二是积极引入外资战略投资者，优化国有保险公司的股权结构。

三是推动员工持股试点。采取增资扩股、出资新设等方式开展员工持股，建立健全激励约束长效机制，让员工与企业共享改革发展成果，共担市场竞争风险。

四是健全混合所有制企业治理机制。为此，要落实董事会对经理层成员等高级经营管理人员选聘、业绩考核和薪酬管理等职权，维护企业真正的市场主体地位。规范企业股东（大）会、董事会、经理层、监事会和党组织的权责关系，形成定位清晰、权责对等、运转协调、制衡有效的法人治理结构。推行混合所有制企业职业经理人制度，建立市场导向的选人用人和激励约束机制。

五是加强相关配套保障措施建设，包括完善国有资产评估定价机制，建立健全市场化退出机制；完善产权制度，着力保护产权，营造各类资本公平竞争的市场环境；健全相关法律法规，保障混合所有制依法合规推进；建立鼓励改革创新的容错机制，形成改革合力。

5. 深化保险业对外开放，降低服务贸易壁垒

一是落实加快开放步伐，放宽外资持股比例上限。

二是降低市场准入壁垒，提高开放的力度。尤其是促进专业性经营程度高、合规经营意识强烈的外资机构进入市场，补充已有市场主体的一些不足，促进相互之间的共同成长。

三是优化监管环境，降低竞争的隐形壁垒，使本国与外国的保险机构具有同等的市场地位，进一步推动外资投资便利化。

四是开放的节奏要和风险防范与监管的能力相适应。开放有可能会带来外部风险，因此，开放的节奏要和风险防范与监管的能力相适应。但值得指出的是，不能静态地看待开放所带来的外部风险和不确定性，开放并不必然带来风险的增加，而不开放则不利于促进保险业的竞争，不利于推动深层次的改革，风险其实更大。相反，开放有利于保险业转变经营理念，推动制约保险业发展的制度改革，提升保险业经营效率和竞争力，从而提高承担风险能力。

6. 完善符合现代保险市场体系要求的保险监管

一是加强宏观审慎监管，防范和化解系统性金融风险。为此，要构建高效充分的信息采集系统和科学完备的分析框架，强化系统性风险监测评估，以便准确识别和预警系统性风险，提高宏观审慎管理当局工具和政策运用的前瞻性和有效性；加强对系统重要性金融机构的识别和监管，对其适用更为严格的监管标准和措施，以降低系统性风险；加强逆周期调控，减缓周期性波动对保险市场稳定的影响；建立相关机制性安排，降低金融体系的关联度风险，以有效避免风险传染。

二是完善偿付能力监管体系。推动“偿二代”二期工程建设，进一步提高偿付能力监管的科学性、有效性和针对性，更好地适应我国保险业发展改革、风险防控和金融安全的要求。为此，要完善偿付能力监管规则，解决当前存在的保险公司资本不实、关联交易复杂等问题和制度漏洞；健全偿付能力运行机制，建立常态化、多元化的偿付能力数据真实性检查制度等，确保“偿二代”实施到位，增强偿付能力监管的执行力；推动国内监管合作与国际监管合作。

三是加强消费者保护。强化保险公司的主体责任，督促保险公司切实提高和改进保险服务水平，强化投诉处理和矛盾化解，加大查处力度，加强消费者教育和风险提示，突出透明度监管，推进保险业信用体系建设，完善保险消费者权益保护制度机制，治理损害保险消费者合法权益行为，防范保险业声誉风险。

附录二　财险公司分类一览表

财险公司分类一览表，统计时间为2018年12月31日，如有偏差，以保险监管机构、保险行业组织的相关官网为准。

1. 中资公司与外资公司

（1）中资财产保险公司一览表。

序号	公司简称	序号	公司简称	序号	公司简称
1	人保股份	2	平安财险	3	太保财险
4	国寿财险	5	中华财险	6	大地财险
7	阳光财险	8	太平财险	9	中国信保
10	天安财险	11	华安财险	12	永安财险
13	英大财险	14	华泰财险	15	安邦财险
16	永诚财险	17	众安在线	18	中银保险
19	紫金财险	20	安华农险	21	国元农险
22	都邦财险	23	安诚财险	24	鼎和财险
25	渤海财险	26	浙商财险	27	阳光农险
28	国任财险	29	亚太财险	30	长安责任
31	富德财险	32	北部湾财险	33	泰康在线
34	锦泰财险	35	华海财险	36	泰山财险
37	华农财险	38	中煤财险	39	众诚车险

续表

序号	公司简称	序号	公司简称	序号	公司简称
40	安信农险	41	中原农险	42	诚泰财险
43	燕赵财险	44	易安财险	45	安心财险
46	长江财险	47	中铁自保	48	前海联合
49	恒邦财险	50	鑫安车险	51	中石油专属
52	珠峰财险	53	中路财险	54	海峡金桥
55	建信财险	56	中远自保	57	东海航运
58	久隆财险	59	阳光信保	60	合众财险
61	众惠相互	62	粤电自保	63	汇友相互
64	黄河财险	65	太平科技	66	融盛财险

（2）外资财产保险公司一览表。

序号	公司简称	所属地	序号	公司简称	所属地
1	美亚保险	美国	2	安达保险	美国
3	利宝保险	美国	4	史带财险	美国
5	信利保险（中国）	美国	6	三井住友（中国）	日本
7	日本财险（中国）	日本	8	日本兴亚（中国）	日本
9	东京海上（中国）	日本	10	爱和谊（中国）	日本
11	三星财险（中国）	韩国	12	乐爱金（中国）	韩国
13	现代财险（中国）	韩国	14	安盛天平	法国
15	中航安盟	法国	16	富邦财险	中国台湾
17	国泰产险	中国台湾	18	瑞再企商	瑞士
19	苏黎世（中国）	瑞士	20	劳合社（中国）	英国
21	安联财险（中国）	德国	22	中意财险	意大利

2. 商业性公司、相互制公司和政策性公司

（1）商业性保险公司之一——股份有限公司一览表。

序号	公司简称	序号	公司简称	序号	公司简称
1	人保财险	2	国寿财险	3	太保财险
4	平安财险	5	大地财险	6	中华财险
7	阳光财险	8	天安财险	9	史带财险
10	永安财险	11	永诚财险	12	安邦财险
13	英大财险	14	安盛天平	15	华安财险
16	渤海财险	17	都邦财险	18	安诚财险
19	鼎和财险	20	紫金财险	21	国任财险
22	安信农险	23	安华农险	24	国元农险
25	长安责任	26	华农财险	27	中石油专属
28	中煤财险	29	泰山财险	30	锦泰财险
31	众诚车险	32	诚泰财险	33	鑫安车险
34	北部湾财险	35	长江财险	36	众安在线
37	富德财险	38	中路财险	39	恒邦财险
40	合众财险	41	华海财险	42	燕赵财险
43	中原农险	44	浙商财险	45	泰康在线
46	东海航运	47	珠峰财险	48	阳光信保
49	易安财险	50	海峡金桥	51	前海联合
52	黄河财险	53	太平科技	54	融盛财险

（2）商业保险公司之二——有限公司、有限责任公司一览表。

序号	公司简称	序号	公司简称	序号	公司简称
1	太平财险	2	华泰财险	3	中银保险
4	亚太财险	5	利宝保险	6	美亚保险

续表

序号	公司简称	序号	公司简称	序号	公司简称
7	三星财险（中国）	8	日本财险（中国）	9	中航安盟
10	富邦财险	11	东京海上（中国）	12	瑞再企商
13	安达保险	14	安联财险（中国）	15	三井住友（中国）
16	劳合社（中国）	17	乐爱金（中国）	18	中意财险
19	苏黎世（中国）	20	建信财险	21	日本兴亚（中国）
22	信利保险（中国）	23	爱和谊（中国）	24	现代财险（中国）
25	中远自保	26	久隆财险	27	中铁自保
28	国泰产险	29	粤电自保	30	安心财险

（3）相互保险公司（相互保险社）一览表。

序号	公司简称	序号	公司简称	序号	公司简称
1	阳光农险	2	汇友相互	3	众惠相互

（4）政策性保险公司一览表。

序号	公司简称
1	中国信保（出口信用）

3. 独立公司与自保公司

（1）自保公司一览表。

序号	公司简称	序号	公司简称	序号	公司简称
1	中铁自保	2	中远自保	3	粤电自保

（2）独立公司一览表（略）

4. 综合类公司与专业类公司

（1）综合类保险公司一览表（普通类：指明财产保险）。

序号	公司简称	序号	公司简称	序号	公司简称
1	人保财险	2	国寿财险	3	太保财险
4	平安财险	5	大地财险	6	中华财险
7	阳光财险	8	天安财险	9	史带财险
10	永安财险	11	永诚财险	12	安邦财险
13	英大财险	14	安盛天平	15	华安财险
16	太平财险	17	华泰财险	18	亚太财险
19	美亚保险	20	三星财险（中国）	21	日本财险（中国）
22	中航安盟	23	富邦财险	24	安联财险（中国）
25	日本兴亚（中国）	26	乐爱金（中国）	27	中意财险
28	现代财险（中国）	29	国泰产险	30	浙商财险
31	苏黎世（中国）	32	久隆财险	33	中铁自保
34	建信财险	35	中远自保	36	粤电自保
37	渤海财险	38	都邦财险	39	安诚财险
40	鼎和财险	41	紫金财险	42	国任财险
43	华农财险	44	中煤财险	45	中石油专属
46	泰山财险	47	锦泰财险	48	诚泰财险
49	北部湾财险	50	长江财险	51	富德财险
52	中路财险	53	恒邦财险	54	合众财险
55	华海财险	56	燕赵财险	57	海峡金桥
58	珠峰财险	59	爱和谊（中国）	60	前海联合
61	汇友相互	62	众惠相互	63	黄河财险
64	融盛财险				

（2）综合类保险公司一览表（特殊类：未指明财产保险）

序号	公司简称	序号	公司简称	序号	公司简称
1	中银保险	2	利宝保险	3	瑞再企商
4	安达保险	5	劳合社（中国）	6	信利保险（中国）

（3）专业性公司一览表。

公司类别	序号	公司简称	序号	公司简称
农业保险公司	1	阳光农险	2	安信农险
	3	安华农险	4	国元农险
	5	中原农险		
互联网保险公司	1	众安在线	2	泰康在线
	3	安心财险	4	易安财险
汽车保险公司	1	鑫安车险	2	众诚车险
火灾保险公司	1	三井住友（中国）	2	东京海上（中国）
信用保险公司	1	中国信保	2	阳光信保
责任保险公司	1	长安责任		
航运保险公司	1	东海航运		
科技保险公司	1	太平科技		

附录三　财险公司区域分布一览表

根据保险公司注册地分布，按照行政区划分为东北区（黑龙江、吉林、辽宁）、华北区（北京、天津、河北、山西、内蒙古）、西北区（陕西、甘肃、宁夏、新疆、青海）、西南区（重庆、四川、贵州、云南、西藏）、华中区（湖北、湖南、河南）、华东区（上海、山东、江苏、安徽、江西、浙江、福建、）、华南区（广东、广西、海南、）七个大区。财险公司区域分布一览表，统计日期为2018年12月31日，统计来源为中国保险行业协会官网，如有出入以官网为准。

（1）东北区保险公司明细表。

<table>
<tr><th>东北</th><th>省份</th><th>注册地</th><th>公司名称</th><th>数量（家）</th></tr>
<tr><td rowspan="5">共计6家</td><td>黑龙江</td><td>哈尔滨</td><td>阳光农险</td><td>1</td></tr>
<tr><td rowspan="2">吉林</td><td>长春</td><td>安华农险、鑫安车险</td><td rowspan="2">3</td></tr>
<tr><td>吉林</td><td>都邦财险</td></tr>
<tr><td rowspan="2">辽宁</td><td>沈阳</td><td>融盛财险</td><td rowspan="2">2</td></tr>
<tr><td>大连</td><td>日本财险（中国）</td></tr>
</table>

（2）华北区财险公司明细表。

<table>
<tr><th>华北</th><th>省份</th><th>注册地</th><th>公司名称</th><th>数量（家）</th></tr>
<tr><td rowspan="5">共计 20 家</td><td>北京</td><td>北京</td><td>人保财险、国寿财险、中国信保、中华财险、阳光财险、中银保险、英大财险、国任财险、长安责任、华安财险、中意财险、现代财险（中国）、合众财险、安心财险、中铁自保、汇友相互</td><td>16</td></tr>
<tr><td>天津</td><td></td><td>渤海财险、爱和谊（中国）</td><td>2</td></tr>
<tr><td>河北</td><td>唐山</td><td>燕赵财险</td><td>1</td></tr>
<tr><td>山西</td><td>太原</td><td>中煤财险</td><td>1</td></tr>
<tr><td>内蒙古</td><td></td><td></td><td>0</td></tr>
</table>

（3）西北区保险公司明细表。

<table>
<tr><th>西北</th><th>省份</th><th>注册地</th><th>公司名称</th><th>数量（家）</th></tr>
<tr><td rowspan="6">共计 5 家</td><td>陕西</td><td>西安</td><td>永安财险</td><td>1</td></tr>
<tr><td rowspan="2">新疆</td><td>乌鲁木齐</td><td>前海联合</td><td>1</td></tr>
<tr><td>克拉玛依</td><td>中石油专属</td><td>1</td></tr>
<tr><td>宁夏</td><td>银川</td><td>建信财险</td><td>1</td></tr>
<tr><td>甘肃</td><td>兰州</td><td>黄河财险</td><td>1</td></tr>
<tr><td>青海</td><td></td><td></td><td>0</td></tr>
</table>

（4）西南区保险公司明细表。

<table>
<tr><th>西南</th><th>省份</th><th>注册地</th><th>公司名称</th><th>数量（家）</th></tr>
<tr><td rowspan="5">共计 7 家</td><td>重庆</td><td>重庆</td><td>利宝保险、安诚财险、阳光信保</td><td>3</td></tr>
<tr><td>四川</td><td>成都</td><td>中航安盟、锦泰财险</td><td>2</td></tr>
<tr><td>西藏</td><td>拉萨</td><td>珠峰财险</td><td>1</td></tr>
<tr><td>云南</td><td>昆明</td><td>诚泰财险</td><td>1</td></tr>
<tr><td>贵州</td><td></td><td></td><td>0</td></tr>
</table>

（5）华中区保险公司明细表。

华中	省份	注册地	公司名称	数量（家）
共计3家	湖北	武汉	长江财险、泰康在线	2
	河南	郑州	中原农险	1
	湖南			0

（6）华东区保险公司明细表。

华东	省份	注册地	公司名称	数量（家）
共计32家	上海	上海	太保财险、大地财险、华泰财险、天安财险、史代财险、永诚财险、安盛天平、美亚保险、三星财险（中国）、安信农险、东京海上（中国）、瑞再企商、安达保险、三井住友（中国）、国泰产险、劳合社（中国）、信利保险（中国）、众安在线、苏黎世(中国)、中远自保	20
	山东	济南	泰山财险	1
		青岛	中路财险	1
		烟台	华海财险	1
	江苏	南京	紫金财险、乐爱金（中国）	2
	安徽	合肥	国元农险	1
	江西	南昌	恒邦财险	1
	浙江	杭州	浙商财险	1
		宁波	东海航运	1
		嘉兴	太平科技	1
	福建	厦门	富邦财险	1
		福州	海峡金桥	1

（7）华南区保险公司明细表。

<table>
<tr><th>华南</th><th>省份</th><th>注册地</th><th>公司名称</th><th>数量（家）</th></tr>
<tr><td rowspan="5">共计 15 家</td><td rowspan="3">广东</td><td>广州</td><td>安联财险（中国）、众诚车险、粤电自保</td><td>3</td></tr>
<tr><td>深圳</td><td>平安财险、华安财险、天平财险、安邦财险、亚太财险、鼎和财险、日本兴亚（中国）、富德财险、易安财险、众惠相互</td><td>10</td></tr>
<tr><td>珠海</td><td>久隆财险</td><td>1</td></tr>
<tr><td>广西</td><td>南宁</td><td>北部湾财险</td><td>1</td></tr>
<tr><td>海南</td><td></td><td></td><td>0</td></tr>
</table>

后 记

2018年是保险转折的年份，这一年中国保险市场发生了若干重大事项，人们对2019年充满了期许和渴望。2018年早已尘埃落定，2019年也将接近年尾，财险行业虽有诸多进步，然而改变似乎并没有太大，希望并未如期而至，历史尚在重复，旧有的习惯依然存在，狂奔乃至狂躁依然继续，传统的车轮尚在碾压新生的幼苗。如何推动财险业高质量发展，需要业界、学界、社会各界广泛思考。朱俊生老师长期关注和研究保险业的改革与发展，对中国保险市场有着全面、透彻的理解，他的视野洞察深邃，他的文章立意深远，因此，本书就以朱老师的“以保守主义经营理念与监管哲学推动财险业高质量发展”一文作为后记。他倡导的保守主义经营理念与监管哲学，有助于反思我国财产保险市场存在的深层次问题，对处于艰难转型与发展关键节点时期的中国财险业可谓是秘药良方。

以下为“以保守主义经营理念与监管哲学推动财险业高质量发展”原文：

保守主义的基本诉求是用保守自由来抵御激进，在尊重传统的基础上创发自由。保守主义不仅是值得推崇的政治哲学，也同样是值得推崇的经营与监管哲学。当前，产险业正处于艰难的转型与发展过程中。经营与监管层面的激进是行业高质量发展的大敌，产险市场可持续发展的真正障碍是功利笼罩下的浮躁、冲动及短视。因此，推动产险业转型与高质量发展，需要秉持和恪守保守主义经营理念与监管哲学。在经营方面，要摒弃对保费规模的偶像崇拜；提升专业化经营的水平；重建市场伦理，市场主体承担起自律的责任。在监管方面，要重塑监管理念；给市场留下探索和创新的空间，有效发挥其作为试错过程的作用机制；减少管制，彰显企业家精神；实施竞争中立的监管政策，维护市场竞争的秩序和效率。

1. 秉持保守主义经营理念

保险业要实现高质量发展，最重要的是经营者要耐得住寂寞，扛得住压力。股东贪大求快的压力、任期制以及现行一些经营理念及其主导下的考核机制，都容易使得经营者具有短期行为的偏好，但“看得见”的短期终究不可持续，“看不见”的长期才重要。转型与高质量发展需要做出这样的选择：是追求当下的好处，不管随之而来的巨大的坏处，还是宁愿冒当下小小的不幸，追求未来的较大收益。

（1）摒弃对规模的偶像崇拜。

企业是生命体，是长大长强的，而不是做大做强的。行业很长时间以来一直存在着“唯增长”的导向与“保费冲动”的强烈偏好。基层公司的“保费冲动”源于上级公司的考核导向，而公司的“保费冲动”则源于有关政府部门对保险公司的业绩考核和管理评价，公司的保费规模事关相关部门对其业绩评价、职位升迁甚至重要的会议排名和座次。追求规模本身没有错，但问题在于，如果做大规模变成牺牲一切的过程，没有价值创造或不遵循市场规则地“做大”，就将使得不具有绝对价值的保费增长变成具有绝对价值，并且让它成为市场发展的中心，这种对规模的偶像崇拜使得坚守转型战略的经营管理层很难耐得住寂寞，扛得住各方面的压力。因此，保险业转型与高质量发展，要求超越狭隘的发展观，将对消费者的价值创造作为发展的核心。

（2）提升专业化经营的水平。

保守主义认为，人性不完善，人的理性虽可贵却也有限。因此，人在本质上是无知的，人的理性能力一旦跃出了其边界，就趋于陷入“致命的自负”和“理性的疯狂”之中。由于人性的有限性，盲目高估自己的能力是人类的通病，因此，要警惕“致命的自负”。自然人如此，作为法人的公司也是如此，每一家公司都有其知识和能力所及的能力圈。在市场实践中，高智商的经营者之所以犯下愚蠢的错误，往往在于他们对自己的智商过于自负。因此，对于公司而言，可以逐步扩展能力圈，但在能力圈扩展之前，守住能力圈，不逾越能力圈至关重要。这就意味着要提升专业化经营水平。市场并非不可知，但是绝对大于每个经营者的已知。由于不能预测未来，所以必须专业经营，只有专业经营才能“专注”，即集中精力、全神贯注、专心致志。

（3）重建市场伦理，市场主体承担起自律的责任。

目前财产险市场一个突出的问题是市场伦理缺失，市场主体缺乏自律。市场是一个责任制度，经济自由同时意味着市场主体自律的责任，市场的自由度与市场主体承担自律的责任成正比。正是由于市场伦理的缺失，我国保险业市场化改革一直存在着“一放就乱、一收就死”的循环。比如，商车费改的诸多反复就表明，如果市场主体没有市场伦理，不承担自律的责任，则市场化改革的效果会大打折扣，且为了控制风险，会出现逆市场化的情况。保险机构不遵守市场伦理，主要有两个原因：一是法治水平有待提高。由于法治不健全，违规成本低，保险市场存在逆向淘汰现象，负向激励使得市场主体不愿意遵守市场规则，从而造成市场伦理失范。二是对规则本身缺乏敬畏。市场经济的良性运行有赖于市场参与主体植根于信仰基础上的对规则的敬畏，这种敬畏不仅在于对违背规则后可能遭受惩罚的恐惧，更在于对规则本身的敬畏，从而愿意遵循规则直到伤害自己，正是基于对“无偏差的公正的旁观者”“头上的星空和心中的道德律”的敬畏，个人追求自己的利益才不会同时损害别人的利益，自利因而能够实现利他。在保险市场，正是由于信仰的衰微，造成对市场规则缺乏敬畏，并扭曲和践踏规则，从而使得市场伦理严重失范。为了重建市场伦理，一是要推进保险市场的法治建设。伦理缺失并不是市场化改革的结果，恰恰相反，它是非市场化与法治不健全的结果。只有在法治之下的自由之中，人们的道德水准才会不断提高。因此，要提高保险市场的法治水平，这是重建市场伦理的基础。二是要弘扬市场参与者的敬畏之心。敬畏和信仰是市场经济的灵魂，良好的市场合作秩序要求市场主体具有内在的自我约束能力。市场参与者的伦理状态直接影响市场运行的效果。如何让每个市场主体在行动中都能感受到“公正的旁观者”的存在，学会在规则之下的自律与自我约束，正确地计算利益，关系到市场主体自由的拓展。市场不仅是一只看不见的手，更是一双隐形的眼睛和一个责任制度，敬畏之心和信仰是建立市场声誉机制的伦理基础。

2. 恪守保守主义监管哲学

一直以来，我国保险市场被监管政策高度塑造，很大程度上监管周期甚至部分官员的任期决定了保险市场的发展周期，因此，保险市场的转型与高质量发展首先需要监管自身的转型。监管哲学决定了监管目标，要以终为始，在开始就将终点置于心中，以清晰的保守主义价值观指导日常的监管行为。

（1）要重塑监管理念。

保险监管有待反思和转变的理念至少包括：首先，认为政府必须直接掌控金融资源，对保险业的市场准入与退出管制太多，市场配置资源的决定性作用尚没有得到充分的体现。其次，以资产、保费收入规模等数量增长指标衡量金融改革与发展成效，不利于保险业向高质量发展转型。最后，对风险的防守型思维，即不能容忍任何风险的发生，不愿意通过市场出清来释放部分风险，从而不计成本和代价地试图管控一切风险，不仅牺牲了保险市场的效率，而且妨碍了市场内生的风险释放机制发挥作用。因此，重塑监管理念是保险监管体制和架构改革的核心问题。一是要充分发挥市场机制在保险市场资源配置中的决定性作用。保险的重要性并不意味着政府必须直接掌控保险资源，而应该让市场机制充分发挥作用，建立适应经济社会转型与发展的高效的保险市场体系。二是将促进保险发展的质量作为基本的政策取向，实现保险从高速度增长向高质量发展的转型。为此，要更加重视保险业的结构调整、基本功能的发挥以及效率与竞争力的提升。三是相信并利用市场内生的风险释放机制，增加对风险的容忍度，通过市场出清及时释放风险。为此，要放弃对风险的防守型思维，避免通过行政力量消除日常性的风险暴露，从而造成对保险市场竞争机制的扭曲。要通过结构调整、市场化的退出机制等措施，积极防范系统性金融风险。

（2）减少并明晰行政职能。

保险业监管效率尚待提升，很重要的原因是监管部门承担的事权太多，而不是太少。事权太多造成监管资源分散，该监管的却疏于监管，而不该监管的则管得太多，从而捆住了市场主体的手脚。长期以来，监管部门习惯于自上而下“管”保险机构与保险市场，与市场的良性互动与沟通不够，放管服改革有待加强。因此，监管部门需要基于法治的原则，划定权力的边界，减少保险监管的行政职能，为提高监管效率奠定基础。改变管得过多、过细、过严、过死的做法，尊重市场规律，加强与市场的互动与沟通，下放行政权力，实质性减少行政审批事项，将本应属于保险机构的微观管理权限还给金融机构，降低监管成本，提高保险机构与市场的运行效率。同时，将有限的监管资源配置于审慎监管与市场行为监管，防范系统性风险，保护消费者利益，从而提升监管的效率和效果。

（3）监管要给市场留下探索和创新的空间。

新生事物往往超过现有监管规则的适用范围，突破现有的部分监管框架，需要监管机构与行业加强沟通，应寻求规则适应与鼓励创新之间的平衡。比如，可以积极探索包括保险科技在内的新生事物的“监管沙盒”机制。选取某一地域和某条业务线作为试点，为创新提供真实测试环境。在试点期间，可以适当放宽监管要求，在防范风险与维护消费者利益的基础上，对保险科技以及各种新生的商业模式与生态的应用进行可行性分析及充分论证。通过积极探索“监管沙盒”机制，有效发挥其作为试错过程的作用机制，以风险可控的方式在有限范围内开展创新业务，有助于开创良性的创新模式。

（4）减少管制，彰显企业家精神。

严格的管制会抑制市场的创新活力。总体来看，我国保险监管对市场主体的行为实施较为严格的监管，不仅带来了大量的监管成本，而且造成保险业创新的空间很小。事实上，企业家才能与企业家精神是保险市场发展的根本驱动力。在实践中，行政管制往往抑制了企业家精神。管制造成管制方拥有大量的权力。过度管制往往会诱导企业家向管制者寻租，从事非生产性活动，造成企业家在“错误”的方向上发挥其才能。同时，市场准入限制则使得企业家不被允许进入被限制的领域，其才能没有任何发挥的机会。可见，不当管制造成了自由的丧失，即企业家在其所面对的环境中不能进行自由选择，不能根据自己掌握的知识，出于自己的价值偏好，追求自己的目标。因此，为了释放企业家的创新活力，要减少以各种面目和形式出现的管制。唯有如此，以彰显企业家精神为基本取向的改革才能成为财险市场转型与发展的最大制度红利。

（5）实施竞争中立的监管政策，维护市场竞争的秩序和效率。

如果监管政策没有实现竞争中立，就不利于营造公平竞争的市场环境。事实上，在监管实践中，监管部门对不同规模、体制的保险公司厚此薄彼，结果只能施惠于受保护的公司，而令其他公司无法与受保护公司站在同一起跑线上，既造成了不公平竞争，也削弱了市场在资源配置中的决定性作用。竞争中立要求保险监管者要致力于构建市场参与者之间的公平竞技场，避免在大、中、小保险公司之间出现制度性的竞争扭曲，更避免出现以各种形式与权力结盟的所谓“特殊公司”。保险监管竞争中立的程度，直接关系到保险市场竞争的秩序和效率。在竞争中立的市场中，任何一个市场主体都不能依靠监管部门的权力而获取额外的利益，也不能因监管部门权力的干预而承担额外的费用和损失。只有监管部门秉持“抽象的、一般正当行为规则”，才能实现竞争中立，从而有效减少强加给一些市场主体的制度性成本。秉持竞争中立的原则，着力于建立一个统一、规范并且是公正公平的市场环境，这才是监管部门的职责所在，而不是对哪个保险公司或哪类保险公司提供额外的恩赐。

《明眼看财险》虽然讲述的是2018年财险市场的故事，然而，书中关于财险公司的分析方法，以及“关于保险企业价值取向的思考”“关于保险公司定位的思考”“关于构建多元保险主体的思考”“关于发展保险中介的思考”和“以保守主义经营理念与监管哲学推动财险业高质量发展”的建议，并非只局限于2018年，它是对多年财险市场的透视与深思，对今后财险市场高质量发展亦有借鉴和唤醒作用。正如序言中所写的那样，希望《明眼看财险》能成为财险从业者、经营管理者的参考工具，成为财险公司差异化发展新的方法论，成为社会各界快速了解中国财险公司的导航器和路线图，更希望能为保险监管者提供些许借鉴。

写这本书好像是跑马拉松，途中可以小憩，可以补充水和养分，但一定不要忘记终点，忘记终点将前功尽弃，坚持才是必需，这样才能符合自己的初衷，才能对得起为了赛事而付出的台前幕后所有的人，亲人朋友、同事领导、出版社编审，等等。于是，我坚持到达了本次赛事的终点，我看到了他们绽放的笑脸。他们不单单是为我高兴，更为有机会遇见这本书的朋友高兴，因为，一书在手，财险市场便将了然于胸；一书在手，财险经营便将驾轻就熟。再次感谢为此书出版所付出的所有人。更愿有缘人早日看到此书！

祝愿中国财险公司健康发展，祝贺中国财险市场越来越好！

王长明

2019年11月于北京